풍수명당 설계와
장례 문화

본 책은 형산아카데미 학술회에서 발간하는 '풍수명당 설계와 장례 문화 2'란 책입니다. 각 분야에서 깊이 연구한 내용에 대해 서로 토론하면서 하나의 장을 만들고, 그 결과에 대해 1권에 이어 2권을 출간하게 되었습니다. 독자분들께서 좀 더 나은 방향을 제시해 주시길 바라며, 많은 관심과 격려 부탁드리겠습니다.

한국 문화의 중심은 수천 년 전부터 산과 물, 즉 자연(自然) 산천(山川)이 모티브(motive)로 자리하고 있다.

고대(古代) 사회[삼국시대] 이전부터 현재에 이르기까지 우리는 산천과 함께 살아가고 있으며, 이로 인해 한국은 자연[산천] 사상인 무(巫) 사상과 함께 지혜를 닦고 깨우치며 살아가는 풍류(風流) 사상이 발전하였다. 자연[산천]을 근본으로 한 풍류 사상은 고구려에서는 조의선인(皂衣先人), 신라에서는 풍류도(風流道)[화랑도]로 그 정신이 계승되었고, 고려에서는 선랑(仙郎)이 이어받았으며, 조선에서는 선비(鮮肥)의 모태가 된다.

이러한 한국의 고유문화는 삼국시대 백성들의 교화 목적과 정치적 이념으로 순차적으로 받아들인 음양오행 사상이 결부된 삼교(유교·불교·도교)와 융합하게 된다. 유교는 국가가 지정한 관학으로, 불교는 부처의 이념으로 국가를 발전·보호하고자 하는 호국(護國) 불교가 되었으며, 도교는 신선 사상과 더불어 기존 자연신앙인 무 사상과 융합하게 된다.

이처럼 우리나라는 수천 년 전부터 풍류 사상과 뒤이어 유입된 삼교와 더불어 자연[산천]을 중심으로 문화가 발전하였다. 결국, 우리에게 산천의 의미는 모두의 삶이 시작되는 곳이고, 모두의 삶 주거지가 조성된 곳이며, 그 삶이 다하면 모두 다시 돌아가는 곳이 된다. 이러한 전제로 보면, 우리나라의 전통 사상은 자연 산천과 하나라는 개념으로 볼 수 있다. 여기에서 음양오행 사상에서 비롯된 풍수 · 명리와 장례 문화도 역시 한국 고유 사상과 더불어 자연 산천이 주축이 된다. 따라서 본 책에서 연구된 내용은 모두 전통 사상을 계승한다는 의미에서 시작되었다고 할 수 있다.

2015년 5월 2일 결성된 형산아카데미는 학술회(2019.6.)를 만들어 운영위원회가 운영되면서 1권에 이어 2권을 출간하게 되었습니다.

학술운영위원회를 뒤에서 말없이 밀어주신 박상구 교수님과 언제나 큰 도움을 주고 계신 두 운영위원 유병우 박사님과 하인수 박사님께 머리 숙여 감사의 인사를 드립니다.

앞으로도 좀 더 나은 학술 단체가 되기 위해 최선의 노력을 다하겠습니다.

2021년 4월
형산아카데미 회장 겸 학술위원장 김형근 배상

바이러스 전파와 인문학을 입힌 자연 사랑

형산아카데미에서 두 번째 책을 발간한다는 기쁜 소식에 짝짝짝 응원의 박수를 보냅니다.

이번에도 형산아카데미 10명의 회원이 참가하여 각자의 재능으로 엮은 책은, 1부가 '주거 공간의 풍수명당 설계를 하다', 2부가 '수행 및 학문 공간의 풍수명당 설계를 하다', 3부가 '한국의 전통 사상과 장례 문화를 말하다', 특별 기고가 '음악이 주는 마음의 위로와 소확행'이라는 주제로 펼쳐진다니 그동안의 노고에 많은 격려를 드리고 싶습니다.

일반적으로 많은 사람이 일상에서 자연의 진정한 가치를 느끼지 못하는 경우가 많습니다. 하지만 혹한·폭염·폭설·폭우·태풍 등의 돌발적인 기후 변화가 자주 나타나고, 육지·바다·산 등에서도 생태계의 변화가 감지되는 등 자연은 우리 삶에 막대한 영향을 줍니다.

또한, 지구상은 지금 코로나19의 창궐로 많은 사람이 어려움을 겪고 있고, 앞으로도 더 많은 일상 변화가 있을 것입니다. 코로나19와 같은 바이러스가 풍토병으로 머무르고, 새로운 바이러스가 끊임없이 발생하여 인간의 생명을 위협하는 일들이 자주 발생하게 됨은 인간의 욕심에서 기인한 환경 파괴와 직·간접적 연관이 있을 것입니다.

환경 변화와 바이러스가 자주 발생할수록 더 많은 분야에서 자연을 사랑하고 일상에 인문학을 입힌다면 지구상은 사람과 자연이 공존하는 행복한 삶이 있는 아름다운 공간으로 탈바꿈할 것입니다.

이 책을 읽고 많은 사람이 자신의 생활 공간을 자연과 더불어 살기 좋은 공간으로 꾸리는 계기가 되어 모두 행복한 삶으로 가득 찼으면 좋겠습니다.

'형산아카데미에서 펴낸 풍수명당 설계와 장례 문화 2' 책을 발간함에 다시 한 번 축하와 감사의 말씀을 드립니다.

2021년 4월

박상구(건축학 박사, 영남대학교 환경설계학과 겸임교수)

I 주거 공간의 풍수명당 설계를 하다

1. 유풍(儒風)과 지리(地理)가 남아 있는 곳(포항 덕동마을) | 유병우 ········ 10

2. 풍수 형국 와우형의 공간 구성과 지명 | 노인영 ················· 49

3. 영덕 무안박씨 무의공파 무의공 박의장의 양택 | 석수예 ················· 79

4. 예천 전통 마을의 지명 유래와 풍수지리 | 김종대 ················· 114

II 수행 및 학문 공간의 풍수명당 설계를 하다

1. 퇴계의 건축학 개론, 도산 서당 | 박상구 ················· 146

2. 울산 향교의 풍수 입지와 공간 구성 | 송승호 ················· 185

3. 지리산 화엄사의 풍수 입지와 공간 구성 | 박성욱 ················· 211

III 한국의 전통 사상과 장례 문화를 말하다

1. 한국의 전통 사상과 풍수 문화 | 김형근 ················· 242

2. 사직제의 현대적 의미와 함의된 음양오행 | 이영섭 ················· 294

부록 특별 기고

음악이 주는 마음의 위로와 소확행 | 박미향 ················· 316

I

주거 공간의
풍수명당
설계를 하다

유풍(儒風)과 지리(地理)가
남아 있는 곳(포항 덕동마을)

유 병 우[1]

1. 시작하며

2. 포항의 명당 덕동

3. 덕동의 문화유산
1) 풍수 이론이 깃든 주택들
2) 덕동의 보물인 용계정
3) 인재 육성의 요람인 덕계서당
4) 역사 속에 사라진 세덕사

4. 덕동의 풍수 비보(風水 裨補)
1) 아름다운 덕동 숲
2) 비보론에 따른 호산지당

5. 덕동의 명승지와 유풍(儒風)
1) 덕동의 구곡(九曲)
2) 덕동의 팔경(八景)
3) 덕동의 삼기(三奇)

6. 되돌아보는 덕동

---

1   대구한의대학교 철학박사 졸업

1. 시작하며

학창시절, 외국어는 아는 만큼 들리고 들리는 만큼 안다고 이야기하였다. 이 말은 외국어만이 아니라 세상 모든 것에 응용하여도 같을 것이다. 여행이나 답사도 마찬가지라고 생각한다. 그냥 여기가 거기로구나 하며 다니는 것이 아니라, 내가 가 보고 싶은 곳에 대해 사전 지식을 한 가지라도 더 찾아 보고 조사를 해 본다면, 그 장소에 대해 좀 더 폭넓은 이해를 할 수 있을 것이다. 또한, 그 땅에서 삶을 영위했던 선조들의 흔적을 통해 왜 그러한 삶을 살았는지 더듬어 보고 오늘의 나는 어떠한 삶을 살아가야 할지 되물어 보는 것이 나의 발전에 도움이 될 것이다. 이러한 맥락에서 필자가 박사 논문을 작성하면서 알게 된 여러 마을 중, 유풍(儒風)과 풍수지리의 흔적이 많이 남아 있는 포항의 덕동마을을 소설 형식을 통해 후학들에게 소개하고자 한다.

〈그림 1〉 덕동마을 표지석

2. 포항의 명당 덕동

어느 날 청송부사 정언각이 이방을 부른다.

"여보게 이방…"

"예, 나으리."

"사실, 자네에게 부탁을 할 것이 있어 잠시 불렀네."

"나으리, 부탁이라니요? 무슨 말씀이신지…"

"내가 풍수지리에 관심이 많은지라 이곳 청송에도 명당이 많을 것이라 생각하네. 좋은 곳이 있으면 얘기 좀 해 주게나."

"그러하옵니까? 나으리, 마침 지리에 정통한 청지기가 있어 소개해 드리면 어떠하겠습니까?"

"그리하시게. 부탁함세."

다음 날

"나으리 어제 말씀드린 청지기이옵니다. 인사 여쭙게."

"안녕하십니까요? 나으리, 청지기입니다요."

"그래, 이방에게도 얘기를 하였네만, 풍수에 관심이 많다 보니 시간이 된다면 이곳 청송에 있는 명당을 둘러보고 싶네. 어떤 곳이 있는가?"

"네, 이곳 청송의 모든 명지는 알 수 없으나 청송심씨의 시조이신 심홍부 어른의 묘소가 보광산 북쪽에 있사옵고, 진성이씨의 시조이자 이황 어른의 6대조이신 이석 어르신의 묘소가 진보에 있사옵니다."

이리하여 정언각과 청지기의 풍수 여행이 시작되었다. 이들이 가장 먼저 가 본 곳은 청송심씨의 시조 묘이다.

청지기가 청송심씨에 대한 이야기를 늘어놓는다.

"청송심씨의 시조는 심홍부(沈洪孚)라는 어른이신데 언제 태어나서 언제 돌아가셨는지는 알 수 없고, 묘비를 통해 벼슬이 고려조의 문림랑위

위사승(文林郞衛尉寺丞)이란 것을 알 수 있습니다. 묘는 청송부의 남쪽 5리쯤 되는 곳에 위치하며, 보광산이 북쪽으로 행룡(行龍)하다가 손방(巽方 : 동남쪽)으로 뻗은 줄기에 신좌(辛坐)로 자리 잡고 있습니다. 이 묘는 청기군 심홍부 어른께서 억울하게 처형당할 죄수들을 풀어주신 호생지덕(好生之德)으로 얻은 자리라고도 전해지며, 청기군이 돌아가실 때 풍악산의 도승이 찾아와 말하기를 '이 산의 백호 맥이 끝나는 곳에 있는 악석(惡石)은 나쁜 영향이 없을 것이니 걱정하지 말고 이 자리에 청기군을 모셔라'고 했답니다. 과연 장사 지내기로 한 전날 밤에 갑자기 천둥과 번개가 내리치더니 그 악석은 번개에 의해 산산조각 나 없어져 버렸고, 백호의 나쁜 영향이 없어져서 그런지 왕비님도 탄생하셨다고 합니다. 그리고 이 묘의 형태를 괘등혈(掛燈穴)이라고도 하는데 괘등혈은 등하불명(燈下不明)이라고 하여 등잔 밑이 어둡지만 멀리 떨어져 있는 곳은 밝다고 합니다. 이를 양택에 비교하면 고향에 거주하는 사람보다 멀리 출타한 사람이 더 큰 성공을 한다는 속설이 전해져 오고 있답니다. 그래서인지 본관

〈그림 2〉 청송심씨 시조(심홍부) 묘

인 청송보다는 한양의 후손들에게 왕비나 정승 등이 많이 나오고 있답니다. 4세손인 심덕부(沈德符)는 고려 충숙왕 때 왜구의 침입을 물리치셨고, 그의 아들 심온(沈溫)은 태종의 셋째 아들인 충녕대군에게 따님을 시집보냈는데, 나중에 충녕대군은 세종으로 즉위하게 되고 따님은 소헌왕후가 되셨지요. 심온의 아우 심종(沈悰)은 태조의 딸 경선공주와 결혼해 청원군(靑原君)에 봉해졌고, 심온의 둘째 아들인 심회(沈澮)가 세조 때 영의정을 역임하면서 가세가 번창하게 되었답니다."

이들이 두 번째로 방문한 곳은 진성이씨 이석(李碩)의 묘역이었다. 청지기의 옛이야기가 시작된다.

〈그림 3〉 진성이씨 시조(이석) 묘

"이황 어른의 선조인 이석 어르신은 이 지방에서 아전을 하던 향리였습니다. 새로 부임한 사또께서 명당을 찾아 이를 확인하기 위해 향리에게 달걀을 묻어 명당인지 알아보자고 하였습니다. 향리는 사또가 가리킨 자리가 큰 자리임을 직감하고 그곳에 썩은 달걀을 묻어 두었습니다. 나중에 썩은 달걀이 나온 것을 확인한 사또는 '내가 잘못 보았는가?'라고 생각을 하였고, 임기가 끝나자 한양으로 돌아가게 되었습니다. 향리였던 이석 어른이 돌아가시자 그의 아들이 그 자리에 부친의 묘를 썼지만, 시신이 조용히 누워있지 않고 묘 밖으로 나왔습니다. 뭔가 잘못되었음을 알아챈 아들은 그 사또를 찾아가 잘못을 빌고 그 이유를 물었습니다. 사또는 '그러면 그렇지, 그 자리가 명당이 틀림없는데… 허허허, 내 자리가 아니라 주인이 따로 있었구나. 거기는 소인이 묻힐 터는 아니라 대인이 묻혀야 되는 곳인데 소인이 묻혔으니 땅이 받아 주지 않고 쫓아내는 것이다. 내가 입던 헌 관복을 줄 것이니 선친에게 입혀 다시 묻으면 될 것이다'고 말하며 자기가 입던 헌 관복을 내어 주었습니다. 아들이 사또의 말을 그대로 따랐더니 이후 아무런 변고가 일어나지 않았다고 합니다."

〈그림 4〉 덕천리 송소고택 전경

"허허허, 그래? 재미있는 이야기구나. 그런데 말이다. 내 나이 열여덟에 진사에 급제하고, 여러 관직을 거치며 2대의 임금님과 현재의 주상을 모시고 있지 않은가? 이제 나이도 있으니 조용히 여생을 보내고 싶은데 좋은 곳이 있겠는가?"

"네, 사람이 살아가는 양택지를 말씀하시는군요. 이곳 청송에서 가까이 있는 양택지로는 서쪽의 파천이란 곳에 쓸만한 자리가 두 곳이 있습니다. 하나는 사일산 자락에 덕천리에 있으며 다른 하나는 천마산의 끝자락에 위치한 곳입니다."

"그런가? 좀 더 자세히 설명을 해 주게나."

"네, 보현지맥에서 분맥한 구암지맥이 길안천과 용전천을 가르며 서북쪽으로 달리다가 약산(583m)에서 멈추지요. 솔치재를 지난 구암지맥이 노래산(794m)을 지나 사일산(644m)에서 한 줄기가 갈라져 손방(巽方: 동남쪽), 간방(艮方: 동북쪽), 손방(巽方: 동남쪽)으로 달리다가 최종적으로는 진방(震方: 동쪽)으로 몸체를 틀며 자리를 만들었습니다.

이 마을의 뒤쪽 현무 봉이 금성체요, 앞을 흐르는 물줄기인 신흥천도 마치 옥대를 허리에 찬 것 같은 금성체로 마을을 둥글게 환포하며 흘러가 용전천으로 흘러갑니다. 전형적으로 배산임수(背山臨水)의 지세를 갖추고 있는 이 마을의 안산으로는 곡식 더미를 수북이 쌓아 둔 노적가리 같은 형상을 하고 있는 노적봉이 여럿 보입니다. 현무와 안산, 그리고 물까지 재물을 상징하는 금성체이다 보니 아마도 거부가 날 것으로 생각됩니다."

잠시, 한숨 돌린 청지기의 설명이 계속된다.

"나으리, 천마산 자락에 위치한 곳에 대해 말씀을 올리겠습니다. 이곳은 청송과 진보 사이에 있다고 해서 중들 또는 중평이라고 하는 곳입니다. 천마산(485m)은 앞서 말씀드린 구암지맥의 한 줄기입니다. 사일산에서 간방(艮方: 동북쪽)으로 갈라진 산줄기가 병부재를 지나 천마산을 일으키지요. 천마산에서 손방(巽方: 동남쪽)으로 행하다가 연화봉을 성봉하고 산줄기의 동쪽 끝자락에 종을 엎어 놓은 듯한 봉우리를 만든 후 남쪽에 마을 터를 만들고 용맥이 끝납니다. 서쪽의 큰 곳 저수지 또는 병부유지라는 저수지에서 흘러오는 물줄기가 이곳의 앞을 흘러 용전천과 마주치는 곳에 자라목들이 형성되니 들이 넓어 먹거리가 많이 생산될 것으로 보입니다. 다시 말씀드리자면, 천마산의 산줄기가 마을의 북쪽을 막고 있고, 사일산 줄기가 마을의 남쪽에 위치하게 됩니다. 그 사이에 물줄기가 서에서 동으로 흘러 용전천으로 흘러가는 형국이지요. 그리고 수구가 넓어 물이 빠져나가는 것이 보이니 이를 보완하기 위해 마을 어귀에 나무를 많이 심으면 될 것 같습니다."

〈그림 5〉 중평리 평산신씨 판사공파 종택

"그렇구나. 잘 들었네. 또 다른 좋은 터가 있으면 말해주게나. 먼저 얘기를 했다시피 조용히 여생을 보낼만한 곳 말일세…"

"나으리, 그런 이유라면 남쪽의 기계현이 어떨는지요. 청송보다는 남쪽이니 아무래도 이곳보다는 따뜻할 것 같습니다."

"맞는 말일세. 그런데 기계현에 좋은 터가 있겠는가?"

"예, 성법부곡(省法部曲)에 좋은 터가 있습니다. 활란가거천하지낙양(活亂可居天下之洛陽)이라고 할 만큼 좋은 터가 있습니다."

청지기가 이렇게 자신 있게 소개하니 청송부사 정언각은 더 많은 관심을 보이면서 말한다.

"좀 더 자세히 말해주게나."

"나으리, 이곳은 자금산(紫金山) 남쪽 산기슭에 형성된 마을인데, 서쪽에 죽장현이 있고, 동쪽에 신광현이 자리 잡고 있지요. 소나무가 많아 '송을곡(松乙谷)'이라고도 말하며, 덕이 있는 사람들이 많이 있어 덕협(德峽)이라고도 불리우기도 한답니다. 전체적인 지형을 말씀드리자면, 낙동정맥에서 한 줄기가 갈라져 바로 내려오기 때문에 지기가 매우 강하지

〈그림 6〉 덕동마을 안내도

요. 그러면서 낙동정맥이 백호 줄기가 되고, 성법령에서 분맥한 비학지맥이 청룡 맥이 된 형국으로 큰 산줄기가 동서를 호위하고 있으니 자연스럽게 남북으로 길쭉한 형국을 이루게 되었습니다. 비학산(762m)의 한 줄기가 건방(乾方: 서북쪽)으로 분맥하여 태방(兌方: 서쪽)으로 전환하였는데 그 끝이 천마사(天馬砂)를 이루며 이곳의 안산이 됩니다. 그리고 비학산에서 남쪽으로 달리던 산줄기가 익말봉(627m)을 일으키는데 이 봉우리가 마을의 안산과 어우러져 그 모습이 장관입니다.”

“그러한가? 내 꼭 가보고 싶은데 조만간 시간을 내어 같이 가보도록 하세.”

이리하여 정언각과 청지기는 날을 잡아 송을곡으로 가게 되었고, 그곳의 터가 너무나 좋기에 정언각은 돈을 들여 땅을 구입하였으며, 몇 채의 주택을 건축하게 되었다. 그때 건축한 주택이 지금까지 남아있는 애은당 고택, 사우정 고택, 여연당 고택 등이다.

1592년 임진왜란이 발생하였다.

“아버님, 왜놈들이 우리 강산을 침범하고 있는데 우리가 가만히 있을 수만은 없지 않습니까? 나라에서는 왜군을 막지 못하고 있으니 의병을 일으켜 왜군을 소탕하는 것이 어떠합니까? 대융(大隆) 아우, 자네는 어떻게 생각하는가?”

“대영(大榮)아, 네 말이 맞다. 나라가 위태로운 이 시기에 우리가 힘을 보태 왜군을 물리치도록 하자.”

“아버님과 형님의 말씀이 맞습니다. 그러나 우리 모두 의병을 지원하여 왜군과 싸운다면 식솔들은 어떻게 하면 좋겠습니까?”

"우리 식솔들이 안전하게 난을 피할 만한 곳이 없겠느냐?"

"아버님, 증조할아버님이 청송부사로 계실 때 마련하셨던 송을곡이 어떠하겠습니까? 왜군들이 '송(松)' 자가 들어있는 지역을 꺼린다니 피난하기에 알맞은 곳으로 생각됩니다. 그렇지 않습니까?"

"마침 잘되었구나. 모든 식솔은 그리로 피난을 보내도록 하자. 대영과 대유는 그리 준비하도록 하여라."

"네, 아버님."

이렇게 정문부의 일가는 송을곡으로 피난을 오게 되었고, 정문부는 의병을 일으켜 명천·길주 등에서 왜적과 싸워 대승해 관북 지방을 수복하였다.

7년에 걸친 임진왜란이 끝난 후, 정문부의 장남인 대영이 부인에게 물어본다.

"부인, 첫째와 둘째는 권서방, 조서방과 결혼을 하여 잘살고 있지요? 그런데 이제 셋째의 혼기가 찼는데, 좋은 혼처가 없겠소? 좀 알아봅시다."

"나으리, 그 아이가 결혼할 때가 되었지요. 우리가 고향을 떠나 이곳에 온 지도 오래되었으니, 고향 사람보다는 이 주변의 명문가 후손이 저 아이의 배필로 더 좋을 것 같습니다."

"부인의 말씀이 맞는 것 같소. 이곳의 명문가로 어떤 집안이 있습니까?"

"나으리. 이곳은 경주와 가까운 곳이라 경주김씨, 기계유씨, 파평윤씨, 여주이씨 등 많은 명문가가 있는데 어느 집안이 좋겠습니까?"

"부인, 경주의 양동마을은 월성손씨와 여주이씨가 양대 문벌을 이루고 살아오는 마을입니다. 이곳의 여주이씨 집안에 회재(晦齋) 선생이 의정부 좌찬성을 지냈고 돌아가신 후 옥산서원에 주향되었으니 이보다 좋은 집안이 어디 있겠소. 뿌리가 좋으면 열매도 좋은 법! 집안의 어른이 좋으면 후손도 따라가는 것이 아니겠소? 그 집안사람 중 좋은 사람을 알아봐 주시구려."

"예, 알겠습니다. 그리하겠습니다."

얼마간의 시간이 흐른 후,

"나으리, 매파를 통해 알아보니, 대학자인 회재 선생의 동생이 농재(聾齋) 선생인데 형에게 글을 배워 문장이 뛰어났고 형과의 우애도 돈독하였다고 합니다. 그리고 형님이신 회재 선생이 관직에 나아가자 형을 대신하여 부모님을 극진히 모시는 등 그 효성이 대단하였다고 합니다. 농재 선생의 후손 중에 강(壃)이라는 청년이 용모도 출중할 뿐 아니라 부형(父兄)으로부터 학업을 배워 학문도 깊다고 합니다. 이 청년을 사위로 삼으심이 어떠할까요?"

"그럽시다. 농재 선생의 후손이라… 우리 딸에겐 좋은 배필감이군요. 다른 집안에서 혼담이 나오기 전에 빨리 혼사를 진행합시다."

이리하여 여주이씨의 이강(李壃)이 해주정씨 정대영(鄭大榮)의 셋째 사위가 되었다.

정대영이 부인과 이야기를 나눈다.

"부인, 왜놈들과의 전쟁이 끝났고, 나라에서도 어느 정도 안정을 꾀하고 있으니 고향으로 가고 싶소. 이제 고향으로 돌아갑시다."

"그러지요. 우리가 떠나면 이곳의 집들은 어찌할까요?"

"셋째 사위의 고향이 양동이고 이곳과 가까우니 셋째에게 물려주는 것이 가장 좋을 것 같습니다."

이렇게 해주정씨의 모든 사람이 고향으로 돌아가면서 그들이 살던 모든 집을 사위인 이강에게 물려주었다.

3. 덕동의 문화유산

1) 풍수 이론이 깃든 주택들

〈그림 7〉 양동마을 향단

이강은 부인인 해주정씨와 네 명의 아들과 세 명의 딸을 두었다. 이강이 네 아들을 불러 놓고 이야기를 한다.

"양동마을은 주산인 설창산의 문장봉에서 뻗어내린 산줄기와 골짜기가 물(勿)자형의 지세를 이루고 있는 마을로 안동의 하회마을이나, 성주의 한개마을, 봉화의 닭실마을 등 유명한 양택지 중 한 곳이다. 우리는 여주이씨 가문인데 양동에서 왔으니 양동이씨라고도 한다. 우리의 뿌리인 양동에 누군가 가야 하지 않겠느냐? 장남인 덕일이 가면 좋겠구나. 네 생각은 어떠하냐?"

"아버님, 그리하겠습니다."

"둘째 덕령아. 우리가 이곳에 자리를 잡고 있지만, 장남이 양동으로 가면 네가 이곳을 이끌어야 되겠구나. 여연당은 내룡맥에 가장 가까이 위치하고 있어 용맥에 자리를 잡았다고 볼 수 있다. 안채와 사랑채가 합쳐져 있어 'ㅁ'자 형으로 구성되어 있고, 초옥으로 별도로 만들어진 별당채가 포함되어 있구나. 이곳에 남은 세 집 가운데 가장 높이 있으니 네가 여연당에서 생활을 하는 것이 마땅치 않겠느냐?"

〈그림 8〉 여연당 고택

"셋째 덕삼아, 사우정은 외고조부님이 청송부사로 계실 때 지리에 밝은 청지기가 명당 길지로 소개한 터를 매입하여 집을 지은 곳이다. 일자형의 긴 사랑채는 안채가 지어진 이후 약 100여 년이 흐른 최근에 건립되었다. 사랑채와 안채가 맞

〈그림 9〉 사우정 고택

물리며 'ㅁ'자 형으로 배치되어 있으며, 좌측 후방에 사당이 있다. 덕삼아! 여연당의 바로 곁에 있어 형인 덕령과 가까이 지내며 형을 도와 이 마을을 이끌어야 할 것이니 네가 여기에 거주하면 좋겠다."

"넷째 덕소야. 애은당은 안채와 사랑채, 부속사, 별당채, 방앗간 등으로 구성되어 있다. 애은당이 있는 곳은 여연당이나 사우정보다 지대

〈그림 10〉 애은당 고택

가 낮은 곳이지만, 지형이 거북이 형국이라 앞쪽에 별당과 방앗간을, 머리 부분에는 잠실을, 꼬리 부분에 화장실을 배치하다 보니 거북 형국이 되었구나. 거북은 장수와 다산을 의미하니 그 또한 좋은 의미가 있지 않겠느냐? 여기는 네가 거주하면 좋겠다."

"아버님의 말씀을 따르겠습니다."

이렇게 이강은 집안의 재산을 네 명의 아들과 세 명의 딸에게 골고루 나누어 주었다.

2) 덕동의 보물인 용계정

세월이 흐른 어느 봄날

이강이 조용히 아들을 불러 이야기를 꺼낸다.

"얘들아!

내가 환갑이 지난 지 벌써 여섯 해가 지나가고, 덕연에 온 지도 40년이 지났구나. 늘 느끼던 것이지만 덕연의 산수와 암석 등 뛰어난 경치가 너무나 아름다워 학문과 후학 양성 및 독서를 위해 별장 겸 조그마한 정자를 하나 세우고자 하는데 너희들의 생각이 어떠한지 들어보고자 한다."

덕령이 대답을 한다.

"아버님. 좋은 말씀입니다. 정자는 어떻게 세우는 것이 좋겠습니까?"

"위치는 용계천 바로 곁에 세웠으면 좋겠고, 마루는 세 칸으로 하고, 추울 때 손님들이 편히 쉬실 수 있게 온돌방 2개 정도로 하면 좋겠다. 그리고 용계천 쪽으로는 떨어지지 않도록 난간을 설치하는 것이 좋을 것 같다."

셋째 덕삼이 말을 이어간다.

"아버님. 물이 맑고 시원하며 경관이 그윽하고 고요하니 참으로 절경이라 할 수 있겠습니다."

"그런데 정자를 완성하고 당호(堂號)를 지어야 할 터인데 어떻게 하면 좋겠습니까? 생각해 두신 것이 있으신지요?"

"나의 호가 사의(四宜) 아니냐? 이 뜻은 사계절의 경치가 모두 빼어나다는 뜻이니라. 산과 들에 꽃들이 피고, 골짜기의 새들은 높은 나뭇가지에 앉아 노래하며, 따뜻한 봄바람이 솔솔 불어오는 것이면 봄[春]에 해당할 것이다. 소나무에 부는 바람은 거문고를 아름답게 연주하는 것 같고, 개울에 부는 바람은 한더위를 씻어주어 온몸이 시원하니 이것은 여

〈그림 11〉 용계정

름[夏]에 해당될 것이다. 가을[秋]에는 보름달이 높고 밝게 떠오르고, 그 윽한 국화 향이 멀리 퍼져가며 화려한 단풍들이 농염하게 치장하듯 아름다운 강산을 이루게 될 것이다. 또한, 겨울[冬]에는 골짜기마다 눈이 소복하게 쌓인 중에 소나무와 잣나무가 그 속에서 꼿꼿하면서도 우뚝하게 서 있어 푸르름을 자랑하는 모습을 볼 수 있는 것이다. 이 네 가지를 의미하는 사의(四宜)로 하면 될 것이니라."

"좋은 말씀이십니다. 저희는 당연히 따르겠습니다."

이렇게 1686년에 공사를 시작하였는데 3년 뒤 사의공 이강이 공사의 완성을 보지 못하고 세상을 떠나고 만다. 이후 그의 손자 시중(時中)이 공사를 완성하여 사의당(四宜堂)이라는 현판을 걸게 된다. 그리고 용계정(龍溪亭)의 명칭은 바로 옆에서 흘러가는 계류(溪流)의 이름에서 따온 것이며, 세덕사를 건립할 때 사의당 본체를 세덕사 문루로 바치며 가학의 연원이라는 뜻의 연연루(淵淵樓)라고 현판을 걸었으니 사의당이 용계정이고, 용계정이 연연루이며, 연연루가 곧 사의당이다.

〈그림 12〉 덕계서당과 강의재

3) 인재 육성의 요람인 덕계서당

어느 날 덕계(德溪) 이정원(李鼎元, 1726~1808)이 친족들을 모아놓고 문중회의를 진행하였다.

"교육은 미래의 사회와 나라를 이끌어갈 인재를 기르는 것이므로 교육은 하루라도 없어서 안 되는 것입니다. 그러한 까닭에 과거 하(夏), 은(殷), 주(周) 3대가 모두 공통적으로 학교를 두어 배우게 하였습니다. 나라에서는 보다 나은 미래를 위해 향교와 서원을 만들어 인재를 길러내고 있습니다. 우리가 후손들을 가르치지 못하면 우리의 미래는 어떻게 되겠습니까? 현실에 안주하는 것은 오늘보다 나은 내일을 위한 것이 아닙니다. 다른 향리에서는 후손들을 훌륭하게 가르쳐서 나라의 동량으로 만들고 있는데 우리는 어떠합니까? 현실만 고집한다는 것은 상대적으로 경쟁에서 뒤떨어지는 것이 아니겠습니까?"

"맞는 말입니다. 그럼, 어떻게 하면 후손들을 가르칠 수 있겠습니까?"

"네, 제가 살펴보니 서당에는 몇 가지 유형이 있습니다. 먼저, 사숙(私塾) 또는 독서당(讀書堂)의 유형으로 지방의 유력자나 명문가가 후손들의 교육을 위해 유능한 훈장을 초빙하고 교육에 필요한 경비를 부담하는 형태입니다. 두 번째는, 동계서당(洞稧書堂)의 형식으로 유력 자산가 또는 양반 계층의 문중에서 주관하여 학전(學田)이나 학계(學稧)를 조직하고 경영하면서 마을에 서당을 짓고 그들의 후손들을 교육시키는 방법입니다. 세 번째는 훈장이 생계유지나 소일을 위하여 자신의 집에 개설하는 자영서당(自營書堂)입니다. 네 번째는 문중연립서당(門中聯立書堂)입니다. 이는 동계서당이 확대된 형태로 지체가 비슷한 마을에서 덕망과 학문이 뛰어난 스승을 초빙하여, 각 마을에서 유능한 청년과 자제를 선정하여 교육하는 형식입니다. 덕동은 우리 문중이 함께 생활하고 있으므로 마을의 문중연립서당을 만들고, 아이들이 천자문, 동몽선습, 명심보감, 소학 정도는 익힌 후 양동이나 경주에 보내어 향교나 서원에서 학문을 익히게 하는 것이 좋을 것 같습니다."

"좋은 말씀입니다. 그리하면 우리의 후손들은 부모에 대한 효도와 형제간의 우애로 집안을 다스리고, 문중의 유대를 더욱 두텁게 하는 한편, 세상에 나아가 이름을 떨치는 훌륭한 인재가 될 것입니다."

이렇게 이정원은 자금산(紫金山) 아래에 두 칸 방의 건물로 서당을 만들어 후손들에게 학문을 가르쳤으며, 서당의 서고에는 사서삼경을 포함한 여러 학자의 저서를 보관하였다. 100여 년이 지난 훗날 그의 주손(冑孫) 조원(祖源)이 선조들의 뜻을 계승하여 건물에 덕계서당(德溪書堂)이란 현판을 걸었다.

4) 역사 속에 사라진 세덕사

세월이 흘러 1778년 가을

선조들의 묘소가 있는 달전 문중 묘사를 마친 후 마을 회의가 개최되었다.

"이번에 달전(達田)의 문중 묘사를 다녀오면서 느낀 점이 많습니다. 회재공[李彦迪(1491~1553)]을 위해 봉사하는 곳은 옥산 서원을 비롯하여 많이 있지만, 직계 선조이신 농재공[李彦适(1494~1553)]을 모시는 곳이 없는 현실입니다. 이에 대해 입향조이신 사

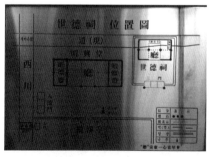
〈그림 13〉 세덕사 위치도

의공[李壔(1621~1688)] 때부터 100여 년이나 논의가 있었습니다만 아직도 결론은 내리지 못하고 있습니다. 어찌하면 좋겠습니까?"

"당연히 세워야지요. 그러나, 찬성공[李蕃(1463~1500, 손소의 사위이자 이언적, 이언괄의 아버지)]을 모시는 곳도 없지 않습니까? 이에 농재공을 모시는 곳보다 찬성공을 모시는 것이 더 우선이라고 생각합니다."

"그럼, 찬성공과 농재공을 같이 모시는 방법은 어떻습니까?"

"좋은 생각입니다. 그렇게 합시다. 그런데 우리가 찬성공과 농재공을 모시고 향례를 올리려면 문장(門丈) 어르신에게 말씀을 드리고 허락을 받아야 하는데 누구를 보내면 좋겠습니까?"

"문중의 젊은 사람을 보내면 좋겠는데, 정악(鼎岳)과 정응(鼎凝) 두 사람을 보내면 어떨까요?"

이리하여 두 사람은 문중의 어른에게 가서 전후 사정을 설명하니 흔쾌히 승낙을 하였다.

"사의당 뒤편에 별묘 몇 칸을 지어 향례를 드리자는 의견에 대해 문장 어르신도 허락하셨습니다만, 영남의 여러 가문이 별묘를 세우기보다는 '세덕사(世德祠)'를 건립하는 것이 관행이니 우리도 그리하는 것이 어떠합니까?"

"맞는 말씀입니다만, 터는 어디에 마련하면 좋을까요?"

"이곳이 너무 깊고 후미진 곳이라 마땅한 곳이 없습니다. 동네 밖으로 나가는 것이 좋을 것 같습니다."

"동구 밖도 좋지만, 이곳은 산수의 경치가 뛰어나 옥산(玉山)과 비슷하니 사의당(四宜堂) 위쪽의 땅이 좋을 것 같습니다. 그리고 입향조이신 사의공께서 세우신 용계정이 매우 아름답습니다. 이 건물을 토대로 하여 새로운 세덕사를 건축한다면 우리는 적은 노력을 하고서도 목적을 충분히 달성하고도 남으리라 생각됩니다."

"그런데 음택은 물론이거니와 양택의 건물을 짓는 곳은 명당이 기울어지지 않고 평탄하며 원만하여야 하는데 이곳의 지형은 경사가 너무 심하여 풍수설에 저촉됩니다. 또한, 장소가 협소하여 건물을 세우기가 힘드니 용맥이 내려오는 곳에 다시 터를 선정하기로 하고 이곳은 강당을 세우기로 합시다."

"그렇게 합시다. 사의당을 기본으로 하고, 정자 위의 터전에 사당을 세우도록 합시다."

"그럼 건물을 세우기로 하였으니, 각 건물의 이름을 생각해 봅시다."

"세덕사로 들어오는 문을 입덕문(入德門), 강당은 명흥당(明興堂), 좌우의 동재와 서재는 면수재(勉修齋)와 진덕재(進德齋)로 합시다. 그런데 사의당(四宜堂)이라는 현판을 그대로 두면 무언가 모양새가 이상하지 않겠습니까?"

"사의당은 세덕사의 부속 건물로 하기로 하였으니 학문을 이어가는 곳으로 합시다. 가학의 연원을 뜻하는 의미로 연연루(淵淵樓)로 바꿉시다."

이때가 1778년 가을.

전 문중이 회재 선생의 기일에 양동의 무첨당(無忝堂)에 모여 세덕사 건립을 주도할 임원을 결정하였고, 12월에 문중 사람들이 용계정 주변의 터를 살펴보고 이어 다른 일들을 주관할 사람들을 정하였으며, 이듬해 정월에 사당 터를 개토하였다. 3월에 기와를 덮고, 10월에 현판을 달았으며, 11월에 강당을 준공하였다.

세덕사를 세운 지 약 90여 년이 지난 어느 날

"형님, 큰일 났습니다."

"왜 그러는가?"

"나라에서 서원을 철폐하라는 명이 떨어져 우리 덕동의 세덕사도 헐리게 되었습니다. 그뿐이 아니라 옆에 있는 용계정도 같이 철거를 해야 한다는 것입니다."

"뭐라고? 문중 사람들을 소집하자. 빨리 서둘러라!"

"여러분! 지금 나라에서 서원을 철폐한다고 하는데 우리 덕동에는 내일 관군들이 와서 세덕사를 철거한다고 합니다. 그뿐만 아니라 용계정까지 헐리게 될 것이라고 합니다. 막을 방도가 있겠습니까?"

"아니, 나라에서 하는 일을 우리가 어찌 막겠습니까? 어쩔 수 없지요 …"

"자네는 어찌 그런 말을 하는가? 입향조께서 이루어 놓으신 저 용계정까지 철폐하겠다고 하는데 세덕사는 어쩔 수 없다고 하지만 용계정이라도 남겨야 하지 않겠는가?"

이때 누군가 말을 한다.

"제게 좋은 생각이 있습니다. 세덕사와 용계정 사이에 담을 만들어 두 곳을 분리하여 두 건물이 서로 다르며 독립적인 건물이라고 이야기를 합시다."

"그렇게 하세. 내일 관에서 철거하러 온다고 하니 오늘 밤을 새워서라도 두 건물을 무조건 구분하여야 하네. 한 사람도 빠지지 말고 참여하여 담장을 만들도록 하세."

"알겠습니다. 문중 사람뿐만 아니라 동네의 모든 사람을 동원해야 되겠습니다."

〈그림 14〉 세덕사지 안내비석

그날 밤 덕동에서는 모든 사람이 모여 연연루로 변경했던 현판을 용계정과 사의당으로 바꾸어 달고 하룻밤 사이에 용계정의 후원에 세덕사와 구분되게 담장을 축조하였다. 다음 날 관청에서 나왔으나 두 건물이 담장으로 구분되어 있어 세덕사만 철폐하니 세덕사는 역사에서 사라지고 현재는 그 터만 남아 있으며, 다행히 용계정은 훼철되는 화를 면하였다. 용계정은 1989년 경북 유형문화재 제243호로 지정되었을 뿐 아니라, 마을의 수구막이 숲으로 조성된 덕동 숲을 비롯하여 주변의 경승인 용계천, 합류대, 연어대 등과 잘 어우러져 2011년 명승 제81호로 지정되어 많은 사람의 사랑을 받고 있다.

4. 덕동의 풍수 비보(風水裨補)

1) 아름다운 덕동 숲

이강이 덕동에 자리를 잡은 지 얼마 지나지 않아 부친과 형들을 모아 말을 한다.

"아버님, 그리고 형님!

제가 처음 자리를 잡은 이곳 송을곡은 소나무가 많은 곳이고 주변이 산들이 많고 전답이 부족하여 아직도 많은 개간이 필요합니다. 그러나 제가 보기에는 마을의 주변을 모두 개간하여 전답으로 일구는 것보다 마을 입구의 일부는 남겨두는 것이 좋을 것 같습니다."

〈그림 15〉 송계 숲

"왜 그렇게 생각하는가?"

"네, 어느 동네를 가더라도 마찬가지이겠지만, 마을의 입구에 있는 나무는 동구 숲의 역할을 하겠지요. 또한, 바람이 불어오는 것을 막아 주는 역할도 합니다. 우리 마을의 입지상 동구 숲은 산이 높아 물이 빠져나가는 곳을 보이지 않도록 막아 주는 역할을 하지요. 그리고 남아 있는 소나무는 판자로 쓰일 정도로 충분히 자란 후 이를 벌목하여 내다 팔면 그 수입으로 마을 살림에 보탬이 되니 이보다 좋은 방법이 어디에 있겠습니까?"

"그래, 그 말이 맞구먼. 그리하도록 하세."

이렇게 하여 마을 앞은 개간하지 않고 소나무는 그대로 보존하면서 가꾸어지고 있다.

40여 년의 세월이 흐른 후

이강이 아들들을 모아 이야기 한다.

〈그림 16〉 정계 숲

"내가 정자를 만들고자 하였는데, 정자에는 마땅히 바라보는 숲이 있는 것이 좋지 않겠느냐? 하여 마주 보이는 곳에 숲을 조성하려고 한다."

"예, 아버님의 말씀이 지당하십니다. 그런데 어떤 나무로 숲을 조성하는 것이 좋겠습니까?"

"이 마을의 이름이 송을곡이고, 마을 입구에 있는 숲이 소나무이며, 소나무는 십장생에도 속하니 장수를 의미하고, 추운 겨울에도 푸르니 그 의미가 굳은 마음과 절개를 나타낸다고 할 것이다. 또한, 숲을 조성하면 마을의 수구를 막아 주는 역할뿐 아니라 용계천 주변에 조성하기 때문에 하천 숲으로서 수해 방지 및 방풍림의 역할을 하게 될 것이다."

이렇게 조성된 솔숲인 정계는 동구 숲으로 수구막이의 역할과 하천 숲으로서 수해 방지 및 방풍림 역할을 하고 있다.

다시 120여 년의 세월이 흘러

어느 날 덕계 이정원의 아들 린상(麟祥)이 손자 재건(在健)과 함께 이야기를 한다.

〈그림 17〉 도송(섬솔 밭)

"재건아! 아버님께서 타계하신 지 벌써 여러 해가 지나가는구나. 우리 마을에서는 수구막이 숲이 두 곳이 있지 않으냐? 그런데 이 숲은 마을에서 보면 수구가 보이지 않지만, 자금산 중턱에 있는 아버님의 묘소에서 내려다보면 용계천의 물이 내려다보이니 이를 보완했으면 좋겠다."

손자인 재건이 대답한다.

"예, 아버님. 당연하신 말씀입니다만, 어떤 방법이 좋겠습니까?"

"아무래도 나무를 심어 숲을 조성하는 것이 가장 좋을 것 같다. 이미 선조들께서는 마을을 위하여 송계와 정계를 조성하셨지 않느냐? 품종이 다른 나무를 심는 것보다 송계, 정계와 같이 일 년 사시사철 푸르름을 보여주는 소나무를 심어 숲을 조성하도록 하자."

"예, 잘 알겠습니다. 할아버님의 산소에서 용계천이 보이지 않도록 숲을 조성하도록 하겠습니다."

이렇게 조성된 도송(島松)은 덕동 숲 가장 북쪽에 있으며, 호산지당 동쪽에 섬처럼 형성되어 가꾸어진 소나무 숲으로 섬솔밭[島松]으로 불린다.

〈그림 18〉 아름다운 숲
수상 표지판

송계, 정계, 도송은 덕동에서 조성한 숲으로 마을 사람에 의해 약 300여 년간 조성되고 관리되어 왔다. 마을에서는 옛날부터 숲에 귀속되어 있는 논에서 나온 수입으로 회갑이 지난 마을 노인들에게 설과 추석에 쇠고기 한 근에 해당하는 금액을 제공하는 미풍(美風)이 있었다고 하는데, 과연 덕이 있는 사람이 많다고 하는 덕동의 의미에 어울리는 풍속을 지닌 면모를 엿볼 수 있다. 이와 같은 마을 숲을 보전하기 위한 주민과 지자체의 다양한 노력의 결과로 덕동 숲은 지역의 우수 자연 자원으로서 문화마을, 친환경 마을 등으로 지정되어 관리되고 있음을 인정받아 2006년에는 산림청, 생명의 숲, 유한킴벌리에서 공동으로 실시한 제7회 아름다운 숲 전국 대회에서 대상(생명상)에 선정되었다.

2) 비보론에 따른 호산지당

새마을 사업으로 인해 마을이 개발될 때의 이야기이다. 마을의 근대화를 고민하던 마을 이장이 이야기를 꺼낸다.

〈그림 19〉 호산지당

"동민 여러분! 우리 덕동은 예로부터 산강수약(山强水弱)의 풍수 형국이라 산이 강하지만 수량이 적어 인물이 배출되지 않는다고 전해져 왔습니다. 이러한 단점을 보완하기 위해서 우리의 선조들은 소나무 숲을 가꾸어 왔습니다. 그런데 동네 입구의 나무는 나가는 물이 보이지 않도록 하는 역할을 하지만, 정작 물을 모을 수 있는 방법이 없지 않습니까? 좋은 방법이 없을까요?"

"이장님. 물을 모으는 방법으로는 보를 만들거나 저수지 또는 연못을 만드는 것이 가장 좋은 방법입니다."

"무슨 말씀입니까? 마을의 서북쪽에 저수지가 있는데 또 만든다고요? 도대체 어디에 저수지를 만든다는 말씀입니까? 또 그 자금은 어떻게 준비하고?"

마을 사람들이 열띤 토론을 벌이는 중에 마을 이장이 말을 꺼낸다.

"여러분! 지금 나라에서는 새마을 운동으로 인해 각 마을마다 소득 증대를 위한 일이라면 많이 도와줍니다. 이 기회를 놓치지 말고 외부의 자금을 지원받아 저수지를 만들어야 합니다. 장소는 과거 학교의 운동장으로 사용하였던 곳이 낮고 태풍으로 인해 논으로 사용할 수가 없으니 양어장으로 개조합시다. 이렇게 한다면 마을에서는 양어장을 운영하면서 수익이 있을 것이고 아울러 풍수적으로 고민하던 물 관리에 대해서도 해결할 수 있을 것입니다. 또한, 마을에서도 일부 자금을 조달하여야 하는데 송계에 속한 논 일부분을 처분하여 자금을 준비합시다."

이렇게 의견을 모은 후 이장과 동민은 현 위치에 둑을 쌓고 몇 차례의 보수를 하여 현재의 모습으로 갖추게 되었고 완성된 연못의 이름을 호산지당(護山池塘)이라 불렀고, 이 연못을 노래한 시는 온고(溫故) 이영원(李榮源)이 작성하였다.

護山池塘	호산지당
山强水弱築斯池	산이 강하고 물은 적어서 못을 만드니
洞壑風光復有奇	동리의 경치가 다시 또 기이하구나
積歲經營成宿志	오랜 세월 경영한 뜻을 이루니
將來餘慶也應期	장래 남은 경사를 또한 기약하리라

2008년은 입향조 이강이 이곳으로 이주한 후 360여 년이 되는 해였다. 이를 기념하기 위해 호산지당의 주변에 명상의 길, 감사의 길 등 순환로를 360m로 만들면서 인근 섬솔밭[島松]에는 소나무를 보식하였고, 마을을 조성할 때부터 식수로 사용되었던 회나무 우물[檜井]도 복원하였다. 호산지당의 자리는 원래 물이 흐르던 곳이었으나 일제 강점기 학당 운동장으로 이용되었다고 하는데, 구령대는 그 내용을 알 수 있는 유일한 흔적이다.

5. 덕동의 명승지와 유풍(儒風)

1) 덕동의 구곡(九曲)

　　어느 날 계옹(溪翁) 이헌속(李憲速)이 석헌(石軒) 이석대(李錫大)와 이야기를 나눈다.

〈그림 20〉 덕연구곡 및 삼기, 팔경

"여보게, 석헌! 중국에서 주자가 무이정사에 머물면서 강학에 힘쓰면서도 주변의 빼어난 경치를 예찬한 무이구곡(武夷九曲)을 선정하였는데, 우리 조선에서는 성리학을 수용하면서 구곡에 대한 영향을 많이 받았지. 유명한 인물들이 선정한 곳으로는 퇴계 선생의 후학들이 만든 도산도(陶山圖)를 위시하여, 율곡 선생의 고산구곡(高山九曲), 우암 선생의 화양구곡(華陽九曲)이 있고, 지역적으로는 안동의 하회구곡(河回九曲), 문경의 선유구곡(仙遊九曲), 성주의 무흘구곡(無訖九曲), 경주의 옥산구곡(玉山九曲) 등이 있다네. 그런데 우리 마을에는 왜 없는가? 우리 마을도 빼어난 경치를 갖고 있기에 충분히 구곡을 선정할 수 있을 것이네."

"맞는 말이네. 구곡 문화는 주자의 무이구곡에서 유래하네. 경치가 수려한 곳이나 의미가 있는 곳에 자연과 벗하며 성리학을 연구하고 익히는 것을 큰 방편으로 삼고 있지. 자네 말대로 우리 마을의 주변에도 명소가 많이 있으니 이름을 붙이고 성리학이 구현되는 장소로 만들어 보세."

"그러세, 구곡 문화에 따라 아홉 가지를 정해서 다음에 만나면 서로 의견을 나누어 보세."

이리하여 계옹과 석헌은 마을에서 최고의 경치라 할 만한 곳을 정하여 다시 만났다.

석헌이 먼저 말한다.

"나는 마을의 경계 부분에 있는 계곡의 시작과 끝나는 지점까지 경관이 수려한 아홉 곳을 정하여 덕연구곡(德淵九曲)이라 이름을 지었으니 잘 들어보게. 1곡은 수통연(水通淵)인데 물이 모여 바다로 흘러간다는 의미일세. 덕동을 지난 물이 널찍한 반석을 통해 자연스럽게 흘러가도록 하여 자연과 인류에 이롭게 한다는 것을 의미하네. 2곡은 막애대(邈埃臺)로 설정하였는데 속세를 멀리한 너른 바위라는 뜻인데 마을 초입 용계천에 있는 거북 형상을 한 너른 바위를 말하네. 3곡은 서천폭포(西川瀑布)인데 서천폭포(西川瀑布)는 마을 서쪽에서 이어지는 서천이 용계천과 합류하는 길목에 위치하는데, 마을 뒤 계곡에서 흘러오는 물이 용계정 서쪽의 암반에 떨어지며 흘러 용계정의 운치를 더해 준다네. 4곡은 도송(島松)을 선정했는데 우리 마을에 있는 3곳의 솔밭 중 가장 특이한 곳으로 오죽하면 이름을 섬솔밭이라 했겠는가? 5곡은 연어대(鳶魚臺)일세. 시경에 솔개는 하늘 위에서 날고[鳶飛戾天] 물고기는 연못에서 뛰논다[魚躍于淵]는 구절에서 인용하였다네. 6곡은 합류대(合流臺)로 정했는데 두 개로 나뉘어 흐르던 물줄기가 이곳을 지나면서 한곳으로 합쳐져 웅덩이를 만든 후 한 줄기 용계천으로 흐르니 의미가 있지 않은가? 7곡은 운등연(雲騰淵)으로 물안개가 피어오르는 연못이라는 뜻으로 합류대 상류 쪽에 커다란 바위가 있고 그 위로 맑은 물이 폭포처럼 흘러내려 못을 만들었으니 운등연이라 함이 마땅하지 않은가? 8곡은 용이 누운 것 같은 형상의 너른 바위인 와룡암(臥龍岩)으로 설정했네. 마지막은 와룡암 북쪽에 위치하는데, 생긴 것이 가래[鍤]와 같은 연못이라 삽연(鍤淵)으로 하였다네. 자네 생각은 어떠한가?"

"좋은 말씀이네. 나는 조금 다르게 생각했다네. 이름을 덕계구곡(德溪九曲)이라 했는데, 첫째를 마을의 입구에 위치한 연못인 수통연(水通淵)으로 정했는데 물이 흐르는 연못이라는 뜻이네. 둘째는 막애아(莫磑阿)로 수통연의 물길을 거슬러 올라오면 마을 입구의 다리가 있고 그 아래에 있는 커다란 바위를 말하네. 셋째는 수월암(水月庵)인데 용계정과 막애대 사이의 기계천 주변 언덕의 암자로 정했네. 넷째는 계정(溪亭), 즉 용계정을 말하는데 나는 용계정에 올라 수신(修身)의 의지를 다진다네. 다섯째를 도서송(島西松)으로 명하였는데 자네의 이야기처럼 섬솔밭[島松]을 말하네. 여섯째를 합류대(合流臺), 일곱째는 운등연(雲騰淵)으로 정했는데 자네와 같은 생각이네. 여덟 번째는 용방연(龍房淵)으로 자네가 이야기한 와룡암과 같은 곳일세. 마지막 아홉째는 자금산을 뜻하는 모산(茅山)으로 정했다네. 그리고 이와 관련된 시를 지어 보았네.”

德溪九曲-序詩	덕계구곡-서시
德溪形勝逈超塵	덕계의 풍경은 속진을 아득히 벗어나
溪上奇觀曲曲新	시냇가의 기이한 경치 굽이굽이 새롭네
箇中妙處人誰識	그중에 오묘한 곳을 누가 알리요
須訪溪翁更問津	계옹을 찾아 다시 나루를 물어야 하네

“허허허, 그렇구면, 자네나 나나 비슷한 생각을 하고 있었구면. 구곡은 그렇게 정하면 되겠네.”

2) 덕동의 팔경(八景)

두 사람의 대화가 즐겁게 이어진다.

“이보게 석헌! 중국에 소상팔경(瀟湘八景)이 있듯이 우리나라에서는 관동팔경(關東八景)이나 단양팔경(丹陽八景)처럼 그 지역에서 뛰어나게 아름다운 여덟 곳의 경치를 팔경(八景)이라 선정하지 않았는가? 우리 마을에서도 팔경도 한번 정해 보세.”

“그것도 좋은 생각이네. 그럼, 덕동의 주산(主山)인 자금산(紫金山)을 중심으로 팔경을 펼쳐 보세.”

“무엇보다도 마을의 주산인 자금산이 최우선이겠지? 자금산을 덮고 있는 저 구름이 마치 장대처럼 길게 뻗어 있는 모습이 장관이니 자금산 간운(紫金山竿雲)이라 하겠네."

"그런가, 나는 마을의 안산인 귀인봉(貴人峯)에서 달이 떠오르는 모습이 참으로 아름다웠네. 월출(月出)보다는 토월(吐月)이라는 표현이 더 풍류적이니 귀인봉토월(貴人峯吐月)이라 하겠네."

"좋은 표현일세, 저녁에 해가 서쪽으로 질 때 동쪽에 있는 응봉(鷹峯)에 저녁의 노을빛이 반사되지 않던가? 내가 보기엔 이 모습이 장관이었네. 이를 응봉낙조(鷹峯落照)라 칭하겠네."

"멋있는 말씀. 매봉[鷹峯] 이야기가 나왔으니 매봉 아래에 있는 천제당(天祭堂)에서 가뭄이 들면 기우제를 지내지 않았는가? 이를 천제당기우(天祭堂祈雨)라 함이 어떠한가?"

"그것참 좋은 표현이구면, 마을 안산 건너에 봉우리가 보이지? 이 다섯 개의 봉우리들이 마치 배가 돛대를 매달고 돌아오는 형국과 비슷하니 오봉귀범(五峯歸帆)이라 하면 좋을 걸세."

"어디 그뿐이겠는가? 약동산에서는 여러 가지 약초를 많이 캘 수 있으니 당나라 시인 가도(賈島)의 시를 빌려 약산방사(藥山訪師)라 칭하면 가장 적절하겠구면."

"맞는 말이네. 벼슬재[官嶺]에서 목동이 소를 몰고 피리를 불며 오는 모습 또한 일품이지. 이를 관령목적(官嶺牧笛)이라 함세."

"좋은 풍경이지. 마지막 팔경에는 농부들이 들판에서 일하며 부르는 정겨운 노랫소리를 나타내는 석현농가(石峴農歌)를 넣어야겠네."

"가슴 속에 아주 평화롭고 고즈넉한 풍경이 그려지네. 이것을 덕동의 팔경으로 선정하세."

3) 덕동의 삼기(三奇)

계옹과 석헌의 이야기는 계속된다.

"이제 팔경이 완성되었구면. 그런데 말이야, 용계정 주변에는 기이한 것이 있으니 이것을 빠트릴 수가 없지 않은가?"

"그렇지, 기이한 곳이 세 곳이니 삼기(三奇)라고 하세."

"그러세, 용계천을 둘러싸고 있는 암석 사이에 솟아오르는 샘물을 뭐라고 할까?"

"돌 사이에서 솟아오르는 물이니 석간용천(石澗涌泉)이라 하세."

"좋구면. 그럼, 누워서 자라는 향나무는 층대와향(層臺臥香)이란 이름을 붙이세."

"용계정의 후원에 있는 멋진 소나무는 후원반송(後園盤松)이라 하면 어떠한가?"

"참 좋은 이름이구나. 그리하세."

이와 같은 노력으로 덕동에서도 구곡과 팔경을 통해 주변 경치에도 유풍(儒風)의 흔적을 남기게 되었으나, 현재 수월암은 원형을 볼 수 없는 상태이고, 도송은 부분적으로 남아 있으며, 삽연은 용계천 주변에 조성된 보(洑)로 인해 원형이 훼손되어 있다. 그리고 후원반송은 고사하여 현재 볼 수가 없다.

6. 되돌아보는 덕동

대학원 풍수지리 수업 시간,

"덕동마을을 소재로 하여 소논문을 준비하는 유 박사님이 덕동마을을

〈그림 21〉 대학원 현장 답사

연구한 내용 중 덕동의 현대사에 대해 발표를 해 보시지요.”

“네, 현대라고 이야기하면 일반적으로 1900년대 이후를 이야기합니다. 덕동의 현대사에 대해 교육 분야, 전통 주택, 문화유산의 보존의 세 분야로 나누어 말씀드리겠습니다.”

“먼저, 교육 분야입니다. 덕동에서는 덕계서당에서 보시다시피 후손들의 교육에 정성을 다하였습니다. 이러한 정성이 현대에서도 이어집니다. 덕동초등학교가 1956년 독립된 학교로 개교하여 1,394명의 졸업생을 배출했습니다. 하지만 도시화의 영향으로 덕동의 많은 사람이 도시로 떠나가게 되었고, 아동들이 부족하여 기북초등학교로 통합되면서 1992년 폐교된 후에 덕동초등학교의 부지는 덕동 청소년수련관으로 이용되었습니다. 그러나 잊혀 가는 전통문화의 중요성이 주목받으며 인성교육을 통해 올바른 가치관을 배양하고, 전통문화의 즐거운 체험으로 문화 감성과 정서의 함양을 도모하는 문화의 산실인 포항전통문화체험관으로 탈바꿈하게 되었습니다. 포항전통문화체험관에서는 음식 체험동인 볼거리느낌집, 문화 교육동인 배움나눔집, 숙박 체험을 할 수 있는 잠자는집 등을 설치하여 떡, 두부, 김치 등 전통 음식 체험뿐 아니라 다도, 서당 체험, 택견, 난타, 천연 염색, 마을 탐방, 숲 생태 체험 등 다양한 프로그램을 통해 전통문화를 학습할 수 있습니다."

"네, 덕동에서의 교육열이 현대에까지 이어지는군요."

"그리고 전통 주택에 관한 내용입니다. 덕동에는 여연당, 애은당, 사우정 등 조선시대에 건축되어 문화재로 등록된 주택들과는 달리 1940년대에 건축되어 등록문화재 제373호로 등록된 주택이 하나 있습니다. 그 주인공은 포항 오덕리 근대 한옥입니다. 이 주택은 남쪽으로 넓은 바깥마당과 북쪽으로 안마당을 중심으로 건물이 배치되어 전체적으로 튼 'ㅁ'자 형을 이루고 있습니다. 부재의 결구와 구조 수법 등은 전통 한옥의 특징을 따랐으며, 안마당 중심의 배치 형식, 생산된 목재의 사용, 전후퇴와 측퇴의 발달이 특징적인 평면의 구성, 수장 공간의 발달 등은 근대 한옥의 모습을 지니고 있습니다."

지도교수님의 말씀이 이어진다.

"그렇습니다. 포항 오덕리 근대 한옥은 전통 한옥의 특징과 근대 한옥의 특징을 모두 포함하고 있어 20세기 중엽 역사의 흐름과 사회 변화에 따른 민가의 변천 과정을 잘 나타내고 있습니다."

"마지막으로, 전통문화의 보존에 관한 내용입니다. 덕동에는 덕동민속전시관이 있습니다. 민속전시관은 이동진 관장이 주도하여 건립을 하였는데, 이 관장은 '여주이씨의 후손으로 뿌리를 찾아 덕동에 왔다가 보관을 제대로 하지 못해 사라져 가는 선조들의 기록 보관이 아쉬워 자료를 수집하게 되었다'고 이야기를 합니다. 1992년 덕동이 문화마을로 지정되면서 덕연관을 건립하여 집집마다 보존해 오던 서적과 현판, 농기구, 생활 용구 등을 모아 보관을 해 왔으며, 이 유물들의 중요성을 인식한 포항시의 지원을 받아 2004년에 지금의 위치에 민속전시관을 건립하게 되었습니다. 전시관에는 마을 숲 관리 장부인 '송계부' 등 수많은 유물이 있으며, 여주이씨 문중사우인 세덕사와 관련된 고왕록, 전답안 등과 여주이씨 가문에서 소장해 온 명문, 완문, 입안 등의 18세기 고문서 67점이 경상북도 문화재자료 제552호로 등록되었습니다. 이러한 이동진 관장의 노력에 힘입어 덕동마을은 행정안전부 국가기록원에 의해 '기록사랑마을 제4호'로 지정되었습니다."

"이 관장님의 문화유산 보존에 대한 열정이 대단하시군요."

"그럼, 덕동마을에 대해 유 박사님이 마지막으로 정리를 해 주시지요."

"네, 덕동마을은 역사가 살아 숨 쉬는 곳입니다. 세월의 흔적을 간직한 고택과 아름다운 숲을 볼 수 있어 마을 자체가 하나의 박물관을 연상하게 합니다.

덕동마을에서는 농포 정문부의 할아버지인 정언각의 택지 선정 과정, 그리고 임진왜란 이후 여연당, 사우정, 애은당과 같은 주택을 여강이씨 문중에 물려준 사연을 먼저 알게 되었고, 세덕사와 덕계서당을 통해 여강이씨 문중의 숭조 사상과 인재 양성을 위한 교육열을 볼 수 있었으며, 이러한 후손에 대한 교육열은 현대의 포항전통문화체험관으로 이어지고 있습니다.

그리고 소나무를 비롯한 고목들을 위시한 마을 곳곳의 빼어난 자연경관은 조선시대 유학과 맞물리면서 구곡 문화를 비롯한 유풍(儒風)의 흔적을 남겼으며, 그 결과 특유의 전통문화를 높이 평가받아 1992년 문화부 지정 문화마을, 2001년에는 환경친화마을로 인정받았습니다. 또한, 마을 주변의 아름다운 숲은 2006년 '제7회 아름다운 숲 전국 대회'에서 대상을 차지한 바 있고, 포항 용계정과 덕동 숲은 2011년 명승 제81호로 등록될 정도로 아름다운 곳입니다.

아름다운 경치가 있으며, 문화유산의 고장인 덕동에서와 같이 우리의 전통문화와 그 유산들이 꾸준히 이어졌으면 좋겠습니다. 감사합니다."

풍수 형국 와우형의
공간 구성과 지명[1]

노 인 영[2]

1. 들어가는 글

2. 풍수 형국의 사상과 이론 체계

1) 풍수 형국에 내포된 사상

2) 오성(五星)과 와우형(臥牛形)

3. 와우형의 공간적 특성과 상관 지명

1) 평화로움의 상징 '소'

2) 전통적 취락 입지

3) 와우형의 공간적 특성과 조건

4. 풍수 형국의 시사점

1) 생태 중심적 세계관

2) 재해 예방책

5. 나가는 글

---

1   본 연구 내용 중 일부는 필자의 「경북지방 지명과 풍수형국의 상관성 연구」, 대구한의대 박사학 위논문, 2019에서 발췌하여 수정 보완하였다.

2   대구한의대 일반대학원 철학박사 졸업.
     경북대학교 · 금오공과대학교 평생교육원 외래교수 역임.

1. 들어가는 글

풍수지리 이론의 가치 체계와 사상은 자연환경을 훼손하지 않고 최대한 보존하면서 자연을 있는 그대로 이용하며, 부족한 것은 보완하고, 지나친 것은 제압하며, 자연과 인간이 공존하며, 더불어 생존하는 친환경적인 가치 체계를 바탕으로 하는데, 여기에 가장 근접한 풍수 사상이 형국론[물형론]이라고 할 수 있다.

형국론은 우주 만물만상(萬物萬象)이 모두 고유의 이(理), 기(氣), 상(象)을 가지고 있고, 만물은 각각 독특한 기가 있다는 것에서 출발한다. 이러한 기는 산세의 형상으로 나타남을 전제로 하며, "산의 형상에는 그에 상응한 기상과 기운이 내재해 있다고 보는 관념을 원리로 삼는다."[3] 다시 말해 물형[Mountain Image]이란 개별적 산세와 산형들이 지니고 있는 이미지를 형상화한 것으로 정의할 수 있다.[4] 여기에서 한발 더 나아가 논

〈그림 1〉 남근석

---

3   최창조, 『한국의 풍수 사상』, 민음사, 1984, 179~180쪽 참조.

4   노인영, 「경북지방 지명과 풍수형국의 상관성 연구」, 대구한의대 박사학위논문, 2019, 14쪽 참조.

자는 풍수에서 중요하게 다뤄지는 간룡법, 장풍법, 득수법, 정혈법, 좌향론 등의 요소가 형국론의 일부라고 생각한다.

형국론에서 물체의 형상이 길흉에 영향을 미친다는 관념은 원시시대 유물(類物) 신앙으로부터 유래된 것으로, 당시 자연 현상을 이해하려 할 때, 자신과 자신의 주위 것을 표준하여 의인화하려는 결과에서 나타난 것으로 본다.[5] 좀 더 구체적으로 표현하면, 사람이 원숭이를 닮았다면 원숭이와 같이 교활하다고 표현하고, 남근석은 남자 성기와 같은 신비력이 있다고 믿는 것이다. 자식 없는 사람이 공을 들이면 아들을 얻는다는 믿음 때문에 많이 찾는 경남 남해 가천마을의 남근석(<그림 1>)이 있고, 여자의 성기를 닮아 음기가 강하다는 경주 건천의 여근곡(<그림 2>) 형상이 그것이다.

〈그림 2〉 여근곡

5   村山智順(최길성 옮김), 『조선의 풍수』, 민음사, 1990, 185쪽 참조.

풍수에서 지명은 크게 자연 지명과 풍수 지명, 인문 지명으로 구분하며, 이러한 분류는 자연의 형상과 풍수 사상이 결합되어 지명에 많은 비중을 차지하고 있기 때문이다.[6]

본 고는 산세가 온화하고 평화로움을 느끼게 하는 대표적 형국인 와우형[7]에 국한하여 공간적 특성과 상관 지명을 고찰함으로써 우리 문화의 우수성을 재인식하는 계기를 만들고 나아가 날로 심각해져 가는 환경 파괴와 오염에 대하여 어떻게 대처할 것인가에 대한 방향을 제시하고자 한다.

2. 풍수 형국의 사상과 이론 체계

1) 풍수 형국에 내포된 사상

풍수지리에서 보는 자연은 자연 경관에 인간의 사상과 상상력이 개입되어 생성된 문화 경관이라고 볼 수 있다. 풍수에서는 지역 전체의 경관 또는 그 일부를 일종의 시스템으로 본다. 이것은 바로 자연환경을 의인화(擬人化) 또는 의물화(擬物化)하여 인식하기 때문이다.[8] 풍수 형국에서는 이것에 상(象)과 형(形), 기(氣) 사상 등이 내포되어 있다고 본다.

상에 대해 『주역』 「계사전」에 "성인이 천하의 잡란(雜亂)함을 보고서 그

---

6   최창조, 「풍수지명의 유형과 그 해석」, 『국가발전과 공공행정』, 노용희기념논문집, 박영사, 1987, 346~359쪽을 참조하면 마을 이름 중 상당수가 풍수에 관계되는 지명들이고, 그것들은 크게 풍수 형국 상으로 사람, 물건, 가금, 짐승, 기타 화분류(花粉類) 등의 다섯 가지로 분류할 수 있으며, 풍수 지명을 보유하고 있는 마을의 입지는 매우 합리적이고 타당하다고 하였다.

7   와우형(臥牛形)은 소가 누워 있는 형국을 말한다.

8   이욱, 「풍수형국과 지명의 상관성 연구」, 동방대 박사학위논문, 2010, 33쪽 참조.

사물에 알맞은 것을 본떴다. 이것을 상이라 한다."[9] 하였다. 성인이 사물의 모양을 본떠서 만든 상에는 사물이 지닌 속성이 드러난다. 사물 간에 공통으로 드러나는 속성을 파악하게 되면 전혀 다른 사물도 하나의 상으로 귀결시킬 수 있다. 이러한 취상법(取象法)은 사물의 본질을 상의 개념으로 파악하려는 동양 철학의 사유 방법 중 하나이다.

그리고 상과 형과 기에 대해 최창조는 『회남자』[10]를 인용하여, '형이라는 것은 생(生)이 깃든 것이고, 만물이 존재하는 기가 있기 때문이며, 상은 구체적으로 일월성신이 되고, 형은 산천초목이 되며, 일월성신의 운행으로 어두움과 밝음이 생기고, 산과 못에 기가 통하여 구름이 생기고 비가 내리는 것은 변화가 나타난 것이다'고 하였고, 상과 형에 대해 만물에 차이가 나는 것은 그것이 지니고 있는 기의 차이 때문이고, 이 기의 상이 형으로 나타난 것이라 해석하고 있다.[11]

이처럼 상과 형, 기가 결합되어 있는 자연 만물은 생성하는 기를 가지고 있고, 기가 흩어지지 않는 자연환경을 갖춘 곳은 그 자연에 걸맞은 신비롭고 주술적인 힘을 가지고 있다고 본다. 풍수에서 자연은 생기를 가지고 있어, 때로는 의인화(擬人化) 때로는 의물화(擬物化) 되어 있는 것으로 판단한다.

풍수에서 지기(地氣)는 생명력 있는 유기체라고 전제한다. 중국 한대의 것으로 인식되어 있는 『청오경』에 "음양(陰陽)이 부합하고 천지가 교

---

9   『周易』「卦辭傳」: "聖人有以見天下之賾, 而擬諸其形容象其物宜是故謂之象."

10 한나라 무제 때 회남왕 유안이 다방면의 학자들과 함께 정치, 신화, 천문, 지리 등 다양한 내용을 총망라하여 지은 백과사전 형식의 철학서이다.

11 최창조, 『한국의 풍수 사상』, 민음사, 1986, 180쪽.

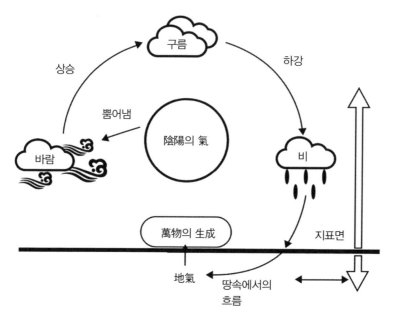

〈그림 3〉 『금낭경』 기 순환이론

통하면 내기(內氣)는 생명을 싹 틔우고, 외기(外氣)는 형상을 이룬다. 내기
와 외기가 서로 조화하면 풍수는 저절로 이루어지게 된다."[12]라고 하였
다. 여기에서 내기는 지기를 말하고, 외기는 지기의 다양성으로 해석할
수 있으며, 조화로 인해 풍수가 이루어짐을 말하고 있다. 『금낭경』[13]에는
"땅이 있는 곳에 기가 있는 법이니, 기가 돌아다녀야 만물이 유래함이
있어, 그로써 생(生)이 있게 되는 것이라, 이것이 자연의 이치이다."[14] "무

---

12 『靑烏經』: "陰陽符合, 天地交通, 內氣萌生, 外氣成形, 內外相乘, 風水自成."

13 한대 곽박이 저술한 장서로, 청오경과 더불어 풍수 경전 중 하나이다.

14 『錦囊經』: "有土斯有氣, 氣之所行, 物之所由, 以生, 此自然之理也."

릇 음양의 기는 내뿜으면 바람이 되고, 오르면 구름이 되고, 떨어지면 비가 되며, 땅속을 돌아다니면 즉, 생기가 된다."[15]라고 하여 기의 생성 이치에 대해 구체적으로 기술하고 있다.

따라서 지역마다 다양한 지형은 그에 따른 다른 기를 갖고 있으며 바로 이러한 지형에 따른 기가 형국론의 논리와 그 맥을 같이 하고 있다.

2) 오성(五星)과 와우형(臥牛形)

(1) 오성에 의한 형국 분류

형국을 분류하는 방법은 여러 가지가 있으나 그 기본은 오성에 의한 것이다. 『청낭경』에 의하면 "하늘에는 오성이 있고 땅에는 오행이 있다. 하늘의 오성은 별자리로 나뉘고 땅의 오행은 산천으로 벌리어 기는 땅으로 흐르고, 형은 하늘에 걸려 있다. 따라서 형으로 기를 보아 인기(人

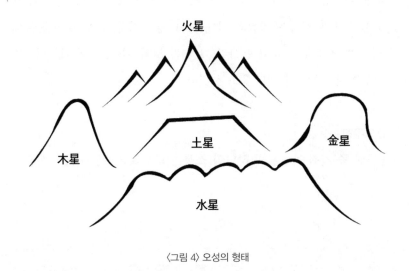

〈그림 4〉 오성의 형태

---

15 『錦囊經』: "夫陰陽之氣, 噫而爲風, 升而爲雲, 降而爲雨, 行乎地中, 即爲生氣."

紀)를 세운다."[16]라고 하여, 오성과 오행의 관계를 설명하고 있다.

오성은 오행설에 기초하며, 오행설의 근본은 水火木金土의 순서로 되어 있는 것은 이미 널리 인식되어 있다. 여기에서 오성은 청(淸), 탁(濁), 흉(凶) 삼격으로 그 길흉을 논하는 바, 청이란 성신이 수려하고 광채가 나는 것이요, 탁이란 성신이 살찌고 두텁고 단정하고 무거운 것이며, 흉이란 성신이 추악하고 거칠고 살(煞)을 띤 것을 말한다.

산의 형세는 〈그림 4〉와 같이 산을 오성에 의하여 분류한 다음 주산의 성상, 안산과의 상생, 주위 사격과의 조화 여부를 파악한다. 이렇게 하여 수많은 종류의 물형을 만들게 된다.

오성에 의하여 형국을 분류하면 인(人), 화(花), 금(禽), 수(獸), 물(物)로 크게 나누어지는데, 『설심부』에 "목성과 화성은 주로 사람의 모양에, 금성은 날짐승 모양에, 토성은 길짐승 모양에, 그리고 수성은 용과 뱀 무리의 모양에 많이 대비시킨다. 혈을 취함에 있어서는 사람은 심장과 배꼽과 음부에, 날짐승은 몸통과 날개 사이, 둥우리와 볏에, 길짐승은 여러 짐승의 모양에, 그리고 용사류(龍蛇類)는 코와 이마, 귀와 배, 머리와 꼬리에 빗대어 행하게 된다."[17]고 하였다.

(2) 와우형(臥牛形)

동물형 중 길짐승 종류의 하나인 소형은 와우(臥牛), 행우(行牛), 식우(食

---

16 『靑囊經』: "經曰, 天有五星, 地有五行, 天分星宿, 地列山川, 氣行於地, 形麗於天, 因形察氣, 以立人紀."

17 『雪心賦』: "如木火二星多結人形其穴取心臍陰, 金星多結禽形其穴取翼窩冠星, 土星多結獸形, 水星多結龍蛇形, 其穴取鼻顙耳腹頭尾之類."

〈그림 5〉 멍에   〈그림 6〉 쟁기

牛), 출전우(出田牛) 등으로 구분[18]하는데 그중 와우형이 가장 흔하다. 오성으로는 토성(土星)으로 분류하며, 자연 현장에서는 축(丑)좌[혹은 사유축(巳酉丑) 삼합]나 토(土)와 관련된 좌향(坐向)이 많이 보인다.

와우형은 소가 누워있는 형상이므로 산의 형세가 나지막한 특징이 있다. 따라서 산세가 나지막하니 자연적으로 편안함과 안락함이 연상되는 것은 당연한 이치일 것이다. 와우형의 감응은 소의 등이 방방하고 평평한 모가 나는 토성[19]의 기이기 때문에 부자가 출한다고 알려져 있고, 본문에서 여러 마을을 논하기로 한다.

와우형의 안산은 소의 먹이인 적초사(積草砂)나 멍에(〈그림 5〉)와 쟁기(〈그림 6〉), 써레 등의 사(砂)가 있어야 한다. 와우형에서 혈(穴)은 배꼽이나, 젖통, 이마나 콧등에 결혈이 될 수 있다. 자우현모형(子牛縣母形)일 경우에는 가슴에도 결혈(結穴) 될 수 있고, 황소일 경우에는 뿔이나 코, 입, 무릎 등에도 혈이 맺을 수 있다.

---

18 장자미, 『옥수진경(玉髓眞經)』 「우종(牛種)」, 삼하출판사, 2002, 1,236쪽 참조.

19 토성(土星)은 사다리형으로 귀, 장수, 재물을 상징한다.

풍수에서 부족한 부분을 보완하는 것을 비보라 하며, "비보 조처의 대표적인 것이 진호(鎭護)를 위한 풍수탑이며, 보허(補虛)를 위한 조산(造山)이나 비보 숲, 그리고 방살위호(防殺衛護)를 위한 염승물(厭勝物)"[20] 등이 있다. 와우형과 관련된 비보 중 한 곳인 예천군 풍양면 공덕리를 살펴보면 〈표 1〉과 같다.

〈표 1〉 와우형국 비보

현상	비보지명	지역	비보 행위
소의 먹이인 적초가 없다	동림(洞林)	예천군 풍양면 공덕리	동산을 인공 조성(숲이 있어야 소가 살찐다.)[21]

3. 와우형의 공간적 특성과 상관 지명

1) 평화로움의 상징 '소'

농경 사회에서는 소[牛]를 소중하게 여기고, 재산 목록 1호로 꼽아 왔다. 소를 생구(生口)라 부르기도 하는데, 생구는 한집에 사는 하인이나 종을 말한다. 소를 생구라 하는 것은 사람이라고 할 만큼 소를 존중하였다는 뜻[22]이다.

순하면서 평생 인간을 도와 일만 하고, 죽어서도 가죽과 고기를 남겨주는 소는 느린 걸음과 큰 몸짓, 힘든 일도 묵묵히 해내는 우직함과 편

---

20 村山智順(최길성 옮김), 「조선의 풍수」, 민음사, 1990, 236쪽.

21 예천군 풍양면사무소 홈페이지, 공덕리 편 참조.

22 한국민족문화대백과사전

안함 때문에 온순함과 순종, 자기 희생과 힘의 상징으로 여기기도 한다. 소가 풀을 뜯고, 목동이 소를 타고 가면서 피리를 부는 그림[목우도(牧牛圖)]은 세속을 벗어난 여유로움과 평화로움, 고향의 향수를 느끼게 한다.

소는 논을 매고 밭을 갈 때 농사에 필요한 노동력이고 소달구지와 같이 부리는 운송 수단, 목돈을 마련할 때 비상 금고의 역할을 해 왔다. 또한, 고기와 우유는 음식 재료였고, 기름은 약품과 비누의 재료로 사용하며, 뿔과 발굽, 가죽은 공예품이나 북, 신발을 만드는 소재로 이용한다. 소는 '소싸움'이란 테마로 인간에게 또 다른 흥미를 제공하여 주고 지역 관광 산업의 한 축을 담당하고 있기도 하다.

한편 소는 행운 및 수호신을 상징하기도 한다. 이 때문에 정월 대보름날이 되면 각 마을에서는 그해 풍년을 기원하는 소놀음굿을 펼쳤고, 장사하는 집에서는 대문에 쇠코뚜레를 걸어 뒀다. 이것은 소를 잡아먹을 만큼 힘센 주인이 산다는 표시로 악귀가 침입하다가 이를 보면 도망간다고 믿었기 때문이다.

소는 각종 의례 및 무속에서 신성한 제물로 바쳐졌으며 "조선시대에는 농신(農神)인 신농씨(神農氏)와 후직씨(后稷氏)에게 소를 바쳐 제사를 올렸다. 이 제단을 선농단(先農壇)이라 하며 해마다 풍년을 빌기 위하여 경칩 후 첫 해일(亥日)에 임금이 친히 제사를 지냈다. 선농제에 즈음하여 임금에게 바친 헌시 가운데에 '살찐 희생의 소를 탕으로 해서 널리 펴시니 사물이 성하게 일고 만복이 고루 펼치나이다'라는 대목이 있는데, 선농제에서는 반드시 소를 희생의 제물로 하고 이것을 탕으로 하여 많은 제관이 나누어 먹었다는 것을 알 수 있다. 이것이 오늘날의 설렁탕이 되었다고 전해지고 있다."[23]

축신(丑神)은 12지에서 두 번째 동물로, 소로 표현된다. 한국에서 축신은 처음 수호신과 방위신의 성격에서 다양한 사상적 배경과 결합되면서 현재는 띠 동물로서 지니는 관념으로만 강하게 남아있다. 시간 개념에서 축신 시간은 새벽 1시에서 3시, 달(月)로는 음력 12월이며, 방위에서는 북북동에 해당하는 신(神)이다. 이 시간과 방위에 소를 배정한 것은 소의 발톱이 2개로 갈라져서 음(陰)을 상징한다는 것과 그 성질이 유순하고 참을성이 많아서 씨앗이 땅속에서 싹 터 봄을 기다리는 모양과 닮았기 때문이라고 한다.[24]

2) 전통적 취락 입지

옛날부터 인간이나 다른 동물들도 생존을 위해서는 적 또는 외부인에게는 보이지 않되, 안에서는 바깥을 잘 볼 수 있는 공간을 선호했다. 또한, 바람과 물이 취락에 가장 중요한 조건이었다. 이러한 조건을 갖춘 곳이 좋은 삶의 터전이며, 자신과 동족을 보존하고 번창시키는 데 용이하다는 사실을 깨달아 왔다. 그리하여 생존과 생활의 편리를 제공해 줄 수 있는 길지를 끊임없이 찾아 왔다.

사람이 살기에는 따뜻한 바람이 불고, 깨끗한 식수가 풍부한 지역이라야 하는데, 풍수지리에서 사용하는 주산, 사신사와 물, 바람의 역할을 보면 "주산 배후 산지는 유역 내로 물과 물질을 공급하고 다음에 산림 자원을 공급하고, 차가운 북서 계절풍을 막아 준다. 좌청룡·우백호 같은 경우는 유역 내로 물질 이동을 유도하는 경계가 되고, 기후 면에서

---

23   한국민족문화대백과사전

24   문화콘텐츠닷컴

는 좌우로부터 바람을 막아 주고, 유역 내부의 일정한 습도와 수분을 유지해 주고, 또 유역 내부를 외부와 격리시키는 역할도 한다. 이러한 지형이 만들어질 수밖에 없는 기본적인 조건이 되는 좁은 수구는 유역 내에서 외부로 유출되는 물과 물질의 속도와 양을 감소시키는 역할을 한다"[25]고 하여 명당 길지의 필요성을 설명하고 있다.

조선 후기 실학자 이중환의 『택리지』에 "살 곳을 택할 때는 처음 지리를 살펴보고, 다음에 생리, 인심, 산수를 돌아본다. 이 네 가지 요소 가운데 한 가지만 없어도 살기 좋은 곳이 못 된다"[26]고 하여 지리를 가장 첫 번째 요건으로 꼽았다.

이러한 것을 보면 인간이 살아가는 데 있어서 가장 이상적인 지형은 산록과 배산임수, 적당한 평야가 있고, 물류가 원활해서 토지 생산이나 사람이 살기에 가장 적절한 지역이었을 것이다. 이러한 지역이 와우형의 조건과 유사하다.

3) 와우형의 공간적 특성과 조건

(1) 와우형 입지의 특성

〈그림 7〉과 같은 와우형의 입지적 특성을 살펴보면, "완경사지인 구릉성 평야 지대에 위치하며 큰 하천 줄기 입지 유형이 아니고 계류형 촌락 형태의 입지 유형이다."[27] 산의 경사도가 영향력이 더 강하며, 계곡과 연

---

25 윤홍기 외, 『전통생태와 풍수지리』, 지오북, 2012, 130~131쪽.

26 이중환(이익성 옮김), 『택리지』, 한길사, 1992, 125쪽.

27 김동찬·김진성, 「풍수 형국론이 갖는 의미의 입지적 특성에 관한 연구―와우형을 중심으로」, 『한국정원학회지』 Vol 18, No1, 한국정원학회, 2000, 8쪽.

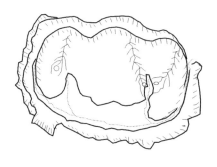

<그림 7> 와우형 물형도

결되어 있어 큰 도시 형태라기
보다는 농업을 기반으로 하는
형태인 촌락 유형이 더 강하다.
그리고 평야 지대에 입지한 촌
락 유형으로 산은 야산 형태로
연료림을 가지며, 하천보다는
계곡에 의한 물 공급이 이루어
지고 논농사에 적합한 자연환경을 바탕으로 농업 환경이 용이한 지역이
다. 이처럼 와우형 입지의 일반적 특성은 전 항에서 언급한 전통적 취락
입지의 조건과 유사하다고 할 수 있다.

와우형국의 주 혈처로 추정되는 곳에서 사신사의 해발고도 및 거리,
앙시각을 종합해 보면 다음과 같고, 뒤에 다뤄질 5곳의 주 혈처에서 측
정한 현무봉의 고도 및 거리, 앙시각[28], 주 혈처의 해발 고도는 〈표 2〉와
같다.

<표 2> 현무봉의 고도 및 거리, 앙시각, 해발고도

구분	고도	거리	앙시각	주 혈처 해발고도
영천 청통 우천	120m	50m	3.4°	117m
예천 풍양 우망	80m	78m	2.2°	77m
청도 각북 우산	151m	94m	12.6°	130m
영덕 축산	40m	45m	3.8°	37m
구미 무을 우자	171m	291m	14.6°	95m

---

28 앙시각이란 고도와 거리의 함수 관계를 나타내며 앙시각이 낮을수록 편안하고 높을수록 위압감
    을 받을 수 있다.

현무봉의 고도는 대부분 150m 내외로 나지막하다. 또한, 혈처에서 현무봉까지의 거리를 보면 짧은 곳은 50m 내외, 긴 곳은 300m 이내이다. 앙시각은 구미 무을 우자리와 청도 각북 우산리가 다소 높은 편이고, 나머지는 낮은 편이다.

다음 주 혈처에서 측정한 안산의 고도 및 거리, 앙시각, 안산의 형상은 〈표 3〉과 같이 나타낼 수 있다.

〈표 3〉 안산의 고도 및 거리, 앙시각, 안산의 형상

구분	고도	거리	앙시각	안산의 형상
영천 청통 우천	113m	229m	−1.0°	쟁기
예천 풍양 우망	64m	362m	−2.1°	달
청도 각북 우산	210m	532m	8.6°	멍에, 속초
영덕 축산	57m	885m	1.3°	멍에, 쟁기
구미 무을 우자	330m	2637m	5.1°	멍에

안산의 고도는 낮은 곳은 60m 내외, 높은 곳은 330m 이내이며, 거리는 짧은 곳은 300m 내외, 먼 곳은 3㎞ 정도이다.

앙시각도 낮은 편이다.

이어 주 혈처에서 측정한 청룡의 고도 및 거리, 앙시각은 〈표 4〉와 같이 정리하여 나타낼 수 있다.

〈표 4〉 청룡의 고도 및 거리, 앙시각

구분	고도	거리	앙시각	비고
영천 청통 우천	114m	70m	−2.5°	
예천 풍양 우망	69m	99m	−4.6°	

구분	고도	거리	앙시각	비고
청도 각북 우산	129m	48m	−1.2°	
영덕 축산	41m	48m	4.8°	
구미 무을 우자	112m	179m	5.4°	

청룡의 고도를 보면 비교적 나지막하고, 거리는 가깝다. 앙시각 역시 낮아 편안함을 준다.

주 혈처에서 측정한 백호의 고도 및 거리, 앙시각은 〈표 5〉와 같이 나타낼 수 있다.

〈표 5〉 백호의 고도 및 거리, 앙시각

구분	고도	거리	앙시각	비고
영천 청통 우천	119m	96m	1.2°	
예천 풍양 우망	77m	137m	0°	
청도 각북 우산	116m	317m	−2.5°	
영덕 축산	35m	32m	−3.6°	
구미 무을 우자	85m	223m	−2.6°	

백호의 고도는 비교적 나지막하고 거리는 크게 멀지 않으며, 앙시각은 낮은 편이다.

결론적으로 와우형의 현무봉과 안산, 청룡, 백호의 고도는 나지막한 구릉 지대이며, 대체적으로 거리는 가깝고, 앙시각은 낮아, 보는 이로 하여금 편안함과 안락함을 가져다주는 지역임을 알 수 있다.

(2) 와우형국의 풍수 경관과 상관 지명

와우형으로 전해 내려오는 곳을 중심으로 와우형국의 풍수 경관과 상관 지명을 살펴보자.

① 영천시 청통면 우천(牛川)

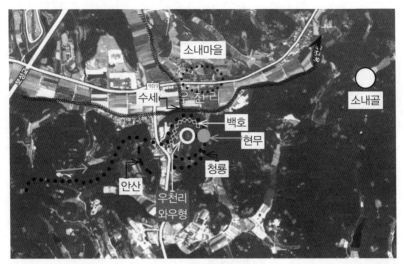

〈그림 8〉 우천리 사신사와 수세

〈그림 8〉과 같이 물은 마을 서쪽 편에서 발원한 용연천의 물이 대원산과 봉화산에서 내려오는 계곡물과 만나 우천리 마을 앞을 유유히 흐르다가 신녕천과 합수하며, 남쪽으로 흘러 금호강과 만난다. 전체적인 수세는 금성을 환포하는 모습이다.

영천시 청통면에 있는 우천 지명은 "옛날에 이곳에 담양 전씨들의 선계사 즉계자는 천(川)을 가운데 넣고 앞산의 모습이 와우라 우(牛) 자를 합해서 우천(牛川)이라 했다."[29] 우리말로는 소내이다. 이는 풍수 형국으로 보면 와우형에서 명명된 것이다. 마을 주변 산세는 〈그림 9〉와 같이 나

---

29 경상북도 · 경북향토사연구협의회, 『경북 마을지』 상 2권, 1990, 539쪽.

지막하고 평화로우며, 이곳 마을 앞산은 〈그림 10〉과 같이 소가 누워있는 형상이다. 이 와우(臥牛)를 기준으로 보면, 현무의 성상은〈그림 11〉과 같이 토성체이고, 안산은 〈그림 12〉와 같이 쟁기로 추정되는 사(砂)이다.

이곳 형국과 관련하여 하우(下牛), 소내골 못 등의 지명이 있다.

〈그림 9〉 마을 전경

〈그림 10〉 마을 안산 와우형상

〈그림 11〉 와우형 현무

〈그림 12〉 안산 쟁기

② 예천군 풍양면 우망(牛忘)

〈그림 13〉과 같이 우망 마을의 주산은 살아 움직이는 소를 보는 것 같다. 산의 힘과 생동감이 대단하며 실제로 이 산 주변 마을에서는 "여러 명의 장군과 외교관, 국회의원이 배출된 것으로 알려져 있다."[30] 소 형상의 산이 만든 수많은 산줄기에서 발원한 물은 북쪽으로 흘러 우망 마을

앞을 거쳐 우망 마을 청룡 끝에서 합수한 후 낙동강으로 흘러들어 간다. 수세는 상당히 좋은 편이다.

〈그림 13〉 우망리 사신사와 수세

예천군 풍양면에는 우망(옛 지명 牛望, 현재는 憂忘)이라는 지역이 있다. 지명 유래에는 "마을 형국이 서우망월형의 명당이므로 약(略)해서 우망(牛望)이라고 했다가 뒤에 가히 근심을 잊고 살만한 마을이라 해서 우망(憂忘)으로 고쳐 썼다"[31]는 이야기가 전해 오고 있다. 이곳 일부 마을 사람[32]들은 와우망월형[소가 누워서 달을 쳐다보는 형국]이라 주장한다.

30 예천군 풍양면사무소 인터넷 홈페이지 고장의 인물 편 참조.

31 경상북도 · 경북향토사연구협의회 공저, 『경북 마을지』 하 3권, 1992, 748쪽.

32 인터뷰자: 정인량(남, 78세), 예천군 풍양면 우망리 우망길 312 거주

〈그림 14〉 마을 전경과 현무   〈그림 15〉 안산 달

〈그림 14〉와 같이 현무봉은 와우형에 걸맞게 나지막하다. 현무의 성상은 토성체이며, 안산은 달[月]이 있어야 하는데, 달의 형상이 없어 〈그림 15〉와 같이 초승달 형상의 둑을 조성하고 그 위에 나무를 심어 비보를 했다고 전해온다.

③ 청도군 각북면 우산

〈그림 16〉과 같이 삼성산에서 출맥한 산줄기는 홍두깨산과 대밭골산을 연이어 기봉한 후 남서쪽 방위로 내려와서 와우산을 기봉한다. 마을 앞에서 내려오는 물은 딱재못의 근원이 되고, 계속 동남쪽으로 흘러 청도천에 합류한다.

청도군 각북면 우산리(牛山里)의 지명 유래를 보면 "마을 앞산의 형국이 흡사 소가 누운 것과 같으므로 와우산이라 불렀다."[33]라고 전해진다. 그 주위에는 소와 관련된 각실(角室, 소뿔)[현재에는 객실] 마을이 있다. 〈그림 17〉의 모습이 와우형상이고 산 이름은 와우산이다. 〈그림 18〉은 소의 정

---

33 경상북도 · 경북향토사연구협의회, 『경북 마을지』 상 2권, 1990, 782쪽.

〈그림 16〉 우산리 사신사와 수세

〈그림 17〉 와우산

〈그림 18〉 정수리

〈그림 19〉 안산1 멍에

〈그림 20〉 안산2 속초

수리로 추정되는 혈처의 모습이고, 안산은 〈그림 19〉와 같이 멍에의 형상이며 그 옆에는 〈그림 20〉과 같이 속초(束草)로 추정되는 사(砂)가 있다.

④ 영덕군 축산면

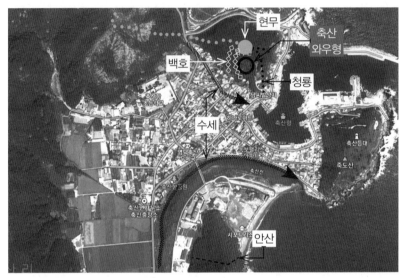

〈그림 21〉 축산 사신사와 수세

〈그림 21〉과 같이 산줄기는 포대산에서 출맥한 용맥으로 동쪽으로 기봉과 위이를 하면서 내려가다가 용당산을 기봉한 후 다시 도곡리를 거쳐 대소산을 일으킨다. 대소산에서 다시 남, 남동쪽으로 내려와 아담한 와우산을 일으키고 바닷가에 다다른다.

영덕읍 북편에 있는 화림산 북서쪽 계곡에서 발원한 축산천은 수많은 계곡물과 만나 동쪽으로 흘러가다가 축산항에 이르러 환포하지 못하고 반궁수 형태로 바닷가로 흘러들어 가고, 와우산 서편에서 발원한 적은

〈그림 22〉 대소산

〈그림 23〉 와우산

〈그림 24〉 멍에(안산)

〈그림 25〉 쟁기(안산)

물은 와우산 아래를 거쳐 바닷가로 흘러들어 간다.

　현 축산 1리의 "마을 뒷산이 풍수지리설로 소가 누운 형상이라 와우산이라 한다"[34]고 전해진다. 축산항의 서쪽에 있는 대소산이 큰 소[암소]의 형태로 추측되며, 이 대소산과 와우산에 근거하여 축산[소산]이란 지명이 명명된 것으로 추정된다. 〈그림 22〉는 이 마을의 진산 대소산이고 〈그림 23〉은 와우산이다. 그리고 〈그림 24〉는 소의 젖꼭지로 추정되는 혈처에서 본 안산 멍에 형상이며, 〈그림 25〉는 소의 배꼽으로 추정되는

34　경상북도 · 경북향토사연구협의회, 『경북 마을지』 상 1권, 1990, 201쪽.

혈처에서 본 안산 쟁기 형상의 사(砂)이다.

⑤ 구미시 무을면 우자

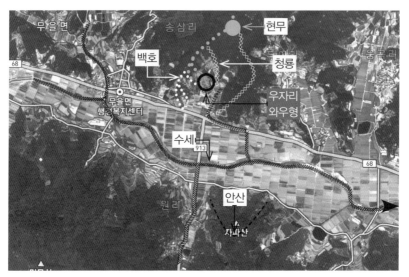

〈그림 26〉 우자리 사신사와 수세

〈그림 26〉과 같이 산줄기는 기양산(704m)에서 출맥한 후 수선산(648m)
을 지나 기복과 위이를 거쳐 동쪽으로 전진하다가 원통산을 기봉한다.
여기에서 산줄기는 방향을 전환하여 남쪽으로 서서히 내려와 와우형의
형국을 만든다. 원통산 계곡 상단에서 발원한 물은 마을 앞을 지나 대천
으로 흘러들어 간다.

현 송삼 2리를 지칭하며 "풍수설에 의하면 마을 뒷산의 지형이 소가
누워있는 형상이라 하여 이에 유래된 것이다."[35]라고 전해온다. 〈그림

---

35 경상북도 · 경북향토사연구협의회, 『경북 마을지』 중 2권, 1990, 773쪽.

〈그림 27〉 마을 전경과 현무   〈그림 28〉 안산 멍에

27〉은 와우형상의 우자리 마을과 현무이며, 〈그림 28〉은 우자리의 안산
인 멍에 형상으로 추정되는 사(砂)이다.

(3) 기타 소와 관련된 지명

상기 대표적인 와우형 이외에도 전국에 수많은 와우형이 산재해 있고
이와 관련된 지명이 상당수 있음을 알 수 있다. 또한 〈표 6〉과 같이 소
의 부위별 이름과 관련된 지명도 상당수 있다.

〈표 6〉 기타 소와 관련된 지명

행정구역	지명[36]	비고
경북 포항시	우현(牛峴)동	현: 소태재
경북 포항시 장성동	우구리(牛口里)	소의 입
경북 포항시 흥해읍	우목(牛目)리	소의 눈
경북 포항시 청하면	소동리	소의 등
경북 포항시 신광면	우각리	소의 뿔
경북 포항시 기계면	가안리(駕安里)	멍에
경북 구미시 산동면	우복리(牛腹里)	소의 배꼽
서울 서초구	우면(牛眠)동[37]	자는 소

경남 의창군 진동면	우(牛)산, 와우(臥牛)산	누워있는 소
경남 창원시 덕산리	소목(牛項)	소의 목
전북 순창군 풍산면	우곡리, 우목, 우실, 쇠실	소의 목
전남 강진군	우두봉, 가우도(駕牛島)	멍에
충남 연기군 동면	황우산(黃牛山)	황소
제주도 북제주군	우도(牛島)면, 우두악(牛頭岳)	소머리

〈그림 29〉는 포항시에 소재한 우현(牛峴)의 형상으로 현재는 소태재로 불리어오고 있다.

〈그림 29〉 소태재

4. 풍수 형국의 시사점

급속한 현대 문명의 발달과 더불어 지구의 온난화, 오존층 파괴, 산성

---

36 여기에서 우현동, 우목리, 가안리, 우면동, 우두봉 가우도는 경상북도·경북향토사연구협의회,
  『경북 마을지』상 1권, 1990, 19쪽, 267쪽, 357쪽을 참조한 것이다.

37 서울지명사전

비, 지구 사막화, 생태계 파괴, 미세 먼지 등의 환경 오염 문제는 이제 어느 개별 국가의 문제가 아니라 전 인류의 공동 관심사라고 할 수 있다.

이러한 문제를 해결하기 위해 가장 기본적으로 가져야 할 마음가짐과 자연재해를 어떻게 예방할 것이며, 풍수지리의 활용과 함께 향후 인간이 자연과 어떻게 살아갈 것인가에 대한 방향을 제시해 본다.

1) 생태 중심적 세계관

풍수지리학이야 말로 자연의 훼손과 환경의 오염으로 인하여 인류의 삶 자체가 파괴될지도 모르는 우려스러운 현실에서 사람들에게 자연환경과 더불어 살아갈 수 있는 새로운 생존의 방법과 가능성을 제시하는 학문임을 믿어 의심치 않는다.

우리 선조들은 "한 지방의 풍수 형국을 하나의 유기체적인 시스템으로 보았으며, 한 지역의 경치를, 한 지역의 풍수 형국을 거의 생명체에 준하는 것으로 보았다."[38] 따라서 풍수 형국은 나만이 아니고 다른 사람, 다음 세대를 생각하는 환경 관리의 한 방법이다. 환경을 해치지 않고 잘 유지할 수 있는가로 이해되는 지속 가능성 여부가 미래에는 중요한 문제이므로, 땅을 살아있는 생물체 다루듯이 신중하게 대하며, 자연 파괴와 난개발을 방지하고, 인간과 자연의 공존을 도모하는 생태주의적 사고가 더욱 필요한 시점이다.

고도성장을 최우선 가치로 추구하던 산업화 과정을 거치면서 희생당한 것 이상으로 자연은 인간에게 생존의 위협을 주고 있으며, 이를 '생

---

38 윤홍기 외, 『전통생태와 풍수지리』, 지오북, 2012, 179~180쪽 참조.

태학적 부메랑 효과(Ecological Boomerang Effect)'[39]라고 표현하기도 한다.

이러한 상황에서 인간은 문명의 수혜자이면서 동시에 피해자가 되었다. 그렇다고 산업화를 중지할 수도 없고, 지금까지 해왔던 방식대로 계속 추진할 수도 없다. 결국, 1980년대 와서 자연의 희생을 최소화하면서 산업화를 계속 추진해야 한다는 결론에 도달했다. 이와 같은 모순된 상황 속에서 나온 결론이 바로 '지속 가능한 발전(Sustainable Development)'[40]이다.

2) 재해 예방책

옛날 분들이 가지고 있던 자료와 지식의 상당한 부분이 조상으로부터 오랫동안 구전되면서 쌓인 장기적인 경험의 결과이다. 그러한 자료와 지식은 언젠가 큰 타격이 올 때를 어느 정도 감지할 수 있도록 도와주는 하나의 열쇠가 될 수 있다.[41] 이는 지속 가능한 인간 생활을 위해서는 필수적인 자료이며, 아주 서서히 바뀌어 가고 있는 자원들에 대하여 관심을 가져야 하는 이유인 것이다. 지하수가 서서히 줄어들고 있고, 동네 우물이 말라가고 있다. 이는 향후 발생할 가뭄에는 엄청난 고통을 받을 수 있음을 예견하는 사항이다.

2011년 태풍 루사로 인하여 발생한 서울 우면산 산사태나 강원도 춘천 펜션 산사태같이 집중 호우에 휩쓸려 엄청난 재난을 몰고 온 것도 자연의 무분별한 난개발로 인하여 발생한 재해이다.

---

39 신덕룡, 『환경위기와 생태학적 상상력』, 실천문학사, 1999, 12~13쪽 참조.

40 정대현 · Patrick Mullins 편저, 『환경과 지속가능한 발전』, 제주대학교출판부, 2003, 5~7쪽 참조.

41 윤홍기 외, 『전통생태와 풍수지리』, 지오북, 2012, 27쪽 참조.

이같이 홍수로 생긴 물길은 대부분 원래의 물길이다. 인구 증가와 토목 기술 발달로 대부분 밀어붙였던 물길이 원래대로 원상 복귀된 것인데, 이는 어떤 회복 범위의 문턱(Threshold)을 넘어버린 것이다. 인간의 필요에 의해서 자연을 굉장히 많이 변형시킨 결과이다.[42]

이러한 재해를 미연에 방비하려면 토지 이용 계획을 수립할 때 풍수 형국의 원리를 응용하는 것도 좋은 방법이 될 수 있다. 예를 들어 신도시를 개발할 때 사신사나 수구막이를 만들고, 바람길, 물의 순환을 감안하여 어떠한 비보 행위를 할 것인지 등을 연구하여 실행하게 되면 재해를 미연에 방지하는 데 상당한 효과가 있으리라 본다.

또한, 저밀도의 토지 이용이 특징적인 근교와 원교는 자연환경을 파괴하지 않고 최대한 살리는 방향으로 개발되어야 한다. 대도시 근교에

〈그림 30〉 고속도로 개설로 단맥된 전경
(대구 · 포항간 고속도로 영천 휴게소 인근)

---

42 윤홍기 외, 『전통생태와 풍수지리』, 지오북, 2012, 78쪽 참조.

서 행해지고 있는 난개발, 특히 〈그림 30〉과 같이 산을 무자비하게 자르는 단맥은 현재는 물론 향후에도 더욱 심각한 문제로 대두될 것이다. 따라서 근교의 개발은 초기에 계획적 마스터플랜을 수립하고, 그것에 근거하여 시행되어야 한다.

이러한 흐름을 이해하고 우리 조상들의 삶의 지혜인 풍수 형국과 보조를 맞추는 도시 근교의 재설계가 필요하다.

5. 나가는 글

와우형의 공간적 특성을 보면 현무 봉과 안산, 청룡, 백호의 고도는 나지막하고 구릉 지대에 위치하며, 혈처를 중심으로 사신사의 거리는 가깝다. 또한 앙시각이 낮아 보는 이로 하여금 편안함과 안락함을 가져다주는 지역임을 알 수 있다.

그리고 우천, 우망, 우산, 축산, 우자, 각실, 우목 등 와우형국과 소와 연관된 지명도 상당수 있음이 증명되었다. 이러한 소중한 문화유산을 관광 산업과 매치(Match)하여 관광 산업 활성화에 기여할 수 있도록 풍수 형국과 연계한 지명 풍수의 콘텐츠를 더욱 풍부하게 할 필요성이 있다.

지명과 상관이 있는 풍수 형국을 보면 우리 선조들이 이 땅에 살아오면서 지명 하나에도 얼마나 많은 정성을 쏟았는지 그 사실을 여실히 보여주고 있다. 그럼에도 불구하고 현대 사회에 들면서 편리함과 경제성의 추구로 우리의 소중한 문화유산인 지명들이 변화의 기치에 계속 밀려나고 있다. 이러한 시점에서 풍수 형국론은 우리 고유의 문화를 지키기 위해서는 전통적 사유 체계에 대한 생각의 전환이 절실함을 일깨워준다고 할 수 있다.

영덕 무안박씨 무의공파
무의공 박의장의 양택[1]

석 수 예[2]

1. 들어가는 글

2. 원구마을 박의장 생가지의 풍수지리

1) 원구마을의 유래

2) 내룡맥의 분석

3) 혈장의 분석

4) 사격의 분석

5) 수세의 분석

3. 도곡마을 박의장 종택의 풍수지리

1) 도곡마을의 유래 및 공간 구성

2) 내룡맥의 분석

3) 혈장의 분석

4) 사격의 분석

5) 수세의 분석

4. 나가는 글

---

1   본 글은 필자의 「영덕 무안박씨 무의공파의 양택과 음택의 풍수지리적 고찰」, 영남대학교 석사
학위논문, 2017의 일부를 발췌하여 편집 · 보완한 글이다.

2   도안암, 영덕 연화사 주지.

1. 들어가는 글

풍수(風水)의 본래 의미는 지극히 일상적이고 평범한 생활 환경을 대변해 주고 있는데, 풍(風)은 기후와 풍토를 말하며, 수(水)는 물과 관계된 모든 것을 가리키고 있다. 사람은 생기에 의지하여야 하며 바람을 타면 생기는 흩어지지만 물을 만나면 정지하기 때문에 "옛사람들은 기가 용맥을 따라 흐르다가 물을 만나면 멈추고, 모인 기가 사(砂)에 의하여 장풍이 되어 흩어지지 않는 것을 일러 풍수이다"[3]라고 하였다. 이러한 바람과 물의 논리로 기의 존재 여부를 판단하는 것이 풍수이며, 고대 과학이다.

풍수에서 중요시하는 발복의 핵심적인 대상은 후손의 부귀와 손(孫) 등이다. 부·귀·손에서 부와 귀는 부귀영화를 의미하는데, 부귀영화의 사전적 의미는 '재산이 많고 사회적 지위가 높으며, 귀하게 되어서 세상에 드러나 온갖 영광을 누림'이다. 손은 자손을 의미하는 것이다. 그러므로 생기가 모인 길지는 사람이 출생하는 장소와 살아가는 동안에 한 인물이 성장하는 과정에 꾸준한 영향을 미친다고 본다. 어릴 때 생기가 모이는 좋은 집터에서 5년 이상만 거주하여도 그 집터의 영향력이 지속한다고 볼 수 있다. 그러므로 사람들은 사회적으로 추앙받는 인물이 태어나고 배출될 만한 명당의 입지 조건을 가지고 있는 땅인지를 검증하고, 좋은 기운의 동기감응을 받거나, 생기를 얻을 수 있는 길지인 혈처를 찾아 그곳에 인간의 주거 공간인 집[양택]을 지어 생활할 수 있도록 하는 것이다.

전통 마을의 터 잡기는 땅을 살아있는 생명체로 해석하는 데에서 시

3　『錦囊經』: "古人, 聚之使不散, 行之使有止, 故謂之風水."

작되고, 땅속 기운과 땅 위의 물과 바람이 적당한 곳을 선택하여 외부로부터 프라이버시를 확보하기 위한 마을 사람들의 생존적 욕구를 충족시켜 주는 공간 범위를 설정하게 된다. 사람들이 거주할 곳을 택할 때 처음 지리를 살펴보고, 그다음에 생리, 인심, 산수를 돌아본다. 이 네 가지 요소를 모두 갖추어야 살기 좋은 곳이라 할 수 있다.

즉, 마을 터를 잡는 방법은 자연환경인 지리를 제일로 하고, 인문 환경인 생리와 인심을 다음으로 생각하였고, 마지막으로 경관인 산수를 본다고 하는 것이다. 지리적 조건은 수구가 너무 넓지 않으며, 사람의 왕래가 잦은 관문이 있고, 안으로 평야가 전개된 곳으로 햇빛을 많이 받을 수 있는 넓은 들이 있는 곳이 길한 곳이라 했다. 산세는 해가 지고 뜨는 시간이 길어야 하며, 주위에는 낮은 산들이 수려하게 둘러서 있고, 흙은 모래땅으로 굳고 촘촘하면서 맑고 찬 샘이 있는 곳이어야 한다. 생리는 인적·물적 자원이 집중되어 교환이 용이한 장소를 꼽았다. 인심은 자신과 자기 자녀의 교육을 위하여 지방의 풍습이 순후한 곳을 말하고, 산수는 정신을 즐겁게 하고 감정을 화창하게 하는 곳을 말하였다.

이러한 성격을 갖는 한국 전통 마을의 가장 강한 특징은 마을 앞에 작은 동산이 있고, 맑은 개울이 흐르고 산을 등지고 앞으로 들이 전개된 배산임수의 지형이었다. 이 배산임수의 지형은 사상을 고루 갖추고, 동시에 폐쇄감과 적당히 트이면서 답답함을 가지지 않는 개방감을 가지는 아늑한 공간이 되어야만 한다. 이렇게 선정된 공간은 마을 사람들에게 자신들이 살아가는 공간에 대한 자랑과 긍지를 제공하고, 외부인들의 침입에 대한 보호 기능을 가져 심적 안정을 기할 수 있는 장소가 된다. 이러한 감정들을 느끼게 된다면 그것은 곧 자연환경의 구성 요소에 의해 마을이 갖는 공간감으로서 마을 터를 잡는 기준이 된다.

산진수회(山盡水回)하고, 장풍득수(藏風得水)가 된 곳, 즉 그런 곳이 풍수에서 찾는 혈처이고 명당이다. 임진왜란 때 무의공이라는 출중한 인물이 배출될 수 있었던 것은 명당지세의 영향을 받은 것이라 할 수 있다. 본 논고에서는 임란공신(壬亂功臣) 무의공(武毅公) 박의장(朴毅長)의 생가지와 무의공파 종택을 중심으로 생기 충만한 혈처인지, 인간의 주거 공간인 집을 짓는 양택풍수로 자연 속에 흐르는 좋은 기운이 모이는 곳 즉, 명당의 동기감응을 일으켜 발복을 받은 것인지를 바람과 물의 흐름, 그리고 땅의 이치를 인간의 생활에 접목시킴으로써 자연의 생명 에너지와 인간의 생명 에너지가 상호 교류하는 것을 생태적으로 파악하고, 가장 효율적으로 어떤 방법을 취해야 하는가를 풍수지리학적 시각에서 살펴보되, 집들이 집단으로 모여 크고 작은 공동체를 이루어 집성촌의 조건을 갖추었는지를 풍수지리학적으로 공감할 수 있는 용세 분석[龍], 혈장 분석[穴], 사격 분석[砂], 수세 분석[水]을 기본으로 살펴보고자 한다.

2. 원구마을 박의장 생가지의 풍수지리

1) 원구마을의 유래

무안박씨가 처음 영해에 세거한 곳은 창수면 인량리로 16세기 초에 박지몽의 아들 박영기(朴榮基)와 손자 박세렴[4](朴世廉 1535~1593, 중종30~선조 26) 부자가 거주하였으나, 박세렴의 장자 무의공 박의장(1555~1615)과 동생 목사공 박홍장(1588~1598)[5] 그리고 무의공의 아들 박유와 박늑, 박문립

---

4   박세렴은 박영기의 셋째 아들로 1558년(명종 13년) 무과에 급제하고 전옥서주부, 영일현감, 자헌대부 병조판서를 역임하였다.

과 박문기는 경상북도 영덕군 영해면 원구리 107-2번지(영해면 원구2길 18)에서 태어난 것으로 추정되며, 원구리는 인량리에서 남쪽으로 2km 정도 거리에 위치한다.

원구마을은 경상북도 영덕군 영해면 원구리에 소재하고 있으며, 과거 영해부의 소재지에서 서쪽으로 약 4km 지점인 중구봉 아래에 자리 잡고 있다. 원구리 동명의 유래는 둔덕진 곳에 들이 있고, 크게 형성된 언덕을 뜻하며 원구들, 원구 또는 원파(元坡)라 한다. 구릉성 평지에 자리한 마을로, 경지가 넓게 분포하여 논농사가 주로 이루어지는 곳이며, 남서 방향으로 작은 하천이 흐르고, 언덕진 곳에 자리하였으므로 지명은 원구리(元邱里)라 하였다. 이 마을은 박씨, 남씨, 백씨 3성이 마을의 주류를 이루고 있으며, 영해부에서 제일 많은 인재를 배출하였다고 하는 유서 깊은 마을이다.

지명에는 터의 내력이 담겨 있다. 여기에서 원구(元邱)는 으뜸 언덕으로, 다른 지역의 모범이 되는 마을이라는 뜻으로 해석된다. 중구봉(重九峰) 아래 언덕 마을로서 마을의 주산이 중구봉이라고 명명된 유래는 매년 중양절(重陽節)[6]에 마을의 남녀노소 모두 중구봉 꼭대기에 올라 시회(詩會)를 열어 하루를 즐겼다는 데서 연유한다.

마을은 모두 동향으로 배치되어 있으며, 특히 이곳은 평야지라 할 수

---

5 목사공 종택은 경상북도 문화재자료 제320호이다. 경북 영덕군 축산면 칠성1길 5-10(칠성리) 선조3년(1570)에 세워 전하다가 숙종 46년(1722) 건립하였으며, 선조 때 목사공 박홍장이 살던 집이며, 종손 박신일 관리하고 있다.

6 중일 명절은 홀수 곧 양수(陽數)가 겹치는 날, 3월 3일, 5월 5일, 7월 7일, 9월 9일 모두 중양(重陽)이지만 특히 9월 9일을 가리켜 중양이라고 하며 중구(重九)라고도 한다.

〈그림 1〉 원구리의 공간 구성

있어 동쪽으로는 은보평과 관어대의 상대산이 있고, 서쪽으로는 옥금평과 일월산의 갈래인 형제봉이 있다. 마을 앞으로는 대동에서 발원하여 남쪽으로는 경악산이 있고, 용당산을 끼고 흐르는 남천과 울치재에서 흘러온 서천이 합류하여 송천을 이루어 동해로 흘러들어 간다. 마을 북쪽 가까이에는 미래평이 있고, 멀리 옥녀봉이 둘러싸고 있다.

2) 내룡맥의 분석

원구마을의 풍수지리학적 입지를 살펴보면, 낙동정맥의 맹동산(808m)에서 분벽하여 위이 굴곡하여 변화를 거쳐 형제봉(704m)을 기봉하여 주산을 만들고 연이어 행도(行度)하면서 많은 변화를 거친 후에 다시 현무봉인 구봉산(九峯山)을 의지하며 길게 뻗어 내려오면서 마을 뒷산을 이루었다. 용맥의 행도가 길게 뻗어 이어져 내려오면서 소명당이 형성되었고, 본신 용호는 크게 개장하여 명당들을 감싸는 보국을 이루었다. 전면은 송천이 구곡수를 띠고 흘러 중명당을 감싸고 흐르며, 우측은 남천이 마을을 감싸듯이 환포하다가 묘곡 저수지에서 지당을 이룬 뒤 송천과 합수하여 동해로 빠져나가는 수세를 이루고 있다.

원구마을은 발원지 산수를 환포하고 조화를 이루고 있는 '장풍득수국' 입지로 정주 공간의 이상적인 삶의 터전이다. 풍수지리학에서 용이란 산과 능선을 말하는데, 무의공 생가지의 용맥을 살펴보면 원구리의 주산은 맹동산(808m)에서 분벽한 후 많은 변화를 거친 후에 기봉(起峰)한 형제봉(704m)이다. 이 형제봉은 주산 정상에서 두 개의 봉우리로 마주 보면서 솟은 형태다.

주산은 백두대간, 정맥, 그리고 지맥으로 이어지는 산세를 이룰 때 지기의 역량이 큰 것으로 나타난다. 형제봉은 백두대간에서 낙동정맥으로 이어지고 다시 정맥에서 지맥으로 이어져 내룡맥이 끊어지지 않고 이어진 산세이다. 이러한 주산의 산봉우리와 현무봉의 형태에 따라 정기를 받은 인물이 배출되는 것이 풍수지리학의 논리적 구조이다.

더구나 주산에서 뻗은 중심 용맥은 천락변전(穿落變傳)을 이루면서 일어서거나 엎드리거나 좌우로 꿈틀꿈틀 약 9km나 변화했고 마침내 금형체를 이룬 현무봉을 기봉한 후에 멈추었다[頓伏]. 지세의 역량이 풍부한 것은 터가 명당의 기를 지속적으로 받는다는 뜻이다.

선현들이 입지를 선정할 때 적용한 풍수지리는 마을이 현존할 수 있는 원인이 되는데, 인물 배출에 큰 영향을 미친 현무봉이 금형체를 띤 곳을 의지한 터에서 배출되는 인물의 관운은 문관보다 무관의 지기를

〈그림 2〉 무의공 생가지 원구마을의 용맥 분석

더 받는다. 그래서 영덕군 무안박씨 가문에서는 문관보다는 무관이 많이 배출된 것으로 사료된다.

3) 혈장의 분석

풍수의 목적은 생기(生氣)가 뭉쳐있는 혈(穴)을 정확히 찾는 것이다. 혈은 명당에서 가장 중요한 기운이 들어가는 곳으로, 혈의 기운은 주봉의 기운을 받아 이루어진다. 주봉이 힘차면 혈에도 강한 기운이 모인다. 그래서 주봉의 형태나 그 기운은 혈의 기운을 가늠하는 제일 중요한 기준이 된다. 혈(穴)이란 풍수에서 요체(要諦)가 되는 장소이다. 양택[陽宅]의 경우 혈은 거주자가 실제 삶의 대부분을 그 위에 사는 공간이다. 실제로 혈을 정할 때, 혈이라고 생각되는 지점 주변의 전후좌우 산세와 물길을 자세히 살펴야 한다.

일반적으로 혈은 앞에 아름다운 안산과 조산이 있고, 명당이 바르고, 물길이 모여들 듯 흐르고, 명당이나 주산 뒤편의 산들이 우뚝 솟아 버티고 있어야 하고, 좌청룡과 우백호가 유정하고 혈을 감싸 안듯 해야 하고, 주변 산세는 조화를 이루며 물길의 나누어짐과 합수점이 뚜렷해야 한다.

혈의 형태는 그 수를 헤아릴 수 없을 만큼 다양하다. 마치 사람의 몸과 얼굴이 제각기 다른 모습이듯이 혈의 형태도 제각각이다. 무의공 박의장의 생가지를 살펴보면 와혈에 가깝다[微窩] 할 수 있다. 뒤에 바위가 감싸고 있다. 무의공 생가지는 맥이 아주 유순해 지면서 집 뒤편으로 낮게 입수하고 있다. 그리고 주맥에서 뻗어 나간 좌청룡은 단정한 자세로 생가지 주위를 감싸 안았고, 뒤에 암반 조직[脈]이 들어온 것은 맞지만 혈장[穴]을 감싸 주지 않고 조금 돌아[飛走] 응축하는 힘이 약하다 볼수 있다. 우백호는 요도가 발을 내밀며 감아 돌았고, 뒤에 바위 조직이 들어온 것은 맞지만 각도가 너무 작게 돌아서 응축 각도가 약하다. 그 결과 와혈의 증좌인 현릉사(弦稜砂)는 집을 약간 벗어나 아쉽다.

생가의 본 모습은 청룡 쪽으로 조금 더 치우쳐 건축되어 있었다. 재건축으로 인하여 약간 백호 쪽으로 옮겨 건립되었지만 그래도 미비하다. 백호 쪽으로 더 가깝게 배치를 하였으면 하는 아쉬움이 있다. 파(破)[去水]는 모든 격(格)에 합당해야 하고 허결(虛缺)함이 없이 견실해야 하며, 직류직사(直流直瀉)함이 없이 회류(回流)해야 하는데, 혈장(穴場)에서 보면 물이 거수하는 것[堂門破]⁷이 보인다. 당문파는 물이 곧장 빠져나가면 안 되고, 구불구불하게 천천히 흐르면서 파구가 완벽하게 관쇄(關鎖)되는

---

7   혈[혈장] 앞으로 물이 직거(直去)하여 파구(破口)를 형성하는 것을 당문파(當門破)라 한다.

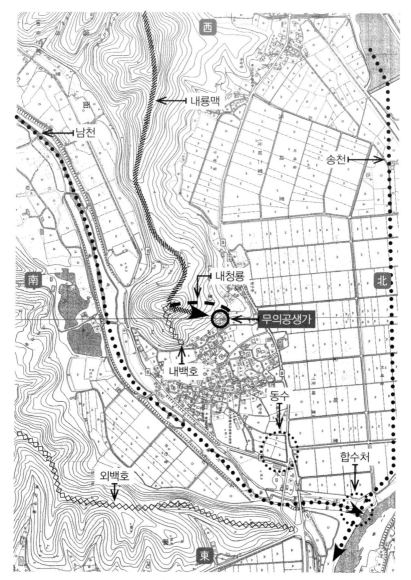

〈그림 3〉 무의공 생가지 풍수 지형도

'백보전란(百步轉欄)에 불견직거(不見直去)'하는 조건을 갖추어야 한다. 이에 대한 대안으로 수구막이 비보[8]로 동수(洞藪)를 조성하여 대비한 것을 엿볼 수 있다.

현무봉의 지맥이 내려오면서 혈에 생기를 도와주니 가문의 번성과 급제자가 배출될 수 있는 지세이며 무의공이 크게 활약한 것은 지세의 발복과 같은 맥락을 이룬 것이라 사료된다.

4) 사격의 분석

혈의 원근(遠近), 전후좌우에서 둘러싸 생기의 융취(融聚) 여부와 관계되는 모든 산과 언덕 및 바위를 사(砂)또는 사격(沙格)이라고 하는데, 대표적인 것이 사신사(四神砂)이며 현무(玄武), 청룡(靑龍), 백호(白虎) 및 주작(朱雀)이다.

사는 용과 혈의 생기를 바람으로부터 보호하거나 생기의 모임을 촉진시키는 역할을 함으로 이들 모두가 혈을 중심으로 첨원방정(尖圓方正)하게 둘러싸 장풍(藏風)해야 길하다. 그러나 감싸 주지 못하거나 한쪽으로 기울고 배역(背逆)하는 사는 혈의 생기를 보호할 수 없다. 그러므로 주변 사들이 열립공응(列立拱應) 하지 못하는 곳은 혈이 아니다.

풍수지리학에서는 청룡과 백호의 끝이 명당을 향해 겹겹이 감싸 안으면 좋은 것으로 판단한다. 『금낭경』에서는 청룡의 형상은 청룡완연(靑龍蜿蜒)이라 하여, 청룡이 꿈틀거리듯 구불구불한 모습이어야 한다고 하였

8 　비보 경관의 역할을 살펴보면 수구 비보 중에는 마을에서 두 갈래 물이 흘러나가다가 만나는 합수처인 수구가 허결하거나, 마을 앞이 휑하게 열려 공결하여 좋은 기운이 머무르지 않고 쉽게 빠져나가, 숲, 조산 등으로 수구를 차폐하고, 또한 마을의 지기가 물과 함께 흘러 빠지는 것을 막기 위해 수구 구분에 주로 돌탑. 장승. 입석 등으로 수구막이를 한다.

다. 무의공 박의장 생가지의 청룡은 이상적인 모습으로 꿈틀거리며 감싸 안으면서 나아가는 듯한 형(形)을 하고 있다. 하지만 산업 사회 발전으로 인하여 도로가 생기면서 청룡 능선이 잘려져 있어서 생가지의 장풍국에서 큰 흠이 되었다.

또한, 『금낭경』에서 백호의 형상은 백호순부(白虎馴頫)[9]라 하여, 호랑이가 얌전하게 머리를 낮춰 엎드린 듯한 모습이어야 한다고 했다. 박의장의 생가지는 내룡과 같은 한줄기로 내려오다 한줄기는 생가지로 감싸는 형국이다. 수려한 백호는 또한 반사경 작용을 하여 혈장을 응축하여 기가 모이는 데 일조하고 있다.

수치 지도에서 고찰해 본 결과, 박의장의 생가지는 백호가 길고 청룡이 짧아 백호가 청룡을 감싸는 음수구(陰水口)로 우(右) 선궁이다. 외백호가 수구 가까이서 막아주어 지기가 머물 수 있는 곳을 향해 좌향을 정한 것 같다. 즉 백호가 발달되어 있고 청룡이 미약하다. 그러나 청룡 맥 잘린 부분에서는 응축을 공급하는 응축 기운이 있어서 그런대로 생가지[穴]는 좋은 양택지라 사료된다.

물형론으로 보면 무의공 박의장 생가지의 안산 상대산(183m) 봉우리는 문필봉을 이루면서 외백호가 길게 감싸며 수구 가까이 막아 주면서 조합을 이루니 말이 일어서는 기세를 한듯하다.

5) 수세의 분석

풍수에서는 물의 성정을 파악하기 위해서 주로 물의 규모와 흐름의

---

9 『錦囊經』에서 준거(蹲踞)로 호랑이가 화가 나서 웅크리고 앉아서 머리를 번쩍 쳐들고 노려보고 있는 모습이라면 화(禍)의 기미(機微)가 그 속에 감춰져 있는 것이다.

유속, 물이 흐르는 물길 등을 살핀다. 『의룡경』에서 '심룡(尋龍)은 우선 지도를 가지고 물줄기의 근원을 보아 두 물줄기가 하나의 간룡을 끼고 내려오면[水流夾幹] 그 안에는 모두 땅 기운이 있고, 어떤 지점에서 처음 물이 시작하는 곳까지의 거리가 길고 짧음이 있는데, 수원이 길면 큰 고을이, 짧으면 작은 고을(縣)이 들어서기 알맞다'[10]고 하였는데 원구1리 역시 뻗어 내려오는 용맥을 송천과 남천 두 물줄기가 용을 끼고 흘러내려 오다가 물이 합류하는 지점 내에 원구1리의 혈장을 만들고 있다.

즉 상분하합(上分下合; 合襟水)의 원리이다. 이는 영해면 원구1리의 수계는 서쪽이 높고 동북쪽이 낮은 지세이기 때문에 대부분 물이 서쪽에서 동쪽으로 서출동류(西出東流)하고 있다. 원구1리의 수계를 통해서 보면 송천과 남천이 용맥을 호위한 후에 수구사를 지나 동해를 향해서 지현자(之玄字)로 구불구불한 모양으로 가기 싫어하는 듯이 흘러간다. 이러한 국내에는 반드시 혈이 있는데 바로 원구1리를 두고 한 이야기처럼 받아들여진다.

『의룡경』에서 양수가 양쪽에서 소간룡을 끼고 오면 굽어진 언덕에서 혈을 찾으라고 했다.[11] 무의공 생가지 역시 용맥 끝자락이 굽어 오는 곳에 위치한다. 이에 대한 결지 여부는 혈장 분석에서 자세히 분석하였다.

어느 땅에나 반드시 물이 있어야 한다. 물과 짝한 다음이라야 생성의 묘(妙)를 다할 수 있다. 기(氣)는 바람을 타면 흩어지고 물을 만나면 멈춘다. 강이나 바다가 있는 지역에서는 물의 형태에 따라 기운이 모이는 위

---

10 『疑龍經』: "尋龍, 先就輿圖看水源, 兩水夾來來皆有氣, 水源自是有長短, 長作軍州短作縣."

11 『疑龍經』: "百里客有小幹龍, 兩水峽來尋曲岸."

〈그림 4〉 무의공 생가지 원구리마을의 수세 분석

치가 달라진다. 그러므로 풍수지리에서도 지세를 볼 때 물을 제일 중요하게 여긴다.

풍수지리에서는 물의 기본적인 형세를 득수(得水)와 취수(聚水)와 거수(去水) 이렇게 세 가지로 나눈다. 용혈이 물을 얻는 것이 득수이고, 득수한 물이 혈 앞 명당에 모여 혈과 음양 교합을 하는 것이 취수이고, 그 물을 보국 밖으로 내보내는 것이 거수이다. 이 세 가지 물의 작용과 방법이 원만해야 진혈이 되고, 부귀왕정(富貴旺丁)을 기할 수 있다.

청룡과 백호의 흐르는 물은 끝자락인 수구를 향한다. 풍수에서 물은 급류로 직거(直去)해서는 안 되고 천천히 혈을 감싸고 돌아 나가야 길한 명당수로 본다.

생가지의 명당수는 물의 빠짐을 볼 수 없으므로 길한 물이 되는 조건을 갖추었다. 즉, 생가지 중심에서 볼 때 좌측으로는 송천이 크게 감싸고 있으며, 우측으로는 남천이 가까이 다가와서 흐르고 있다. 생가지 앞에 형성된 중명당은 언덕이 넓은 형태로 들판을 감싸는 것으로 나타난다. 이러한 지세는 주산에서 발원한 계류수인 '송천'이 마을의 좌측으로 크게 감싸면서 유유히 흘러들어 오고 우측으로 '남천'이 가까이서 궁수 형태로 안기듯 흐르다 앞쪽에서 합수를 이룬다.

송천의 발원지는 낙동정맥의 지맥에 칠보산(810m)과 등운산(767m)의 계류수이며, 남천의 발원지는 외백호인 용당산(183m)의 계류수이다. 송천은 구곡수를 띠고 흐르며 남천은 묘곡 저수지에 지당을 이룬 뒤 흘러와 마을 전면에서 합수한 뒤 동해로 서서히 흘러나가는 수세이다. 이러한 수세에 의해 쌓인 퇴적층은 중명당인 들판을 이루었다.

이중환의 『택리지』에서는 '수구가 조밀하게 형성되지 않는 공간의 들판은 비록 넓은 들을 갖춘 마을 입지라도 오랫동안 대를 이어나가지 못한다'고 하였다.[12]

용호의 끝 부분은 수구와 관련이 있고, 수구의 관쇄 여부에 따라 생기의 갈무리에 많은 영향을 미칠 수 있다. 이는 안산이 어떻게 혈장을 감싸고 있느냐에 따라서 수구 관쇄 여부에 큰 영향을 미친다. 그러나 원구리 보국의 약간의 흠은 수구사가 약한 것이다. 이에 보완책으로 마을의 진입로인 남쪽 입구에는 남천과 도로를 이룬 경계 지역을 따라 수목이 군락을 이루어 마을의 기운을 머물게 하기 위하여 수목을 식재한 것으로 판단된다. 이는 수구막이의 일종으로 보국 보완을 하여 기가 충만한 마을을 만드는 인위적인 인문 과학 행위로 볼 수 있다. 비보는 적당함으로 맞추기 위해 재단(裁斷)하고 보익(補益)할 수 있다는 비보 원리를 적용한 능동적인 행위이다.

---

12   이중환(이익성 옮김), 『택리지』, 을유문화사 2008, p. 136.

3. 도곡마을 박의장 종택의 풍수지리

1) 도곡마을의 유래 및 공간 구성

무안박씨 무의공파 종택[13]은 경상북도 영덕군 축산면 도곡길 17-4(도곡리 127)에 자리하고 있다. 도곡리가 속한 축산면은 영해부사의 관할이던 곳으로 본래 영해부(寧海府)에 소속되어 1896년까지는 영해부의 남면(南面)이었고 1896년 이후에 영해군의 남면이었다가 영해군이 영덕군과 통폐합되면서 영덕군 축산면으로 명칭이 변경되었다.

도곡리(陶谷里)는 예부터 독을 굽던 마을로 '도곡', '독골' 또는 '잣골'이라고 전해 내려오고 있다. 옛날 해주(海州) 오씨(吳氏)와 선산(善山) 김씨(金氏)가 처음 터를 잡았다고 전하고 있다. 현재 도곡1리는 17세기 초중반경부터 무안박씨가 살기 시작하면서 집성촌을 이루었다.

임진왜란 당시 경주성 전투에서 큰 공을 세워서 선무훈일등공신(宣武勳一等功臣)[14]에 책정된 무의공 박의장(武毅公 朴毅長, 1555~1615)의 무안박씨 무의공파 종택(武安朴氏 武毅公派 宗宅)이 있고, 넷째 아들 박선(朴璿, 1596~1669)이 건축한 충효당[15]이 있다.

---

13 영덕의 무안박씨 무의공파 종택(武安朴氏 武毅公派 宗宅)의 건물은 1644년 건립하였다고 한다. 1942년에 대문간채를 다시 세웠고 1978년과 1993년에 국비로 중수한 바 있다. 1987년에 경상북도 민속자료 제74호로 지정되어 보호되고 있었다. 그러나 현재는 2016년 4월 27일 국가지정 중요민속문화재 제286호로 지정되었다. 지금은 무안박씨의 후손 종손 박연대(朴淵大)가 소유·관리하고 있다.

14 전란의 유공자로 정공신 18명 선무원종공신 1등에 박의장을 비롯하여 류성룡·곽재우·정인홍·이항복·이원익·신흠 등 564명이었으며, 모두 9,060명을 녹훈하였다.

15 경상북도 민속문화재 제83호 광해군 12년 도와 박선이 1620년 건립하였으며, 조선시대 박춘수의 필적 월야벽서가 벽에 있다.

종택이라는 것은 종가 개념을 전제로 한다. '종가'[16]라는 것은 유교 문화권에서 볼 수 있는 현상으로 혈연의 계통에 있어 장자, 곧 맏집을 중시한다는 의미이다. 종가의 개념은 유교식 예법과 깊은 연관이 있는데, 왜냐하면 조상을 제사 지낼 수 있는 권리, 이른바 봉사(奉祀)를 맏집안이 승계하여 이어간다는 개념에서 종가가 나타나게 되었기 때문이다.

예컨대 무의공파 종택은 무의공 사후에 터를 선정한 곳에 종택이 현존하고 있는 종택 마을이다. 박의장의 경우, 임진왜란 때 공을 세운 박의장의 공덕을 기리기 위해 국가에서 박의장의 제사를 국불천위(國不遷位) 제사로 지정하였다. 그리고 무의공이란 시호[17]도 하사받았다. 이 때문에 무의공의 후손들은 무의공을 중시조로 하여 무의공파(武毅公派) 종가의 입향조로 제사를 지내고 있다. 이처럼 국가에 대한 공로가 현저하거나 학덕이 높은 경우, 조정 또는 유림으로부터 불천위 제사를 내려받는 경우가 있으며, 이 경우 후손들은 중시조를 기리는 서원을 건립하거나 향사(享祀)를 설립하여 그 지역적 기반을 확장하는 경우가 더러 생겼다. 이처럼 영남 지방에서는 최초로 그 지역에 터를 잡고 한 집안의 시조가 된 분을 입향조라 하여 종가의 시조로 모시는 경우가 있는가 하면, 국가와

---

16 『한국의 명문종가』, 이순형, 서울대학교 출판부, 2002, p.3.에는 '종가'에 대해 다음과 같이 설명하고 있다. "종가는 시조로부터 대대로 종가로만 이어져 오는 집을 의미한다. 종가는 대종가와 소종가로 구분되는데, 두 종가가 각각 종통(宗統)으로 이어지는 체계로서 가능하다. 대종가는 성씨의 시조로부터 장자로만 이어진 가문을 말하며, 소종가는 대종가에서 중시조를 기점으로 파생된 종가를 의미한다. 중시조의 인물이 출중한 경우에 독립적으로 가계를 이어가도록 허용되어 소종가가 생겼으며, 몇몇 종가는 조정에서 불천위(不遷位) 또는 부조(不祧)로 정한 인물을 중시조로 삼아서 소종가가 파생되곤 하였다. 불천위는 조정의 명(命)을 받아 이루어지므로, 소종가의 발생은 정치적 의미를 지닌다."

17 선무원종공신(宣武原從功臣) 1등에 책봉되어 정조 때에 시호를 무의(武毅)로 하사받았다.

사림에 혁혁한 공로를 세워서 문묘(文廟)에 배향되거나 불천위 제사가 내려진 선조를 해당 파조(派祖)의 입향조 및 종가로 모시는 경우도 있었다. 따라서 종택을 '선조 중에서 공덕 있는 조상이 입향하여 대대로 사용하는 집'[18]이라고 정의할 때, 이때의 선조는 최초의 입향조를 가리키는 경우도 있고, 파조되는 중시조를 가리키는 경우도 있다.

집단으로 성장해 나가는 과정과 각 문중의 입향조가 한 지역에 정착, 개척, 개간을 통해서 동족 부락 내지 집성촌으로 발전해 나가는 과정으로 문중 해당 지역에서 향촌의 지배권을 확립해 나간 사례로 보고 있으며, 이 지역에는 천류(川流)와 전답(田畓)이 전개되어 있었으며, 개간이 가능한 농경지가 많이 있었다. 민풍과 습속이 부지런하며 산천이 수려하고 제방과 하천 등이 있었다고 하였다.

종택은 먼저 그 입향조가 산림천택(山林川澤)을 개간하고자 하는 의지를 가지고 산과 강 사이, 농경지가 개간 가능한 곳을 일족의 복거지(卜居地)로 선정하여 정착한 뒤, 몇 대에 걸쳐 그 지역의 농경지를 개간하여 광대한 토지를 가지게 된 것이 종택 마을 중심으로 발전하게 된 요인이었다.

이 도곡리 마을은 배산임수(背山臨水)의 유리한 지형을 갖추고 있어서 농산물, 땔감, 물고기 등을 용이하게 생산 획득 할 수 있고, 학문을 닦으며 산천의 그윽한 풍경을 보며 성정(性情)을 연마하고자 한 무의공파 종택의 복거 조건에서 잘 어울리는 점이 많다고 하겠다. 이상에서 설명한 것처럼 무의공파 종택은 최초 입향조가 외곽이라 할 수 있는 산간 지역 가까운 곳에 정착하면서 최초의 정주 공간이 성립되었고, 입향조의 자

---

18 박재락, 「안동지역 종택(宗宅)마을의 입지와 공간고찰」, 「동북아문화연구」 30집, 2012, p.177.

손과 후손들이 계속해서 종택을 중심으로 하여 주택을 짓고, 농업 생산 및 농사의 경영을 하며 마침내 동성(同姓)을 가진 수십 수백 호의 주택이 지어져서 현재 오늘날도 약 100여 가구 면 소재지이며 축산면에서 6개 부락[도곡1·2리, 고곡리, 상원리(고래산 마을), 칠성리, 부곡리] 중 큰 부락을 이루며 종택을 중심으로 한 동성(同姓)을 근본으로 하는 집성촌으로 동족 마을이 이루어지게 되었다.

그리고 들판과 물이 있는 곳을 입지처로 선정하였으며, 이곳을 개발함에 따라 일대의 경작지와 지역 터전을 동성 집성촌으로 점유하게 되었으며 한 지역의 대지주로 성장하게 되었다.

선조를 현양하는 여러 가지 사업을 추진하면서 입향조의 후손들은 향촌의 지배권을 확대해 나가면서 지역적 기반을 굳히고 중앙 정계의 정치적 동향과 상관없이 굳혀 나갔다. 이처럼 무의공파 종택 마을 형성에는 임진왜란 당시 큰 공을 세운 무의공의 공업을 표양하기 위한 여러 가지 활동이 확장되면서 한 지역을 세력 기반으로 발전하는 경우가 되었다.

도곡리 무의공파 종택은 북쪽의 야산을 뒤로하고 앞의 들을 내려다보며 남향으로 배치되었다. 종택 앞의 입간판에는 건물 구조만 표기되어 있다. 그래서 종택이 자리한 풍수적인 설명이 있는 현판이 하나 더 있었으면 좋을 것으로 사료된다.

특히 종택을 약 50년간 건축하였다 전한다. 종택의 경우 오랜 세월이 지나는 동안 다소의 인작(人作)이 가해져 공간이 많이 축소되었다.

무의공파 종택은 솟을대문 형식의 맞배지붕으로 양옆의 행랑보다 지붕을 높게 올린 대문채를 통해 출입하며, 본채의 우측 배면부에 무의공의 국불천위 사당(國不遷位 祠堂)이 자리 잡고 있다. 사당은 정면 3칸, 측면 2칸 규모의 맞배지붕 건물이며, 전면 내삼문을 통해 진입한다. 내삼문은 정면 3칸, 측면 2칸 규모의 맞배지붕 건물이며 대문채를 기준하여 가옥 주위로 담장을 설치하였으며, 사당 영역은 독립된 담장 안에 위치해 있다.

〈그림 5〉 영덕 무안박씨 무의공파 종택

1971년부터 2014년까지의 항공사진 자료를 통해 무의공파 종택의 배치 변화를 살펴보면, 각 년도 별 공간의 구획 및 건축물의 배치가 동일하게 나타나고 있음을 확인할 수 있으며, 가옥의 전통 공간이 잘 유지되고 있다고 판단된다.

다른 종택에 비해서 웅장하면서 크고 마당이 넓다 볼 수 있으며, 무의공의 삶과 특성을 더했다 할 수 있다. 경북 내륙 북부지역과 다른 북동부지역 상류 주택의 특성을 지니고 있어 상류 주택의 생활상을 엿볼 수 있다.

'ㅁ'자 형이다 보니 중정이 마당이 된다. 마당을 중심으로 하여 상부 쪽에 중앙의 몸체(주산격)가 있고 이 중앙 몸체의 좌·우측 아래로 날개체

(용호격)가 붙어 있다. 이 날개체에 다시 문간채가 붙어 전체적으로 구자형('ㅁ'자의 평면)의 정침이 되는 것이다. 정침을 바라보며 우후측(右後側)에는 무의공의 국불천위 사당이 자리 잡고 있다.

<그림 6> 사랑채 전경   <그림 7> 청신구택 현판

종손이 거주하는 방으로 기제사를 지내는 대청방이 있고, 밖 어른이 돌아가시면 대청방이 빈소방이 된다. 대청마루는 밖 어른 상(喪)이 나면 여막을 대청마루 기둥에 한다고 한다. 사랑채 대청에는 청신구택(淸愼舊宅)이라는 박의장의 호를 딴 현판이 걸려있다.

사당은 종택의 위상을 나타내며 선조들의 위패를 봉안한 성전으로 한 가문의 구심점이며 숭조, 충효 정신을 고취하는 성스러운 의식 공간이다. 본채의 우측 배면부에 담장을 둘러 독립적인 공간에 마련되어 있으며, 내삼문을 통해 진입한다.

사당의 내부는 전체적으로 단청이 되어 있으며, 세월의 흐름으로 인해 단청이 많이 퇴색된 상태여서 수리를 통한 신재 교체를 위해 지금은 재건축 중이다. 뒤편에 무의공 박의장의 국불천위 신주를 모신 사당이 독립된 담장 안에 위치해 있다.

주자가례를 통한 가묘의 위치는, "집을 지을 때 다른 것보다 제일 먼저 사당을 건립하고, 위치는 정침의 동쪽으로"[19]라고 명시되어 있다. 즉 좌묘우사(左廟右社)라는 유교 예제를 적용해서 좌측에는 사묘인 사당을 두고, 우측에는 부엌을 배치했는데 이는 사직에 해당된다.

〈그림 8〉 무의공 사당 및 내삼문과 회화나무 전경

사당 배치는 거주 공간의 동쪽임을 제시하는 것으로, 동쪽은 절대적인 방위 개념이 아닌 상대적인 향이다. 박의장의 사당도 이 기준에 따라 입지하였으며, 현무봉의 청룡지맥을 받는 곳에 자리한다.

풍수적으로 청룡지맥은 정신적인 성정을 상징하므로, 조상 숭배를 위한 존엄한 공간과도 일치하는 지세를 의지한 것을 뜻한다. 그리고 종택의 위상을 나타내는 중요한 건물인 사당 공간은 이곳의 음의 공간이므로 본채의 좌측 배면부에 자리함으로써, 음양의 조화를 이룬 효율적인 동선의 공간배치로 나타난다.

그리고 정침 공간 전면에 대문채는 풍수적으로 기(氣)의 통로가 되는

---

19 『朱子·家禮』: "君子將營宮室, 先立祠堂於正寢之東."

곳인데, 정체된 기를 유입시킴으로써, 지기와 천기가 서로 조화를 이루어 오랫동안 머물 수 있도록 배치가 이루어진 것을 의미한다.

사당 문밖에는 내외 비보 담의 경계를 이룬 곳에는 오래된 백일홍이 식재되어 오랜 세월을 지키고 있다. 당시 백일홍은 조선 궁궐에서만 식재할 수 있는 귀목(貴木)으로 알려진 나무이다. 백일홍은 겉과 속이 같아 두 임금을 섬기지 않은 선비의 곧은 기질을 상징하기도 한다. 당시 사대부의 주거관은 음양 사상을 적용하면서 비보 형태의 역할이 이루어질 수 있도록 공간 배치가 이루어진 것을 말해준다. 바깥마당과 사당 담장 안쪽에 각각 커다란 약 400년 된 회화나무[20]가 한 그루씩 자라고 있다. 회화나무는 고위 관직의 품위를 나타내는 의미로 궁궐 안에 흔히 심었는데 학자수라 하여 학문을 게을리하지 않는 선비를 나타내는 의미로 상징하는 나무인데, 집안에 무의공과 같은 인물이 배출되기를 기대하는 마음을 담아 심었다고 사료된다.

종택 담장은 토석담으로 종택의 일곽을 감싸고 있으며, 사당 일곽은 별도의 담장을 둘러 공간을 구분하였다. 대지의 배면부 경사지를 따라 층계를 이루며 설치되어 있다. 담장의 상부는 기와를 덮어 마감하였다.

2) 내룡맥의 분석

백두대간이 행룡(行龍)하다가 백성들이 난리를 피해 넘었다는 태백시 피재(삼수령)와 하늘 봉우리라 불리는 천의봉(天衣峯=梅峰山, 1,303m) 사이에

---

20 영덕 무안박씨 무의공파 종택의 사당 안 회화나무는 2016년 4월 27일 국가지정 중요민속문화재로 제286호로 지정되면서 회화나무는 보호수로 지정되었고, 바깥마당 회화나무는 보호수로 지정되지 않았다. 공간 구성은 (사)호연건축문화유산연구원, 무의공 종택 조사 보고서, 2016에서 발췌하였다.

있는 1,145봉에서 커다란 낙동정맥(洛東正脈)을 분기한다. 이 낙동정맥은 구봉산(九峰山, 910m)-백병산(白屛山, 1,259m)-통고산(通高山, 1,067m)-백암산(白巖山, 1,004m)-주왕산(周王山, 720m) 등 수많은 명산(名山)과 고산(高山)을 경유하여 다대포 몰운대(多大浦 沒雲臺)까지 370㎞를 달린다.

동해를 따라 남진(南進)하던 낙동정맥은 울진 백암산을 지나 영양과 영덕의 산계인 맹동산(808m)을 지나 명동산(明童山, 812m)에 멈춰 산을 크게 기봉하며 크게 숨을 내쉰다. 다시 행룡을 시작하면서 동쪽으로 산줄기를 하나 분맥한 것이 화림지맥이며, 본 정맥은 영양 포도산-청송 주왕산-울주 백운산을 거치면서 계속 남하를 한다. 동쪽으로 분맥한 화림지맥이 1.1㎞를 행룡하다가 두 갈래로 나누어지는데, 동북으로 향하는 산줄기는 용당산과 망월봉을 차례로 분기하고, 동남으로 향하던 산줄기는 국사봉과 화림산을 일으키고 다시 고래산까지 솟구친다.

동북으로 향하던 산줄기가 솟구친 용당산에서 망월봉으로 4.1㎞를 가던 도중 영덕 아산요양병원에서 잠시 멈춘다. 숨을 고르며 아산병원을 지난 산줄기는 도곡리 박선의 묘지 및 생활체육공원을 지나 동쪽으로 1.7㎞ 지점에 125봉(도곡리 산54)의 낮은 봉우리를 기봉하고 잠시 쉰다.

다시 행룡을 시작한 산줄기는 432m 동북으로 솟구쳤다가 우측으로 190m 정도를 이동한 후 다시 서남으로 변화무쌍하게 굴곡하고 기복하며 1.5㎞ 정도를 이동한 후 잠시 멈추는 곳이 현무봉 95봉(도곡리 산49-1)인데, 혈자리 무의공파 종택과는 436m 떨어진 곳이다.

종택의 위치를 보면, 종택 뒤편으로는 내룡이 생기맥으로 이어져 온 주산의 기운이 이어져 넓은 폭으로 타고 내려오는 것이 보인다. 그리고 담 뒤의 바람과 뒤뜰의 공간 바람이 다르다 볼 수 있는데 층계가 있어 자연적으로 강한 바람을 완화 또는 순화시키는 것으로 볼 수 있다. 이를

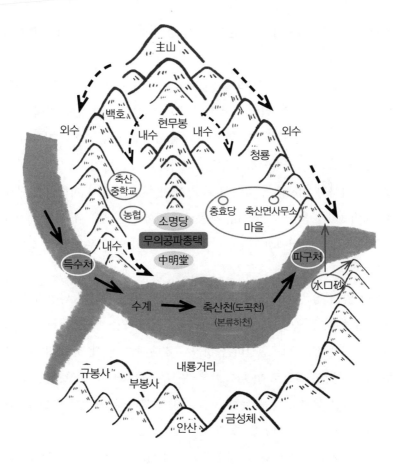

<그림 9> 무의공파 종택의 풍수 모식도

현대 건축학적으로 보면 층계 높이에 따라 물 배수가 잘되게 경사지게 건물을 보호한다고 할 수 있다.

3) 혈장의 분석

무안박씨 무의공파 종택은 주산이 본신 용호를 활짝 개장하여 마을 입지를 감싸고 있으며, 현무봉의 중심 용맥이 입수하여 종택의 혈장을 이루고 있다.

혈장은 평지에 이르러 행도를 거의 멈출 지점에 형성되어 있다. 혈장의 유형은 유혈이고, 혈장의 용맥이 끝나는 부분에 현무에 기대 보이는 혈장은 넓게 맺힌 관계로 후부하다. 넓어서 좌우 한쪽으로 기울지 않고 반듯하여 보는 사람에게 안정된 느낌을 준다. 사당 앞 내려가는 쪽으로 배롱나무가 식재되어 있어서 흙을 많이 물고 있으니 지력이 단단해져 지기(地氣)를 받을 수 있으며, 배롱나무 앞에는 지맥을 타고 있다. 2칸 사랑채가 있는데 뒤에서 보면(사당 앞에서 보면) 좌가 낮고 우가 높은 것으로 보인다.

사당 앞 담장은 지형을 감안하여 일자형이 아닌 층계형 담장으로 쌓아야 좋을 것 같으며, 오른쪽 담도 종택을 치고 있는 모습을 하고 있으니 부드러운 선형으로 변경하는 것을 고려해 보아야 할 것 같다. 맨 앞쪽 좌측의 담은 앞으로 더 나가야 하며, 우측 회화나무 쪽으로는 더 내려가서 담을 쌓아야 좋을 듯하다. 고치면 향후 좋은 생기를 받을 수 있어 후손들에게 좋은 영향을 줄 것으로 사료된다.

사람이 오래 살고 바람의 온기를 만들 수 있는 공간을 자연 친화적인 방법으로 해서 축대에서 있는 높이로 만들면 좋을 것 같다.

종택의 앞으로는 정주 공간(定住 空間)과 농업 생산을 할 수 있는 들판이 자리 잡고 있으며, 칠성 저수지에서 내려오는 물길이 고래산 마을 상원리 연화사 뒤에서 유유히 이어져 옛 축산 초등학교 뒤를 감싸고 환포하면서 내려오다 축산천에서 다시 수성이 금성체로 환포하며 궁(弓)자 모양의 물길이 들판을 구불구불 감싸며 흘러가는 지형을 이루고 있는 곳이다. 즉 문중의 입향조들이 종택의 위치를 선정할 때는 두 가지의 위치

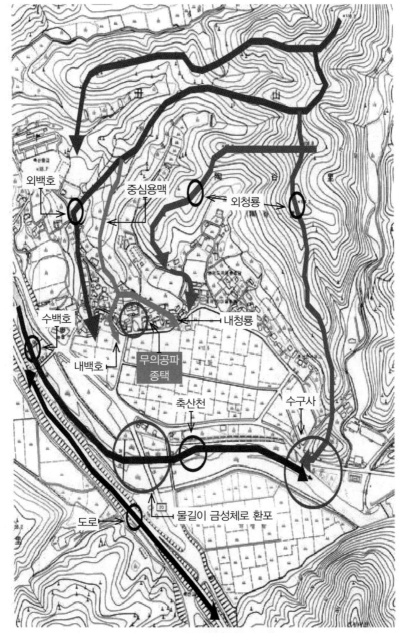

외백호

중심용맥

외청룡

내청룡

수백호

내백호

무의공파
종택

축산천

수구사

물길이 금성체로 환포

도로

〈그림 10〉 무의공 종택의 풍수 지형도

를 중요시했다.

우선 종택 건물 특히 안채가 되는 곳은 주산의 지기(地氣)를 최대한 받을 수 있는 혈(穴) 자리에 포진시켰다. 이 때문에 반드시 주산의 형태를 보고, 종택의 건물 배치를 결정했다고 생각되며, 사랑채 뒤 사당 마당이 있어서 주로 좌측에 높고 편안한 산들이 있어 기를 저장하기 위해서 이곳 종택의 중심 복판보다 좌·우측이 높다.

다음으로 들판을 적시는 축산천의 물길이 서로 만나면서 합수하는 곳과 물길이 궁(弓)자 모양으로 흘러가기 때문에 홍수 등의 피해를 별로 받지 않는 곳 등이 입지 선정에 중요한 요소로 작용했을 것으로 본다.

종택 내의 건물 배치로 보아 안채가 혈처에 위치한다는 것은 조금 의외로 생각될 수도 있으나, 이는 주산의 생기를 받아서 후손 중에 큰 인물이 태어나기를 기대하는 풍수적 관념에서 나온 것으로 사료된다.

지력을 튼튼하게 하기 위해서 화개(텃밭)를 하는 것보다는 뒷(밭) 잉이 용맥을 타고 들어와 있으니 잔디를 조성하고 조경수를 심어 잘 다듬어진 바위나 돌로 함께 조성하는 것이 좋을 것으로 사료된다.

종택의 경우 약 400년 정도 지나는 동안 다소의 인작이 가해져 공간이 다소 축소되었으나 여전히 예전의 모습을 그대로 간직하고 있는 것으로 보인다. 소명당과 중명당이 종택의 좌측 편에 위치하는 것은, 축산천 즉 도곡천의 수계에 의한 충적지의 농경 생활에 연유한 것으로 볼 수 있다.

4) 사격의 분석

마을을 이루는 사는 진산(鎭山: 118.3m)에서 뻗어 내려오다가 다시 기봉하여 봉우리(115.4m)를 만들고 개장(開帳)하여서 한 맥은 서쪽으로 위이 굴곡하다가 축산중학교에서 멈추고, 다른 맥은 남으로 조금 내려가다가 다시 개장하여 2개의 주맥을 형성하였다. 한 맥은 서쪽으로 행도하다가 종택으로, 다른 맥은 남으로 간다. 여기서 종택으로 가는 용은 위이 굴곡 등 여러 가지 변화를 거쳐 내려가다가 기봉(63.1m)하고 다시 분벽(分擘)하여 하나의 맥은 남으로 내려가면서 종택의 천심맥을 형성한다. 이 맥은 낙맥으로 은맥(隱脈)하며 우선(右旋)으로 행도하다가 다시 기봉하여 종택에 현무를 만들고 잉을 만들어 혈을 결지한다. 다른 줄기 역시 남쪽으로 내려가면서 많은 변화를 거치면서 우선으로 행룡하며 서서히 낮아지면서 혈장[宗宅]의 백호로서 역할을 하여 혈을 호종(護從)한다. 남으로 뻗어 내려가던 용은 큰 과협(過峽)을 만들고 다시 봉우리[재기봉: 108.8m]를 만든 후에 분벽을 하여 한 맥은 서쪽으로 행도를 하여 종택의 내청룡을 만들고, 다른 맥은 남으로 행룡하면서 굴곡과 기복을 거듭하면서 종택의 외청룡을 만들고 행룡을 거듭하여 마지막에는 수구사(水口砂)를 만든다.

종택 중심으로 사격의 유·무정을 살펴보면 먼저 내청룡은 108.8m의 봉우리에서 분벽하여 서로 행룡을 진행하면서 우선으로 내려오고 있기 때문에 혈장을 감싸 주는 것으로 보인다. 다행인 것은 이러한 내청룡은 혈장 가까이 영향이 미치는 것으로 판단된다. 외청룡이 많은 변화를 거치면서 행룡하면서 마을 전체를 유정하게 감싸주고[環抱] 종국(終局)에는 수구사로서 관쇄하는 역할까지 하고 있어 내청룡의 부족한 점을 보완하여 청룡으로서 역할을 잘하고 있다.

종택의 내백호는 혈장 중심으로 잘 감싸고 있으며 크게 높지는 않지만 제대로 기능하고 있고, 외백호의 사격은 마땅한 것이 없지만 수로써 용호를 대신[水而代地]할 수 있으므로 이에 어울리는 도곡천이 유유히 흘러가고 있으므로 외백호로서 손색이 없다.

현무는 터의 후방에서 터까지 산줄기를 이어주며, 뒤에서 불어오는 바람을 막아주는 역할을 한다. 사신사의 중심이 되는 현무봉의 얼굴이 종택을 향해 유정(有情)하게 품고 있어 좋은 현무라 볼 수 있다. 혈에 생기를 공급하는 매우 중요한 기능을 하는 현무수두는 현무에서 터까지 내려오는 산줄기가 머리를 들이밀듯이 유연하게 내려왔다. 그러나 종택 뒤의 산은 나지막하면서 얕아서 소나무 다섯 그루를 심은 곳에 소나무를 추가 식재하거나, 인위적인 숲을 조성하여[造山] 풍수적인 비보로 하든지 아니면 만송산(萬松山)이라는 이름을 지어 비보로 하는 것도 좋을 것으로 본다.

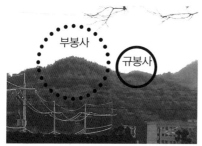

〈그림 11〉 부봉사와 규봉사

〈그림 12〉 금성체 전경

주작의 경우 풍수적으로 부인에 비유된다. 그래서 그 형상이 단정하고 유정해야 길하게 여긴다. 반면 안산의 형상이 깨지고 부서지거나, 날카로운 것은 모두 흉하다. 앞서 설명한 바와 같이, 안산의 얼굴이 터를 향해 바라보고 있어야 하며, 그 크기와 높이 또한 너무 높거나 낮다면 모든 터에 대해 좋은 기운을 주지 못한다. 얼핏 보면 안산이 깨어지고 없는 것처럼 보인다. 그러나 자세히 살펴보면 야트막한 산이 있으며 조산이 이중 삼중으로 감싸고 있는 걸 볼 수 있다.

특히 도로가 된 고래산 끝 부분에 원을 그리듯 길게 감싸며 수구사까지 안았다. 그리고 규봉형(窺峯形)은 마치 도둑이 담장 너머로 머리를 내밀고 남의 것을 들여다보는 듯한 모습이라 하여 '도둑봉'이라고도 한다.

멀리 있는 산봉우리가 가까이 있는 산과 산 사이를 너머로 삐죽이 보이는 형태를 말하는데, 학자에 따라서는 규봉에 대한 의견이 다르나 혈 뒤에서 서면 보이고 앉으면 보이지 않는 작은 규봉과 흉하게 보이는 규봉이 더욱 나쁘다. 규봉은 방위에 따라서 흉이 달라지고 해석도 달라진다. 그러므로 종택 앞의 규봉은 단아하다 할 수 있으므로 종택을 향해 마치 신하가 임금을 알현하는 듯, 손님이 주인을 뵙는 듯하고, 종택이 남편이라면 규봉은 아내와 같아서 우아하고 단정한 모습으로 남편에게 절을 하는 형태[拜禮]의 이상적인 모습을 하고 있다. 그러므로 종손과 종부를 도와주는 규봉으로 해석된다.

마을 입구를 들어서서 종택 맞은편에서 보면, 청룡 자락에 풍수에서 대단히 귀하게 여기는 봉황귀소형(鳳凰歸巢形)이 보인다. 마치 봉황 한 마

〈그림 13〉 봉황귀소형 전경

리가 날개를 활짝 펴고 날개짓 하면서 혈장을 향해 기상하며 날아가는 모습이다. 이 형국은 종택을 더 포근하도록 느끼게 하고 귀인이 편히 살 수 있게 머물 수 있는 역량을 더해 주는 효과가 있다. 그래서 종택은 안산의 좌측에는 높은 관직과 명예를 뜻하는 금형체의 모습이 터를 향해 흘러들어 오고 우측엔 고명한 학자를 배출할 수 있는 고래산이 문필봉의 형태를 이루고 있으니 부귀 겸전과 봉황귀소형의 모양이 환상적인 형상을 하고 있어 인물 배출에 크게 영향을 더하고 있으므로 주거입지로서 좋은 명당 공간이라 할 수 있다.

5) 수세의 분석

무의공파 종택의 수세는 우입좌출하여 종택 앞을 환포해 나가는데, 청룡과 안산이 수구사를 이루어 명당의 지기가 바람에 흩어지는 것을 막는 역할을 하며, 아울러 도곡리 천을 걷어 주는 역수 형국을 이루고 있다. 이러한 입지형국을 '장풍득수국(藏風得水局)'이라 한다.

장풍득수국의 특징은 외명당을 가지고 있고 안산에 의해 좌우 사격과

〈그림 14〉 수구사의 전경

수구사를 이루며, 소명당과 중명당이 본신 용호에 의해 감싸져 있다. 그리고 사격에 의해 수세가 역수를 이루며 현무~종택 거리가 다소 짧은 것으로 나타난다. 장풍국에서는 사신사에 의한 좁은 국일 경우 내수의 입지가 용이하며, 넓은 국에서는 외수를 필요로 한 입지 선정이 이루어졌을 것으로 볼 수 있다. 그리고 득수국은 산업 경제에 있어 중요한 경제활동을 위한 경작지의 특성상 득수가 중요하였기 때문에 외수의 비중이 절대적으로 크게 나타나며 도시 계획 및 도시 개발의 필요조건을 충족한 것으로 볼 수 있다. 장풍득수국의 마을 입지에서 득수가 이루어지는 데 있어 넓은 국세가 마을 입지에 있어 득수하기에 적합하다. 종택 마을의 입지 선정에 있어서 장풍을 이루는 공간과 물의 유입이 용이한 장소를 선택한 것으로 볼 수 있다. 현대에는 도로를 물로 취급함으로 종택 앞을 지나는 도로의 형상이 횡평(橫平)하여 만포(灣抱)[21]하지 않고 잠깐 종택 앞을 지나가다 곧 돌보지 않고 도망가 버리니[飛走] 기의 모임에 간섭을 일으키나 축산천이 금성체의 모양으로 종택을 감싸고 흘러가고 있으므로 보완 작용을 하여 좋은 혈장을 만드는 데 일조하고 있다.

4. 나가는 글

본 논고에서는 무의공 박의장의 생가지와 무의공파 종택을 중심으로 이곳이 자연 속에 흐르는 좋은 기운인 생기가 충만한 혈처인지를 풍수 지리학적으로 공감할 수 있는 용세 분석, 혈장 분석, 사격 분석, 수세 분석을 기본으로 살펴보았으며, 현재까지 생가지와 종택이 잘 보전되어

---

21 활처럼 굽이쳐 감싸 돌아 흐르는 것을 말한다.

확인이 가능하였다.

무의공 생가지의 입지는 둥근 금형체의 단아하고 수려한 형태의 현무봉을 조금 벗어나 앞으로 머리를 내민 형국이나, 좌선 지맥을 의지하며 조금 비켜가 구봉산(九峯山)을 의지하면서 이루어져, 현무수두하여 문관보다는 강한 무관의 기지를 받는다고 볼 수 있으며, 외산에 의한 호룡수와 외수인 송천과 중명당을 감싸는 형국임으로 길수(吉水)를 이루고 있지만, 바람의 영향을 조금 받는 곳에 있다.

안산은 마을을 감싸고 있는 우백호의 산줄기가 옥대사처럼 뻗어와서 감싸며 혈장에 빛을 더해 주면서 문필봉을 이루면서 말이 꿈틀거리며 일어서는 형국을 하고 있다. 많은 인물이 배출될 수 있었던 것은 지세의 영향이라 할 수 있다.

외백호가 수구 가까이서 감싸 주며 막아 주어 지기가 머물 수 있는 곳을 향해 좌향을 정한 것이 특징이다. 수세는 득수 형태로 남천을 감싸는 지세임으로 역수 형태를 이루었고 좌측의 원구들을 크게 환포하면서 송천과 마을 전면에서 합수처를 이루었다.

무의공 생가지는 일제 강점기와 산업화로 인하여 도로가 생기고 용맥을 잘라 농경지를 조성하면서 지맥이 훼손되어 혈을 감싸는 청룡이 연결되지 않은 미비한 점이 있었으나, 용맥이 다시 이어질 수 있도록 산을 비보로 조성하면 좋을 것으로 사료된다.

전체적으로 보면 무의공 생가지는 보국이 잘 짜여져 생기를 받아 명성이 높은 인물이 나온 것으로 볼 수 있다. 따라서 무의공이 출생할 풍수적 환경을 갖추었다고 볼 수 있다.

무의공파 종택의 용맥은 위이 굴곡 등으로 변화하여 기봉하면서 다시 분벽하여 종택에 현무를 만들고 잉을 만들어 혈을 결지하였다. 유혈로서 용맥이 끝나는 부분에 기대어 있는 것으로 보이는 혈장은 넓게 맺힌 관계로 후부하다. 한 맥은 서쪽으로 행도를 하여 종택의 내청룡을 만들고, 다른 한 맥은 남으로 행도하여 외청룡을 만들면서 마지막에는 수구사를 만들었다. 그래서 명당의 지기가 바람에 흩어지는 것을 막는 역할을 하며 축산천을 걸어 주는 역수 형국의 지세이다. 전체적으로 장풍득수국을 이루고 있다.

현무는 종택을 향해 유정하게 품고 머리를 들이밀듯이 유연하게 내려왔다. 종택 앞에서 자세히 살펴보면 단아한 모습의 규봉사가 종택을 향해 마치 신하가 임금을 알현하는 듯 절을 하는 형태로 이상적인 모습을 하고 있다. 그리고 마을 입구에 들어서서 종택 맞은 편에서 보면 봉황귀소형으로 풍수지리학에서는 봉황이 날개를 활짝 펴고 혈장을 향해 날개짓을 하며 다가와 보금자리를 찾아드는 격이니, 종택의 역량을 더해 주고 후대에는 부와 귀를 겸한 귀한 인물이 배출된다고 볼 수 있다.

그러므로 무의공파 종택 역시 풍수적 조건을 갖추고 있기에 자손들의 신분 상승이 뚜렷하게 상승 변동하여 무의공파 후손들은 당시 사회의 상층부에 있었다는 점을 알 수 있었고, 오늘날까지도 번성하고 있다고 보인다.

인걸은 지령(地靈)이라는 말이 있듯이 인간은 땅으로부터 지기, 즉 생기를 받아야 만복을 누리며 이를 위해 좋은 터에 집을 지어 생활하거나 그곳에서 출생하여야 한다. 그러나 풍수라고 오직 묘터나 집터와 같은 땅만 따지는 것이 아니라 사람의 적덕(積德)도 중시한다. 무의공 박의장의 생가지를 복원하여 잘 보존해 후손들에게 땅의 의미와 선조의 얼을 되새기게 할 수 있는 교육 공간으로 활용했으면 한다.

예천 전통 마을의
지명 유래와 풍수지리[1]

김 종 대

1. 들어가는 글

2. 풍수 형국 중 해당 유형

1) 연화부수형(蓮花浮水形)

2) 옥녀탄금형(玉女彈琴形)

3) 금구몰니형(金龜沒泥形)

3. 예천 전통 마을의 풍수 경관

1) 용문면 금당실 마을의 풍수 경관

2) 용궁면 실음실 마을의 풍수 경관

3) 지보면 구촌 마을의 풍수 경관

4. 예천 전통 마을의 형국 분석

1) 용문면 금당실 마을의 연화부수형국

2) 용궁면 실음실 마을의 옥녀탄금형국

3) 지보면 구촌 마을의 금구몰니형국

5. 나가는 글

---

1 본 글은 필자의 「풍수형국론적 관점에서 본 마을 지명에 대한 고찰」, 영남대 석사학위논문, 2018
의 일부를 발췌하여 수정·보완하였다.

1. 들어가는 글

우리나라의 지명은 한자(漢字)로 되어있는 것이 많다. 방언을 포함한 순수한 우리말로 지은 이름도, 그 단어의 어원이 한자에서 시작한 것이 대부분이다. 한자의 어원을 풀어 나가다 보면, 현재 사용하고 있는 우리 고유의 말이 숨어 있음을 알게 된다.

지명은 한 고장의 생활상을 나타내는 특징이나 지리적, 역사적, 민속학적 특성에 의해 명명되어 왔기 때문에 오랜 역사의 흔적이 그대로 반영되어 있다. 지질과 산업, 풍수지리[2]에 이르기까지 지리학적 특성은 물론 유물이나 유적, 제도와 인물 등 지명에 얽힌 전설과 함께 한 시대의 역사가 숨 쉬고 있으며 사라진 풍속이나 생활 습관도 살필 수가 있다.[3]

그리고 문화적으로 인간과 자연의 조화와 균형이 정립된 공간이라고 할 수 있다. 그 이유는 지명에서는 땅의 모양과 장소적 성격이 반영되어 있고, 지명형성 당시 사람들의 지리적인 사고가 담겨 있기 때문이다.

지헌영은 "「옥녀봉(玉女峰)」 유성(儒城), 「장군봉(將軍峰)」 대덕(大德), 「병마산」 청주(淸州) 등의 지명은 그저 한자를 음독하여 언어로 상징된 지형만을 비교함으로써 해결되지 아니할 다른 내면을 품고 있는 것으로, 나

---

2 풍수는 산자(者)의 거처를 정하는 양택론(陽宅論)과 죽은 자의 거처를 정하는 음택론(陰宅論), 인간의 집단 주거인 마을이나 도읍지를 정하는 양기론(陽基論)으로 나눌 수 있다. 즉 풍수는 지기(地氣)가 충만한 땅에 인간의 거처를 마련하여 복리(福利)를 도모(양택론)하거나, 죽은 자와의 동기감응(同氣感應)을 통해 후손의 복리를 도모(음택론)하거나, 좋은 땅에 마을을 입지 시킴으로써 주민 전체의 복리를 도모(양기론)하고자 하는 것이다.

3 이은식, 『지명이 품은 한국사』, 타오름, 2010, 앞글.

말(羅末) 이래 조선에서 폭위를 떨친 민간신앙의 하나인 풍수설적 이념을 계산에 넣지 아니하고는 조선 지명의 대조표를 맞출 수가 없을 것이다."[4]라고 하여 지명 형성에 풍수의 영향력을 평가하고 있다. 최창조는 "마을 이름 중 상당수가 풍수에 관계되는 지명들이고, 그것들은 크게 인(人)·물(物)·금(禽)·수류(獸類) 외에 기타 화훼류(花卉類) 다섯 가지로 분류할 수 있었으며, 그러한 풍수 지명을 보유하고 있는 마을의 입지는 매우 합리적이다."[5]라고 하여 풍수의 형국론이 지명 형성에 영향을 미쳤고 이러한 입지는 풍수적으로 볼 때도 타당하다는 점을 설명하고 있다. 따라서 풍수는 한국인의 정신세계뿐만 아니라 지명 형성에도 영향을 미쳤다. 즉, 우리나라의 경우, 산 이름, 마을 이름 등을 살펴보면 사람, 동물, 문자를 빗댄 각종의 지명이 존재하는데, 이것을 풍수의 사상 체계에 적용하면 형국론(形局論)에서 다루는 분야에 해당한다.[6]

형국론에서 동물의 이름을 차용한 지명으로 용산(龍山), 비학산(飛鶴山), 우두산(牛頭山), 천마산(天馬山) 등이 있으며, 식물의 이름을 차용한 것으로 매화봉(梅花峰), 연화리(蓮花里) 등이 있다. 사물의 이름을 차용한 문필봉(文筆峰), 사람의 이름을 차용한 옥녀봉(玉女峰), 장군봉(將軍峰) 등 풍수 형국이 지명 형성에 영향을 미친 흔적은 도처에서 찾아볼 수 있다.

이처럼 풍수는 문화의 복합체이며, 그것은 인간들의 생활 공간뿐만 아니라 지명의 형성에도 다양한 영향을 미쳤다. 그 이면에는 안심입명(安心立命)에 대한 인간의 작은 소망이 전제되어 있다.

---

4 지헌영, 『한국 지명의 제문제』, 경인문화사, 2001, p. 20.

5 최창조, 「풍수 지명의 유형분류와 그 해석」, 『국가발전과 공공행정』, 박영사, 1987, p. 346.

6 이욱, 『풍수형국론이 지명형성에 미친 영향』, 지명학, 2009, pp. 139~178.

이러한 관점으로 본 연구에서 형국론에 기초해 예천 지역의 지명 형성이 특정한 지역과 공간에 어떠한 영향을 미칠 수 있는가에 대해여 분석해 보고자 한다.

예천은 다른 지역과 비교하면 많이 개발되지 않아 옛 모습을 간직하고 있으며, 풍수지리적인 유래와 설화가 많이 전해오고 있다. 예천의 일부 마을의 유래를 조사하여 어떠한 풍수 형국이 이 지역의 지명에 연관성이 있는가를 분석하고, 지명 형성이 풍수 형국론에 어떠한 영향을 받았는지를 사례로 규명하고자 한다. 이 모든 것들이 문명 발달과 바쁜 일상으로 인하여 현시대에 살아가고 있는 우리들의 생활 속에서 사라지고 있는 풍수지리가 옛 우리 조상들은 생활 문화가 풍수지리였다는 것을 상기하고자 예천 지역의 전통 마을 중심으로 연구하고자 한다.

2. 풍수 형국 중 해당 유형

풍수에서는 혈(穴), 명당의 주위 환경을 풍수 형국으로 파악하는데 사람이나 동식물이나 인간이 만든 물건 형상 등으로 견주어 자연을 이해하고 자연 전체를 그러한 물체인 것 같이 취하기도 한다. 풍수는 많은 논리 체계를 가지고 있으나 지명 형성에 가장 큰 향을 미친 것은 형국론으로 볼 수 있다. 형국론은 물형론(物形論) 또는 갈형론(喝形論)이라고도 하는데 본 연구에서는 형국론으로 통일하기로 한다.

형국론은 정기 가득한 산천 형세의 겉모양을 보고 사람과 동물, 식물, 물질, 문자 등의 형상에 빗대어 이름을 정하고 표하는 풍수 이론이다. 산천의 표리(表裏)는 서로 통한다는 전제하에 보거나 잡을 수 없는 정기를 구체적인 형상에 비유하여 표하는 것이다. 판단의 기준은 산천

의 모양새이다. 형국론은 우주 만물 만상이 유리유기(有理有氣)하며 유형
유상(有形有像)하기 때문에 외형 물체에는 그 형상에 상응한 기상과 기운
이 내재해 있다고 보는 개념을 원리로 삼는다.[7]

형국의 설정은 혈이 올바로 맺기 위해서는 물형에 알맞은 안산이나
조산의 산천 형세가 구비 되어야 한다. 이것은 물형에 상응하는 기상과
기운이 그 땅에 응집되어있는 것으로 간주되기 때문에 혈처 주변의 산
천 형세도 그 내재된 정기와 서로 교감을 이루어야 길격(吉格)으로 보는
것이다.

1) 연화부수형(蓮花浮水形)

형국론에서 기타형의 분류는 인형(人形), 금형(禽形), 수형(獸形), 용사형
(龍蛇形)에도 속하지 않는 것 등을 말한다.

꽃과 식물의 형국 중 연화부수형은 연꽃이 물에 떠 있는 형상을 말하
고, 기타형에 속한다. 이외에도 갈화낙지형(葛花落地形)은 칡꽃 떨어진 터
형상, 갈화부수형(葛花浮水形)은 물에 뜬 칡꽃 형상, 도화낙지형(桃花落地
形)은 복숭아꽃이 땅에 떨어지는 형상, 매화낙지형(梅花落枝形)은 매화꽃이
땅에 떨어지는 형상, 매화만발형(梅花滿發形)은 활짝 핀 매화 형상, 노봉농
화형(老蜂弄花形)은 꽃에 노는 벌 형상, 목단만개형(牧丹滿開形)은 모란꽃이
활짝 핀 형상, 목단반개형(牧丹半開形)은 모란꽃이 반쯤 핀 형상, 목단화심
형(牧丹花心形)은 모란꽃 꽃술, 연엽도수형(蓮葉到水形)은 물에 이른 연잎 형
상, 연화도수형(蓮花到水形)은 물에 이른 연꽃 형상, 연화봉접형(蓮花蜂蝶形)
은 연꽃과 벌과 나비 형상, 연화함로형(蓮花含露形)은 이슬 머금은 연꽃 형

---

7   최창조, 『한국의 풍수 사상』, 민음사, 1984, pp. 179~180.

상, 풍취나대형(風吹羅帶形)은 비단 띠가 바람에 나부끼는 형상, 풍취양류형(風吹楊柳形)은 버들가지가 바람에 휘날리는 형국, 양화낙지형(楊花落地形)은 버들꽃이 떨어진 터 형상, 이화낙지형(梨花落地形)은 배꽃이 떨어진 터 형상, 작약미발형(芍藥未發形)은 피어나는 작약 형상[8] 등이 있다.

2) 옥녀탄금형(玉女彈琴形)

인형 중 옥녀탄금형은 옥녀가 거문고를 타는 형상을 말한다.

여기에서 옥녀는 몸과 마음이 옥처럼 깨끗한 여인이다. 우리나라 각지에 옥녀봉이라는 이름의 봉우리들이 적지 않은데, 이들은 평북 맹산과 충북 진천에서는 절세의 미인으로, 충남 서산에서는 마을의 수호신으로 남해안 일대에서는 남녀 합궁의 뜻으로 등장한다. 옥녀는 본디 도교에 등장하는 인물로 옥황상제와도 관련이 깊다. 경남 거제의 옥녀봉에 관해, 옥황상제의 옥녀가 내조암 약수터에 내려와 사슴과 더불어 놀다가 목욕하였다는 전설이 전하는 것으로 옥녀는 선녀와 같은 존재로 보인다. 옥녀는 절세의 미인인 동시에 풍요와 다산을 나타내는 표상이기도 하다.

옥녀탄금형 외 옥녀형을 말하면 다음과 같다. 옥녀금반형(玉女金盤形)은 옥녀가 금 소반을 든 형상, 옥녀단좌형(玉女端坐形)은 옥녀가 단정하게 앉아 있는 형상, 옥녀무상형(玉女舞裳形)은 옥녀가 춤추는 형상, 옥녀산발형(玉女散髮形)은 옥녀가 머리를 풀고 단장하는 형상, 옥녀직금형(玉女織錦形)은 옥녀가 비단을 짜는 형상, 옥녀하강형(玉女下降形)은 옥녀가 세상에 내려오는 형상, 옥녀헌배형(玉女獻杯形)은 옥녀가 잔 올리는 형상, 선녀등

---

8   장원기, 『옥수진경』, 양림출판사, 2018, 책 앞.

공형(仙女登空形)은 선녀가 하늘에 오르는 형상, 선녀봉반형(仙女奉盤形)은 선녀가 소반을 든 형상, 선녀탄금형(仙女彈琴形)은 선녀가 거문고를 타는 형상[9] 등이 있다.

3) 금구몰니형(金龜沒泥形)

수형, 즉 짐승 형국 중 금구몰니형은 거북이가 흙탕에서 헤어나오는 형국을 말한다.

이외 수형에는 유어농파형(遊魚弄波形), 복해형(伏蟹形), 오공형(蜈蚣形), 맹호하산형(猛虎下山形), 와우형(臥牛形), 행우경전형(行牛耕田形), 금구음수형(金龜飮水形), 노구예미형(老龜曳尾形), 영구하산형(靈龜下山形), 옥마형(玉馬形), 복사형(伏獅形), 금구입해형(金龜入海形), 면견형(眠犬形), 부해금구형(浮海金龜形), 호마음수형(湖馬飮水形), 약마부적형(躍馬赴敵形), 면우형(眠牛形), 사자형(獅子形), 양호상교형(兩虎相交形), 천마시풍형(天馬嘶風形), 호구형(呼龜形), 접박리화형(蝶撲梨花形), 방해토말형(螃蟹吐沫形), 한호함미형(寒虎啣尾形), 맹호하전형(猛虎下田形), 면상형(眠象形), 영구성미형(靈龜成尾形), 노서하전형(老鼠下田形), 자기장구형(紫氣藏龜形), 백상매아형(白象埋牙形), 금어형(金魚形), 복호형(伏虎形), 노호하산형(老虎下山形), 갈호음수형(渴虎飮水形), 수호형(睡虎形), 금구하전형(金龜下田形), 비아형(飛蛾形), 웅우간자우형(雄牛趕雌牛形), 구갑주형(龜甲冑形), 낙타재보형(駱駝載寶形), 맹호출림형(猛虎出林形), 번천마제형(翻天馬蹄形), 복구형(伏狗形), 지주장강형(蜘蛛張綱形), 금구입수형(金龜入首形), 영나하수형(蠑螺下水形), 금오입수형(金鰲入水形), 갈마음수형(渴馬飮水形), 산구형(産狗形), 구미형(龜尾形), 갈록음수형(渴鹿飮水形), 옥토망월형(玉兎望月形), 비아부벽형

---

9   장원기, 『옥수진경』, 양림출판사, 2018, 책 앞.

(飛蛾附壁形), 잠두형(蠶頭形) 등이 있다.

3. 예천 전통 마을의 풍수 경관

1) 용문면 금당실 마을의 풍수 경관

(1) 용문면 지명 유래

예천군의 서북부에 위치해 있으며, 소백산맥 남쪽에 위치한 면으로 면사무소는 상금곡리에 있다. 본래 예천군 지역으로 맛질의 이름을 따서 저곡면(渚谷面)이라 하였다가 1914년 행정 구역 개편에 따라 저구곡면과 유리면, 저곡면을 통합하여 용문사의 이름을 따서 용문면이 되었다. 저구곡면, 유리면, 저곡면 등 3면은 1872년에 제작된 지방지도(예천군)에 관내 마을 이름이 모두 등재되어 있다.

이 용문 땅에 구한말 전국을 떠들썩하게 한 유명한 사건이 벌어졌으니 바로 예천 금광 사건이다. 당시 국책 사업으로 광산 개발이 추진되고 있었는데, 광무감리 김동호(金棟昊, 종9품)가 예천에 파견 나와 읍내에 머물면서 금곡동에서 금광을 개발하려고 하였다. 이를 알게 된 저곡면민 1,100명이 떼를 지어 1892년 3월 16일 오후 김동호를 찾아가서 광산 개발 금지를 요구하였다. 그러나 김동호가 거부하자 그를 끌어내고 빙 둘러서서 난타하여 한천 백사장에 파묻고 금곡동으로 물러가서 모여 있었다. 당시 '지기 단절'이라는 폐습을 믿던 금곡 사람들이 일으킨 난동 사건이라 하여 예천군수를 겸직하고 있던 용궁 현감 이만윤(李晩胤)이 비장을 보내서 체포하려 하자 모두 도망갔다. 사건의 주론발통자(主論發通者)는 권맹목·박사원·박숙관·변공묵이고 두민(頭民)은 배철백·이덕성, 선범(先犯)자는 조선인이었다. 우선 범인들을 대신하여 그 가족을 잡아들이고 나중에 범인들이 체포되면 엄벌하기로 하였는데 조가는 효수하기로 하였다. 이 사건으로 발생한 피해는 대신 변상[代償]하였는데 당시 면임(面任)은 황종대, 금곡 동수(洞首)는 설인범이었다.

면민들이 지기 단절을 우려하여 온 힘을 모아서 지켜낸 곳이 바로 금당실 오미봉 뒤로 추정되고, 배상금은 동유 재산 중에 특히 동산(洞山)의 소나무를 베어 팔았을 것이다.

(2) 금당실 마을의 용맥과 형세 분석

〈그림 1〉 금당실 마을

한반도 지세의 척추 역할을 하는 백두대간에서 가장 중요한 구심점이 되는 산이 태백산(1,567m)이며, 이곳에서 청옥산(1,277m)을 내어 주면서 크게 용이 꿈틀거리듯 산세가 변화한다. 청옥산은 남으로 뻗어 나가서 낙동정맥의 본산이 되며 백두대간은 남서쪽으로 그 맥을 이어 가는데 옥석산(1,242m)에서 서쪽으로 크게 방향을 틀어 용이 고개를 크게 쳐들 듯 선달산(1,236m)을 만들고, 서쪽으로 뻗어 가다가 마대산(1,052m)을 내어 용맥은 다시 남서쪽으로 진행한다. 백두대간 용맥은 잠시 숨을 고르고 쉬어 가는 듯하며 형제봉(1,178m)을 만들고 진행하면서 소백산(1,439m)에 이르러 크게 일어나 성봉 하였다.

소백산에서 흰봉산(1,261m)으로 이어지는 용맥은 남으로 뻗어 국도 5
호선이 연결된 중령재를 내어주고 흰봉산에서 문복대(1,074m)로 이어지는
백두대간은 다시 도약하기 위하여 움츠리는 모습으로 크게 서쪽으로 감
아 진행하여 황장산(1,077m)을 성봉하였다. 문복대에서 남으로 가지 맥을
내어 용맥의 높이를 낮추면서 진행하여 성봉된 산이 금당실 마을의 조
산(祖山)이 되는 매봉(865.3m)이다. 매봉은 용문사의 주산이 되며 용문사
를 오른쪽으로 두고 용맥은 많은 변화를 거듭하여 순한 산세와 풍수지
리적 지세를 갖춘 용맥으로 진행한다. 마을 뒤에 이르러 표고 300m에
서 남으로 뚝 떨어지면서 좌우로 가지 맥을 내어 호종보호사(護從保護砂)
를 만들고, 그 중심 맥은 간결하면서도 뚜렷하고 낮게 이어진다. 이곳에
서 모든 살기(殺氣)를 다 털어내고 다시 성봉하여 만들어진 산이 마을의
주산(主山)이 되는 오미봉(200m)을 형성하였다. 금당실 마을은 주산인 오
미봉을 중심으로 좌우에 있는 산맥들이 금당실 마을을 포함한 용문면
중심으로 기운을 모아주는 국세를 하고 있는 마을이다.

첫째, 현무의 분석이다.

금당실 마을의 풍수지리 경관 중 현무를 조사하기 위해서 『금낭경』의
현무수두(玄武垂頭, 현무는 머리를 드리워 머물 곳을 정하여야 한다) 조건에 부합하는
지를 면밀하게 살펴보았다. 마을이 있는 곳의 현무는 머리를 마을 쪽으
로 드리우는 지형의 조건을 갖추었는지를 조사하였다. 풍수는 입지를
선정함에 있어서 우선적으로 주산을 살펴보아야 하는데, 주산은 혈을
뒤에서 든든히 받쳐 주고 혈의 형상을 결정한다. 혈의 결지 여부를 판
단하는 기준이 되고 혈을 찾는 심혈법과 혈을 입증하는 증혈론의 가장
우선 순위에 해당하며 형국론의 관점에서도 주산의 형상을 기준으로
논의된다.

이같이 주산은 우뚝 솟아야 하고 잘생겨야 하는데 금당실 마을의 주산이 되는 오미봉(200m)은 둥글게 금성체(金星體)를 이루고 있다. 따라서 마을이 있는 땅은 현무가 머리를 내려 드리우는 현무수두의 조건을 갖추었다고 볼 수 있다.

둘째, 안산의 분석이다.

금당실 마을의 풍수지리 경관 중 안산을 조사하기 위해서『금낭경』의 주작상무(朱雀翔舞, 혈장 앞의 안산과 조산은 명당을 향하여 그 형세가 춤을 추듯 부드러워야 한다) 조건에 부합하는지를 면밀하게 살펴보았다. 금당실 마을이 있는 땅의 안산과 조산이 마을을 향하여 춤을 추듯 부드러운 땅의 조건을 갖추었는지를 조사하였다.

안산도 주산만큼 중요한 의미를 가지는데, 『의룡경』에는 "무릇 주산이 있으면 반듯이 마주하여 안산이 있기 마련이다."[10]라고 하였다. 이같이 "안산은 전면의 공간을 구성하는 중요한 구성 요소일 뿐만 아니라 좌향을 결정하는 중요 요인으로 작용한다. 또한, 항상 앞에 보이기 때문에 전면의 시각적인 효과를 지배한다."[11] 금당실 마을의 안산은 용문면을 동에서 서쪽으로 감싸는 형국으로 용맥은 성현리와 옹산리, 덕신리와 성평리, 수심리와 광전리, 중평리와 고림리를 배산(背山)으로 하여 용문면 앞쪽 즉, 안산대(案山帶)를 형성하고 있다.

셋째, 청룡의 분석이다.

금당실 마을의 풍수지리 경관 중 청룡을 조사하기 위해서『금낭경』의 청룡완연(靑龍蜿蜒) 조건에 부합하는지를 면밀하게 살펴보았다. 즉 혈

---

10 『疑龍經』: "大凡有形必有案."

11 박정해, 「부석사 입지의 풍수환경과 좌향에 관한 연구」, 2016, p. 140.

장의 왼편을 감싸는 청룡은 바람을 감추고 살아있는 듯 꿈틀거려야 하므로, 금당실 마을이 있는 지형의 청룡은 마을을 향하여 바람을 감추고 살아 꿈틀거리는 땅의 조건을 갖추었는지를 조사하였다. 금당실 마을의 청룡은 마을을 감싸고 있는 산맥, 특히 문복대에서 뻗어 내려온 청룡 맥이 지금의 금곡리 율곡리 제곡리로 이어지고 있다.

넷째, 백호의 분석이다.

금당실 마을의 풍수지리 경관 중 백호를 조사하기 위해서『금낭경』의 백호준거(白虎蹲踞) 조건에 부합하는지를 면밀하게 살펴보았다. 혈장의 오른편을 감싸는 백호는 바람을 감추고 호랑이가 웅크리듯 순하게 걸터앉아야 하므로, 금당실이 있는 지형의 백호는 마을을 향하여 바람을 감추고 호랑이가 웅크리듯 순하게 걸터앉은 땅의 조건을 갖추었는지를 조사하였다.

금당실 마을 백호는 작은 산들이 멀리 있어 마을의 서쪽으로부터 불어오는 세찬 바람을 막아 주고[비보 풍수] 마을을 보호해 주는 금당실 마을 송림(천연기념물 제469호)도 마을에서는 빼놓을 수 없는 볼거리다. 마을 주민들 사이에서 '쑤'라고 불리는 이곳은 내륙 지방에서는 흔하지 않은 소나무 방풍림을 조성하여 비보하고 있다.

(3) 금당실 마을의 수세 분석

금당실 마을 서쪽에 길이 500m 정도 되는 큰 소나무 숲이 있다. 천연기념물 제469호인 '예천 금당실 송림'이다. 16세기 초기에 처음 조성된 이 숲은 원래는 마을 주산인 오미봉에서 성현리 정자산 건너편까지 이어지는 2㎞의 상당히 긴 숲이었다. 구한말 오미봉 금광 채굴 덕대[현장 책임자] 살해 사건으로 구속된 마을 주민 석방 비용을 마련하기 위해 아름

드리 큰 소나무들이 대부분이 베어지고 지금은 그 4분의 1 정도만 남았는데, 현재의 숲은 그때 남겨 두었던 어린 소나무와 뒤에 심은 나무들이 다시 자란 것들이다. 원래의 금당실 마을 숲을 제대로 이해하려면 〈그림 2〉 사진 속에 나타난 현재 남아있는 숲을 병암정이 있는 정자산 건너편 하금곡리까지 연장하여(조림되어 있는 모습) 상상해 보면 된다. 국도(國都)나 지방 도읍지도 아닌 일개 반촌으로서 그런 거대한 숲을 조성한 의지도 놀랍거니와 무엇보다도 '풍수 숲'으로서의 그 숲이 지닌 정체성이 너무나 독보적이어서 이 땅 안의 여느 '비보 숲'들은 감히 그 앞에 명함도 못내밀 정도다.

현재의 금곡천이 제방이 없는 개천인 상태였다고 가정하고 금당실 솔숲 조성의 원래의 풍수적 의의를 한번 검토해 보도록 하자. 가장 중요한

〈그림 2〉 금당실 마을 산줄기와 물줄기

사실은 그 숲이 또 하나의 용맥(龍脈)을 만든다는 의도로 조성됐다는 점이다. 쉽게 말해 개천변을 따라 인공적인 산줄기[龍] 하나를 새로 만듦으로써 마을 터와 농경지를 지키는 동시에 길지로서의 품격도 갖추고자 했다는 것이다. 그 용맥과도 같은 금당실 마을 숲은 장마철이면 시도 때도 없이 마을 안으로 쳐들어온 금곡천 수마를 제압한 '물막이용'이고, 겨울철 북서쪽 들판을 가로질러 사정없이 불어온 칼바람을 잠재운 '바람막이용'이었으며, 번영·다산·풍요 등의 기운이 빠져나가는 마을 앞쪽의 열려있는 공간을 막은 '수구막이용'이었다.

그 밖에도 금당실 숲은 마을의 안과 밖을 시각적으로 자연스럽게 차단시켜 마을 사람들을 정서적으로 안온하고 편안하게 만들어주고, 금당실 마을을 찾는 외부인들에게는 고품격의 위의(威儀)를 갖춘 양반 촌락 경관이 어떤 것인지를 실감하게 한다. 천연기념물로 지정된 이후 이제 그 숲은 마을 사람들 마음대로 나무를 심거나 거름을 주거나 베지 못하게 됐다. 소나무마다 표찰이 붙어 있고 송림에 문제가 생기면 그때마다 군청에 필요한 조치를 요청해야만 한다. 구한말 앞에서 말한 오미봉 채광 사건으로 소나무를 베어내는 아픔을 겪을 때 마을에 '사산송계(四山松契)'가 결성되고, 그 이후로 계속하여 마을 숲을 더욱 소중히 여기고 가꾸어 왔다. 금당실 마을의 수세는 오른쪽 용문사 쪽 물과 왼쪽 선리 쪽에서 내려오는 물이 마을 앞들 중앙에서 만나 저 멀리 빠져나가지만, 끝자락에 수구는 관쇄가 잘 이루어져 있다.

금당실은 조선 태조 이성계가 도읍지로 정하려 했던 곳이라고 전해오고, 조선 명종 때의 풍수지리학자 남사고(1509~1571)는 『정감록』에서 금당실을 십승지 가운데 한 곳으로 꼽으며 금당과 맛질(이웃 마을)을 합하면 서울과 흡사하나 큰 냇물이 없어 아쉽다고[12] 평했다.

2) 용궁면 실음실 마을의 풍수 경관

(1) 용궁면 지명 유래

예천군 서부에 위치한 면이다. 면적은 31.79㎢, 인구 2,875명(2015년 기준), 면 소재지는 읍부리이다.

조선시대에는 본래 용궁 현청이 향석리에 있었는데 1856년(철종 7) 큰 장마로 내성천과 낙동강이 넘쳐서 현청이 떠내려갔다. 다음 해에 읍 터를 금산(琴山) 아래로 옮기고 신읍면(新邑面)이라 하여 동부·북부·서부 등 20개 리를 관할하였다.

1914년 행정 구역 개편에 따라 구 읍면의 무동·지동·대은 등과 일부 지역을 병합해 용궁면으로 고쳐서 11개 리로 개편하였다. 면의 북쪽 경계에 왕의산(王衣山, 339m), 남쪽 경계에 용비산이 솟아 있을 뿐 면의 대부분은 해발 100m 안팎의 구릉지이다. 금천의 지류인 기천이 면을 흘러 합류점 부근에 범람원을 형성한다. 그리고 면 남부에서 곡류하는 내성천의 합류점 부근에도 넓은 범람원이 전개되어 경지율이 군내에서 가장 높다. 총 경지 면적은 14.06㎢로 44.3%, 임야 면적은 10.51㎢로 33.1%, 기타 22.7%로 이뤄져 있다. 경지 중 밭이 5.40㎢로 38.4%를, 논이 8.66㎢로 61.6%를 차지해 논농사가 주류를 이룬다.

문화 유적은 향석리에 용궁향교·세심루와 석조여래좌상·석불좌상·삼층 석탑 등이 있다. 비룡산성 내에는 비룡산 봉수대가 있다. 이 밖에 무이리에 무이 서당·소천 서원, 월오리에 기천 서원, 덕계리에

---

12 김병덕, 『영남 택리지』, 대보사, 2012, p. 758.

도명천(都命天)과 명찬(命燦) 형제의 쌍효각(雙孝閣), 가야리에 국파강당(菊坡講堂)이 있다. 무이리에 여주이씨(驪州李氏), 가야리에 축산김씨(竺山金氏)의 동족 마을이 있다.

(2) 실음실 마을의 용맥과 형세 분석

백두대간 묘적봉(1,185m)과 황장산(1,077m) 중간 지점에서 북쪽으로 수리봉(1,019m) 도락산(968m)으로 용맥 하나를 내주기 전에 남쪽으로 내려온 용맥이 매봉(865m)을 지나 분맥한다. 그중 한줄기는 남동쪽인 예천 방향을 향하고 한줄기는 남서쪽을 진행하다가 국사봉(728m)에서 다시 분맥하여 한줄기는 예천 방향인 백마산(383m)을 향하고 한줄기는 남쪽으로 진행한다. 분맥한 용맥이 남서쪽은 의왕산(339m)을 향하여 한줄기 내어주고 남동쪽을 향하다가 다시 남쪽과 서쪽으로 틀어 고종산(151m)을 지나 남서쪽으로 향하면 1.4㎞ 지점에 실음실 마을 뒷산이 있다. 그곳에서 남서쪽으로 향하는 작은 용맥의 중간 지점에 실음실 마을이 있다.

첫째, 현무의 분석이다.

실음실 마을의 풍수지리 경관 중 현무를 조사하기 위해서 현무수두의 조건에 부합하는지를 면밀하게 살펴보았다. 실음실 마을 뒷산인 현무봉은 둥글고 아름다운 금성체를 이루고 있으나 너무나 작아서 현무봉으로서 기운이 미약하다고 볼 수 있다. 따라서 마을이 있는 지형은 현무가 머리를 내려 드리우는 현무수두의 조건을 갖추었다고 볼 수 없다.

둘째, 안산의 분석이다.

실음실 마을의 풍수지리 경관 중 안산을 조사하기 위해서 주작상무의 조건에 부합하는지를 면밀하게 살펴보았다. 마을의 안산은 주산인 마을 뒷산의 용맥이 마을을 형성하고 진행하여 현무 본신룡 안산을 이루고 있다. 따라서 안산은 마을을 향하여 그 형세가 춤을 추듯 부드러운 주작 상무의 조건을 갖추었다.

셋째, 청룡의 분석이다.

실음실 마을의 풍수지리 경관 중 청룡을 조사하기 위해서 청룡완연의 조건에 부합하는지를 면밀하게 살펴보았다. 고종산에서 위이 굴곡하여 내려오다가 마을 백호 쪽 봉우리를 지나 마을 뒤 봉우리를 형성하고 다시 청룡의 봉우리에서 마을을 감싸 안듯이 시작한 청룡이 마을을 지나고 안산 앞까지 지나 길게 뻗어 형성되어 있으므로 마을의 청룡은 청룡의 역할인 청룡방의 장풍을 잘 관쇄하여 주고 있다고 할 수 있다. 따라서 실음실 마을의 청룡은 마을을 향하여 바람을 감추고 살아 꿈틀거리는 청룡완연의 조건을 갖추었다.

넷째, 백호의 분석이다.

실음실 마을의 풍수지리 경관 중 백호를 조사하기 위해서 백호준거의 조건에 부합하는지를 면밀하게 살펴보았다. 백호 또한 고종산에서 위이 굴곡하여 내려와서 봉우리를 만들고 한 줄기는 마을 뒤쪽으로 보내고 한 줄기는 마을의 백호가 되어 길게 뻗어 내려가면 마을에 백호를 이루고 있다. 따라서 마을의 백호는 마을을 향하여 바람을 감추고 호랑이가 웅크리듯 순하게 걸터앉은 백호준거의 조건을 갖추었다.

(3) 실음실 마을의 수세 분석

실음실 마을의 풍수지리 경관 중 수세를 조사하기 위해서 산래수회의 조건에 부합하는지를 면밀하게 살펴보았다.

마을의 수세는 작은 능선에 위치한 마을로서 주 능선에 위치한 집과 주 능선에 위치하지 못하고 한쪽으로 치우쳐진 집들의 수기는 완연히

<그림 3> 실음실 마을 산줄기와 물줄기

다르게 작용할 수 있다. 이 마을 중앙 부분에서 수구를 바라보면 물이 빠져나가는 것이 보이질 않아 아주 좋은 위치에 마을이 형성되어 있다. 또한, 앞쪽에서 보면 물이 길게 빠져 가는 것처럼 보이지만 양쪽 옆 청룡과 백호의 용맥에서 작은 산줄기가 겹겹이 나와서 길게 빠져 가는 물의 기운을 응집해주고 있다고 볼 수 있다.

3) 지보면 구촌 마을의 풍수 경관

(1) 지보면 지명 유래

지보면은 예천군 남쪽에 위치한 가장 큰 면이다. 면의 북쪽 경계에는 내성천이 흐르고 남쪽 경계에는 낙동강이 서쪽으로 흘러서 풍양면 삼강에서 만난다. 바로 내성, 낙동 이수지간(二水之間)에 낮은 산과 언덕 사이에 들을 품고 있는 살기 좋은 고장이다. 본래 옛 용궁군 땅이었는데, 1914년 행정 구역 개편 시 용궁 10면 중 내상, 내하, 신상면 등 3개 면을 중심으로 비안 땅 일부를 병합하여 지보면으로 이름 지어 예천군에 편입되었다. 지보면은 조선시대 지보역(知保驛)에서 얻은 이름이다. 지보면 사무소는 1914년 지보면에 있다가 1924년 9월 13일 소화리 521번지로 이전하였다.

지보리는 본래 용궁군 내하면(內下面) 지역으로, 1914년 지보리, 익장동, 신상면도 마동 일부를 병합하여 지보리라는 이름으로 예천군 지보면에 편입되었다. 조선시대 여기에 옛 지보역(知保驛)이 있었다. 그리고 수륙 교통의 요충지인 이곳은 면 행정의 중심지였으며, 태을산(太乙山) 밑에 있는 동래정씨 재사는 고려 때 지보암(知保庵)이었다. 그래서 지보역과 지보암의 이름을 옮겨서 지보면이라고 이름을 지었다.

이 지역은 선사시대부터 사람들이 거주해 왔으며 인근에 고분(古墳)이 산재하고 신라 때 대암사(大岩寺) 절터와 지보암 옛 건물, 석탑 등 불교 유적이 남아 있다. 1914년 지보면이 발족 되자 면사무소, 헌병분견소, 사설학당이 들어서고 앞 강변 마을에는 지보 시장이 형성되어 성시를 이루었다고 한다. 그 뒤 낙동강 범람으로 시장이 유실되자 인근 구마전으로 시장이 이전되었다. 당시에는 육로 교통이 불편했으므로 낙동강을 이용하여 왜관에서 안동 간에 소금 배로 소금을 싣고 와서 벼로 바꾸어 내려갔다고 한다. 1934년 갑술년 대홍수 때는 안동 등 상류에서 급류에 휘말려 떠내려오던 사람들이 마을 앞에 있는 섬의 송림에 걸려서 구호를 요청하자 이 마을 청년들이 결사적으로 배를 저어 40여 명의 인명을 구조하였다. 그 후 모래가 퇴적되어서 생긴 이 섬을 활인도(活人島)라고 불렀다.

(2) 구촌 마을의 용맥과 형세 분석

백두대간의 큰 용맥이 태백산에서 서쪽으로 방향을 틀어 서남쪽으로 크게 힘을 자랑하듯 달려와 구룡산(457m)에서 선달산(1,239m)으로 진행하는 가운데 동남쪽으로 뻗어 나온 맥이 문수지맥인데, 이 맥은 문수산(207.3m)을 조종산으로 하여 여러 간룡 맥을 내어주고 남쪽으로 뻗어 나온다. 문수지맥은 잠시 숨을 고르듯 낮게 엎드려 마치 순한 양이 된 모습으로 내룡하여 힘을 비축한 다음 다시 용오름을 하여 만리산(791.6m)을 만든다. 서남쪽으로 방향을 튼 용맥은 용두산(664.6m)을 성봉하여 기운을 자랑하고 연이어 조종산의 산봉우리를 만들고 신도청이 있는 검무산(332m)의 부모산인 학가산(882m)에서 크게 입체 성봉하여 큰 생기가 응축되었다.

학가산에서 서남쪽으로 향하다가 나부산으로 가기 전 남쪽으로 분맥하여 연화산을 이루었고, 연화산에서 마전리 서쪽으로 틀어 낙동강을 만난 후 다시 동쪽으로 용맥을 만들어 금구몰니형국 오른쪽 앞발 부분에 구촌 마을을 형성하고 있다.

첫째, 현무의 분석이다.

구촌 마을의 풍수지리 경관 중 현무를 조사하기 위해서 현무수두의 조건에 부합하는지를 면밀하게 살펴보았다. 구촌 마을이 있는 곳의 현무는 머리를 마을 쪽으로 드리우는 지형의 조건을 갖추었는지를 조사하였다. 주산은 우뚝 솟아야 하는데, 구촌의 주봉은 둥글게 금성체를 이루고 있는 금구몰니형 몸에, 현무봉을 보면 앞다리 오른쪽에서 용맥이 흘러나와 몸통 쪽으로 가기 전에 움푹한 부분에 마을이 형성되었다. 따라서 마을이 있는 지형의 현무가 머리를 내려 드리우는 현무수두의 조건을 갖추었다고 볼 수 없다.

둘째, 안산의 분석이다.

구촌 마을의 풍수지리 경관 중 안산을 조사하기 위해서 주작상무의 조건에 부합하는지를 면밀하게 살펴보았다. 안산은 주산인 연화산의 줄기가 내려와 안산을 이루고 위이 굴곡하여 마을을 행하는 백호와 연결을 이루고 있다. 따라서 안산은 본신용 조산은 학촌이란 마을 뒷산으로 구촌을 향하여 그 형세가 춤을 추듯 부드러운 주작상무의 조건을 갖추었다.

셋째, 청룡의 분석이다.

구촌 마을의 풍수지리 경관 중 청룡을 조사하기 위해서 청룡완연의 조건에 부합하는지를 면밀하게 살펴보았다. 청룡은 백호 쪽에서 흘러온 용맥이 마을 뒤를 지나 거북의 몸에서 왼쪽 다리까지로 볼 수 있다. 몸통 쪽은 마을을 보듬은 듯하나 왼쪽 다리 끝 부분이 뒤처져서 마을의 청룡은 좋은 조건을 갖추었다고는 볼 수 없다.

넷째, 백호의 분석이다.

구촌 마을의 풍수지리 경관 중 백호를 조사하기 위해서 백호준거의 조건에 부합하는지를 면밀하게 살펴보았다. 백호는 연화산에서 구촌 마을로 향하는 본신 용맥이 마을을 완연하게 감싸 안아 주고 있으며 또한 산세가 부드럽고 온화한 백호를 이루고 있다. 따라서 마을의 백호는 마을을 향하여 바람을 감추고 호랑이가 웅크리듯 순하게 걸터앉은 백호준거의 조건을 갖추었다.

(3) **구촌 마을의 수세 분석**

구촌 마을의 풍수지리 경관 중 수세를 조사하기 위해서 산래수회의 조건에 부합하는지를 면밀하게 살펴보았다. 마을의 수세는 앞쪽 도경 마을에서 내려오는 물과 구촌의 우측 백호 쪽에서 내려오는 물이 구촌지에서 만나 마을 앞쪽을 지나 청룡 쪽으로 빠져나간다. 따라서 마을의 수세는 마을을 지나 청룡 쪽으로 비스듬히 뒤로 돌아보는 듯 환포하며 흘러가고 있어 좋은 기운을 가질 수 있다

4. 예천 전통 마을의 형국 분석

1) 용문면 금당실 마을의 연화부수형국

〈그림 4〉 구촌 마을 산줄기와 물줄기

금당실 마을은 감천문씨가 개척하였다고 하는데 그의 사위인 박종린과 변응녕이 정착하여 지형을 살펴보니, 풍수지리상 연꽃이 물 위에 떠 있는 형국이라 하여 연화부수형이라는 설이 등장하였다. 그래서 지명에 못 당(塘)자를 넣어서 연꽃이 만발하기를 기다렸다.

1785년경 편찬된 『예천군읍지』에 보면 이 연화부수를 더욱 상서롭게 실현하려고 금당실 마을 아래 저고곡면(諸古谷面)을 익장에 있는 저구(雎 鳩)를 옮겨와서 물수리가 노니는 곳, 저구곡면이라고 면의 이름을 바꾸었다. 『정감록』에는 '금당실은 우리나라 십승지지(十勝之地)의 하나로 병화(兵火)가 들지 못한다'고 하여 임진왜란 때도 온전한 곳으로 유명하다.[13] 금당실 마을 서쪽 금곡천 변에 800여m나 뻗어 있는 수령 200년이 넘는 송림들은 금당실 마을을 지키며 방풍림 역할을 해 주고 있다.

용문면 금곡리를 금당실(金塘室)이라 하는데 마을은 다시 둘로 나뉜다. 상금곡리를 상금당실, 하금곡리를 하금당실이라고 부른다. 금곡리의 아래쪽에는 계명현(鷄鳴峴, 닭우리재)이 있고, 동네 오른쪽은 견폐현(犬吠峴, 개우리재)이 있다. 이 둘은 마을의 수구사(水口砂)가 되어 금당실 마을을 보호해 주고 있다. 임진왜란 때 명나라 장수가 이곳을 지나다 계명현과 견폐현을 보고, 금계가 앞에 있고 옥견이 뒤에 있어 중국 양양(호국성 양양현)의 금곡과 같다 하여 금곡이라 부르게 되었다 한다.

마을 뒤에는 현무정(玄武頂)인 오미봉(205m)이 아름답게 솟아 있다. 오미봉(五美峯)이란 다섯 가지 아름다움을 갖춘 봉우리라는 뜻이다. 금당실 마을의 5경을 한마디로 압축한 이름이 된다.

- 아미반월(蛾眉半月): 아미봉에 걸린 반달
- 유전모연(柳田暮煙): 버들밭 마을에 오르는 저녁밥 짓는 연기
- 선동귀운(仙洞歸雲): 선동으로 흘러가는 구름
- 용사효종(龍寺曉鍾): 용문사의 새벽 종소리
- 죽림청풍(竹林淸風): 죽림마을 쪽에서 불어오는 맑은 바람

---

13 김병덕, 『영남 택리지』, 대보사, 2012, p. 759.

마을을 감싸 흐르는 물길은 앞내인 금곡천과 마을 남쪽의 성현리 천
내마을에서 흘러내려 오는 개천이 마을 아래에서 합수되었다. 거기서
다시 맛질에서 흘러오는 한천과 합류되어 예천읍으로 빠져나간다. 마을
안에 있는 숲을 '금당쑤'라고 한다. 이 숲은 오미봉에서 시작하여 금곡천
냇물을 따라 1㎞를 이어져서 상금당실을 완전히 감싸 안고 있다. 금당실
의 큰 자랑거리인 이 숲은 허한 마을을 은폐하기 위해 인공적으로 조성
한 것이다.

금당실 마을은 물 위에 연꽃이 피어 있는 모양인 연화부수형이라 한

〈그림 5〉 금당실 마을 사격도

다. 연화부수형은 하회마을처럼 물길이 마을 앞을 감돌아 흐르게 되는데 금당실 마을은 물이 마을의 지세를 동그랗게 에워싸지 못하여 숲을 조성하였다고 한다. 금당실은 명당 터로서 널리 알려져 있다. 조선의 대표 명당을 『정감록』이 나열하였고, 그중 남사고(南師古, 1509~1571)가 꼽은 십승지 가운데 한 곳이다. 예천의 금당동 북쪽이다. 이 땅은 비록 지세가 깊지 못하여 밖으로 드러나 있으나 병화의 영향이 미치지 않아 여러 대에 걸쳐 편안함을 누릴 것이다. 그러나 임금의 수레가 이곳까지는 오지 않을 것이라고 하였다. 정감록의 원본에도 십승지 중 다섯 번째로 예천의 금당실 북쪽을 말하고 있다. 명풍수 남사고는 비록 하천이 둥글게 마을을 환포하지는 않지만 그래도 삼면이 물로 둘러싸인 가운데 사방의 산들이 마을 터를 둥글게 감싸고 있기 때문에 연화부수형 명당이라 일컫는다. 이 경우, 매봉에서 오미봉까지 이어지는 금당실 터의 주맥(主脈)을 연꽃의 '꽃대'로 보는 것으로 연화부수형 명당이다.[14]

연꽃이 물에 떠 있는 듯한 지세를 말한다. 혹자는 오미봉을 연꽃으로 보고 금당실 터를 그 꽃이 피는 연못으로 보는데, 심히 잘못된 생각이다. 연화부수형은 마을 안에서 사방을 조망해 볼 때만 느낄 수 있는 형국이다. 어느 방향으로 보든지 간에 모든 집이 금곡 분지를 둘러싸고 있는 주위의 산들을 배경으로 아름답게 정좌해 있는데, 그 배경이 되어 주는 반달형의 둥근 산들이 모두 연잎들이다. 연화부수형 연꽃은 꽃도 열매도 구비된 원만한 꽃이다. 이 원만한 꽃은 물 밖 또는 물속에서는 피지 않는다. 수면에 뜰 때가 바야흐로 향기를 만발하는 때이다. 이 소응은 자손이 모두 원만하고 또한 고귀하고 화려한 생활을 하게 된다는

---

14 김병덕, 『영남 택리지』, 대보사, 2012, p. 758 참조.

땅이다.

2) 용궁면 실음실 마을의 옥녀탄금형국

실음실 마을은 대은 서쪽에 있고 옥녀탄금형, 즉 옥녀가 비파를 타는 것과 같은 형국이다.

마을 앞에 낮고 곱게 생긴 작은 산이 있는데, 이 산이 바로 비파 모양처럼 길쭉한 부정형의 형태를 가지고 있으며, 산기슭에 옹기종기 집들이 있고, 옥녀탄금형(玉女彈琴形)의 비파 소리가 들리는 마을이라는 의미의 슬음실(瑟 비파 슬, 音 소리 음, 室 집 실)이 실음실로 변이되어 마을 이름으로 정착된 듯하다. 이 마을은 파평 윤씨가 개척하고 지금은 김해 김씨, 예천 임씨 등이 살고 있다. 옥녀탄금형에서 옥녀는 유예(遊藝)에 숙달한 여자, 금(琴)은 악기를 의미한다. 풍류 절미의 옥녀가 악기를 타면, 누가 환희하지 않으랴. 누가 춤추고 노래하지 않으랴. 이 지형의 소응은 대대로 인재 또는 과거 급제, 부자, 옥녀를 낸다고 한다. 실음실 마을은 옥녀탄금형에서 비파에 속하는 중앙 능선에 마을을 이루고 있어 아주 좋은 위치에 마을이 있다고 볼 수 있다.

〈그림 6〉 실음실 마을

옥녀는 천상(天上)의 여인으로서, 몸과 마음이 옥처럼 깨끗하고, 기예에 능통하며, 선녀(仙女)로 표현되기도 한다. 우리나라 각지에는 옥녀봉이란 봉우리가 유독 많은데, 이것은 절세미인의 탄생을 염원하고, 풍요와 다산을 상징하며, 마을의 수호신, 또는 남녀 합궁의 뜻이 배어있기 때문이다.

옥녀는 원래 선인과 함께, 도교에 등장하는 인물로서, 옥황상제와도 관련이 많다. 옥녀와 관련된 풍수 물형(物形)은 여러 종류의 형국명이 등장하지만, 이 중 옥녀탄금형이 유명하다.

옥녀가 좌정하여, 거문고를 타는 형상이 있고, 또는 옥녀봉 맞은편 안산(案山)이 거문고가 되는 경우도 있다. 이러한 형국은 선인형(仙人形), 또는 선인무수(仙人舞袖), 무동형(舞童形)의 안(案)을 두거나, 북, 피리, 장구형의 사격(砂格)을 요하기도 한다.

3) 지보면 구촌 마을의 금구몰니형국

구촌 마을은 익장(益庄)에 살던 동래정씨의 한 갈래가 옮겨 와서 이룬 타성(他姓)이 못 산다는 동성촌락이다. 마을 뒷산에 있는 아홉 그루의 느티나무에 붙여 구괴암(九槐菴)이라고 자호(自號)한 선비 정귀복의 후손들이 눌러살면서 구촌(九村)이라고 했으며, 마을의 지세가 거북이 흙탕에서 헤어 나오는 형국이라고 구촌(龜村)이라고 쓰기도 한다. 구촌의 지형은 현대를 사는 사람들의 보는 관점에 따라 금구몰니형이나 금구희미형(金龜戲尾形), 거구입해형(巨龜入海形), 영구음수형(靈龜飮水形), 영구입수형(靈龜入水形) 등으로 풀이하기도 한다.

금구몰니형은 '금 거북이가 진흙땅에 묻힌다'는 뜻으로 거북이가 알을

〈그림 7〉 구촌 마을

낮으려고 갯벌 흙을 파고드는 형세라는 뜻이고, 금구희미형(金龜戲尾形)은 금 거북이가 꼬리 치며 놀고 있는 형국, 거구입해형, 영구음수형, 영구입수형은 산을 내려오는 영험한 거북이의 형태와 같다거나 바다에 들어가는 형세나 물을 마시는 모습으로 보는 생각에서 예로부터 회자되어 왔다. 더구나 한강으로 입수하여 서해[황해]로 향해가는 모습이어서 새로운 의미를 느끼게 해 주는 지형이다. 바로 중국의 발전으로 호혜 상승하여 많은 알을 낳게 하고 있다는 해석에서 나올만한 형세이다.

금구몰니형에서 금구는 천귀(天龜)이다. 천귀는 기(氣)를 잘 합해서 사물을 만든다. 이 천귀가 진흙탕 속에 빠지면, 토생금(土生金), 즉 오행의 상생 관계가 되기 때문에, 이 토는 오행의 기를 받아 땅속으로부터 오행의 기를 합해서 사물을 잘 만든다. 이런 연유로 이 형국은 묘지보다도 오히려 택지로서 더 좋다.

지금의 구촌 마을은 금구몰니형국에서 금 거북이가 머리를 처박은 부분에 마을이 있어야 아주 좋은 명당이라 할 수 있는데, 형국과 형세로 보아 머리를 처박은 부분 주위는 마을을 형성할 수 있는 터전이 없어 거북의 오른쪽 앞다리와 머리 사이의 C자로 포란된 듯한 오목한 부분에 마을이 입지 되어 있다.

5. 나가는 글

지금까지 예천 지역 전통 마을 3곳이 형국론점 관점에서 어떠한 연관성이 있는가를 조사하고 고찰한 내용을 정리하면 다음과 같다.

금당실 마을은 비록 하천이 둥글게 마을을 환포하지는 않지만 그래도 삼면이 물로 둘러싸인 가운데 사방의 산들이 마을 터를 둥글게 감싸고 있기 때문에 연화부수형 명당이라 일컫는다. 이 경우 매봉에서 오미봉까지 이어지는 금당실 터의 주맥을 연꽃의 '꽃대'로 보는 연화부수형 명당이다. 연화부수형은 연꽃이 물 위에 떠 있는 듯한 지형을 말하는데, 마을 안에서 사방을 조망해 볼 때만 느낄 수 있는 형국이다. 어느 방향으로든 모든 집이 금곡 분지를 둘러싸고 있는 주위의 산들을 배경으로 아름답게 정좌해 있는데, 그 배경의 반달형의 둥근 산들이 모두 연잎들이다. 그래서 지명에 못 당(塘) 자를 넣어서 금당실이라 하고, 연꽃이 만발하기를 기다렸다.

실음실 마을은 대은 서쪽에 있고 옥녀탄금형, 즉 옥녀가 비파를 타는 것과 같은 형국이다. 마을 앞에 낮고 곱게 생긴 작은 산이 있는데. 이 산이 바로 비파 모양처럼 길쭉한 부정형의 형태를 보이고 있으며, 산기슭에 옹기종기 집들이 있다. 옥녀탄금형의 비파 소리가 들리는 마을이라는 의미의 슬음실(瑟音室)이 실음실로 변이되어 마을 이름으로 정착된 듯하다.

구촌 마을은 마을의 지세가 거북이 흙탕에서 헤어나오는 형국의 금구몰니형인데, 여기서 금구는 천구를 말한다. 천구는 기를 잘 합해서 인물을 만드는데, 이 천구가 진흙탕 속에 빠지면, 토생금, 즉 오행의 상생관계가 되므로 이 토는 오행의 기를 받아 땅속으로부터 오행의 기를 합해서 훌륭한 인물을 잘 만들기 때문에 묘지보다도 오히려 택지로서 더 좋다.

지금의 구촌 마을은 금구몰니형국에서 금 거북이가 머리를 처박은 부분에 마을이 있어야 아주 좋은 명당이라 할 수 있는데, 형국과 형세로 보아 머리를 처박은 부분 주위는 마을을 형성할 수 있는 터전이 없어 거북의 오른쪽 앞다리와 머리 사이의 C자로 포란된 듯한 오목한 부분에 마을이 입지 되어 있다.

풍수 형국은 산천의 형국과 비슷한 만물의 형상을 취하여 붙인 명혈들이며, 천지의 기가 순조롭게 통일된 곳에 풍수 형국의 혈을 이룬다. 따라서 풍수 형국에 함축되어 있는 형상은 곧 천지의 정밀한 기운이 모여서 형성된 것이다. 조상들은 개개의 사물에 이름을 정하고 그 지역에 형상이 지니고 있는 고유의 기를 취하려고 했다. 형상을 따지더라도 나약한 사물보다는 강한 사물, 추한 것보다는 미가 갖추어진 사물, 인간에게 해를 주는 사물보다는 복을 주는 사물, 인간에게 해를 준다 해도 생명력이 강한 사물을 그 모체로 삼고, 사물의 기운이 인간에게 미치기를 갈구하였다. 형국론은 형상이 지닌 이점을 찾아 소점하고, 형상이 지닌 정기가 그 땅에 취집되어 있는 것으로 보아 길흉 판단에 활용하였다. 또한, 지명 속 지리적 특성이 나타내는 풍수적 결함은 비보로써 보완하여, 보다 살기 좋은 지역으로 가꾸어 나가야 한다.

II

수행 및 학문
공간의 풍수명당
설계를 하다

퇴계의 건축학 개론,
도산 서당

박 상 구[1]

1. **프롤로그**(Prologue)

2. 도산 서당의 개관

3. 도산 서당의 건축물

4. 도산 서당의 입지 환경

5. 도산 서당 뜰에 표현된 퇴계의 자연관

6. 문헌으로 보는 도산 서당의 옛 모습

7. 도산 서당 복원의 변형

8. **에필로그**(Epilogue)

---

1   전) 대구한의대 동양사상학과 객원교수.
     현) 영남대 환경보건대학원 환경설계학과(풍수지리 전공) 교수.

1. 프롤로그(Prologue)

1) 서원의 태동

서원의 연원을 찾자면, 선사와 선현을 모시는 사(祠)와 제자를 교육하는 재(齋)의 성격부터 살펴보아야 한다. 이들의 결합이 진정한 의미의 서원이 되기 때문이다.

사(祠)의 경우에는 신라시대로 그 시원을 올려볼 수 있다. 인간 본성에서 우러나오는 보은행위(報恩行爲)로 선조, 선현 숭배 사상의 표현인 사우(祠宇)는 이미 신라와 고려시대부터 적지 않게 건립되어 사묘적인 기능을 수행하였다.

신라시대 충청남도 진천(鎭川)에 김유신(金庾信)을 모신 사우가 세워져 조선 초기까지 봉사하였고, 고려조에도 국가가 역대 제왕에게 공헌한 공신들을 공신당(功臣堂)에 배향하자 일반인들도 이를 모방하여 사우를 건립, 선현을 봉사하였으며, 조선조에서는 한층 조직적으로 사묘(祠廟) 건립이 일반화되었다.

이러한 사묘 제도는 조선 중엽의 서원 성립과 발달에 큰 영향을 끼쳐 결국 서원의 성립은 사우의 발생에서 유래했다고 보았다.

한편 서재 또는 정사로 일컬어지는 재는 지방의 명유나 현사가 그의 사저나 별사(別舍)에 둔 서실(書室)로 고려말 성리학의 수용과 함께 시작된 지방 사학의 실체로서 단순한 장수(藏修)와 강학(講學)만의 장소였다.

교육에 관계되는 서원이란 명칭이 역사적으로 쓰인 적도 있다. 『증보문헌비고』와 『고려사』 등에 '서원'이란 기록이 보이는데 이는 당나라의 집현서원(集賢書院)이나 여정서원(麗正書院)과 같은 제도를 모방한 일종의 도서관적 기능을 가진 것이었다.

또한 『세종실록』에도 기록이 보이는데, 이 또한 선현에 대한 향사의 기능이 없는 서당이나 서재에 해당하는 교육 장소였다. 우리나라에 있어 강학기관과 사묘가 역사적인 필연성에 의해 하나로 통합된 최초의 서원은 중종 36년에 경상도 풍기군수로 부임한 주세붕(周世鵬, 1495~1554)이 중종 38년(1543)에 교화 시책의 하나로 고려 문신 안향(安珦, 1243~1306)을 봉안하고 학문을 강론하기 위해 세운 백운동(白雲洞) 서원이다.

주세붕은 학덕을 겸비한 학자이며 정치인인데 그는 그 뒤에도 해주감사로 재직하면서 수양 서원(首陽書院)을 개설하여 서원사를 여는 데 크게 기여하였다. 주세붕이 서원을 건립하게 된 동기에 대하여는 그가 지은 죽계지(竹溪志) 서문에 문답식으로 기술되어 있는데 그 내용은 다음과 같이 요약될 수 있다.

즉 기근이 심함에도 불구하고 서원을 세우는 목적은 교화가 구근보다는 급한 것이며 이것은 반드시 존현에서부터 비롯되어야 하므로 이에 입사입원(立祠立院)하게 된다는 논리적 근거를 내세웠다.

그리고 안향을 제향하려는 것은 동방대학의 대가로 사문(斯文)에 막대한 공을 남긴 선현이고, 특히 그는 이곳 출신으로 풍기의 교화를 위해서는 그를 봉사하는 사묘를 세우지 않을 수 없었다. 또한, 그가 세운 사와 원이 총체적으로 사문흥기(斯文興起)의 토양이 되기를 기대하였다.

2) 퇴계의 서원관

한국 서원의 효시가 되었던 백운동 서원은 설립 후 5년이 되던 명종 3년에 퇴계 이황(이하 퇴계로 칭한다)이 풍기군수로 부임하자 사액을 청했고, 2년 후인 명종 5년(1550)에 사액이 내려질 때 소수 서원(紹修書院)이라는 편액이 내려짐으로 처음으로 사액 서원이 되었으며, 동시에 이름이 백운동에서 '소수'로 바뀌었다.

당시 사액은 군수였던 퇴계의 청으로 인하여 경상감사의 상계로 이루어졌다. 이러한 사액은 왕명으로 편액이 내려진 것이므로 국가에서 선현의 봉사와 교화 사업을 한다는 것을 공식으로 인정한 것이 되어 면세되는 토지를 급여 받게 되고, 또 공식 기관에서 간행되는 서적이 배급되고, 병역이 면제되는 노비들이 급여되며, 피 봉사자의 지위도 국가와 사회로부터 인정받게 되었다.

이렇듯 퇴계에 의하여 백운동 서원이 한국 최초의 사액 서원이 되어 다시 서원사의 새 장을 열게 되었다. 당시 퇴계가 서원에 대한 견해와 사액을 청하는 이론적인 근거는 심통원(沈通源)에게 보낸 「상심방백서(上沈方佰書)」에 잘 나타나 있다.

…, 이 고을에 있는 백운동 서원은 전 군수 주세붕이 창건한 것입니다. 죽계(竹溪)의 물이 소백산 아래에서 발원하여 옛날 순흥부(順興府)의 가운데로 지나니 실은 유학계의 선정(先正) 문성공 안유가 옛날에 살던 곳입니다. 마을은 그윽하고 깊숙하여 구름에 잠긴 골짜기가 아늑합니다.

주 군수가 고을을 다스리는 데 있어, 특히 학문을 일으키고 인재를 육성하는 것을 으뜸으로 삼아 이미 향교에 대하여 정성을 다하였습니다. 또 죽계는 전현(前賢)의 유적이 있는 곳이므로 나아가 터를 잡고 서원을 지으니, 무릇 30여 칸이 되었습니다.

사묘를 두어서 문성공을 봉향하며 문정공 안축(安軸)과 문경공 안보(安輔)를 배향하고, 당재(堂齋)와 정우(亭宇)를 그 곁에 건립하여 유생들이 노닐고 강독하는 장소로 삼았는데 …, 무릇 중앙의 수도로부터 지방의 고을에 이르기까지 학교가 없는 곳이 없었으니 서원이 또 무슨 필요가 있었겠습니까마는 중국에서 서원 숭상이 그와 같은 것은 무엇 때문이었습니까.

은거하여 뜻을 구하는 선비와 도학을 강명하고 업을 익히는 무리가 흔히 세상에서 시끄럽게 다투는 것을 싫어하여 많은 책을 싸 짊어지고 생각하기 한적한 들과 고요한 물가로 도피하여 선왕의 도를 노래하고, 고요한 중에 천하의 의리를 두루 살펴서 그 덕을 쌓으며 인(仁)을 익혀 이것으로 낙을 삼는지라, 그 때문에 서원에 나아가기를 즐기는 것입니다.

저 국학이나 향교는 중앙 또는 지방의 도시 성곽 안에 있으며, 학령(學令)에 구애됨이 많고, 한편으로 번화한 환경에 유혹되어 뜻을 바꾸게 하여, 정신을 빼앗기는 것과 비교하여 본다면 어찌 그 공효를 서원과 같이 비할 수 있겠습니까.

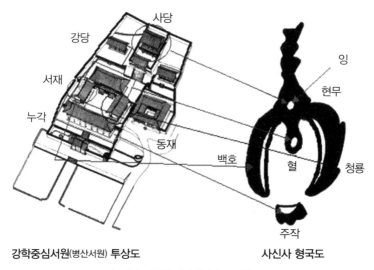

강학중심서원(병산서원) 투상도   사신사 형국도

〈그림 1〉 서원의 배치 형태와 풍수형국도

이로 말미암아 선비의 학문이 오직 서원에서 득세할 뿐만 아니라, 나라에서 현명한 인재를 얻는 것도 또한 반드시 이 서원에서 구하니 저 국학이나 향교보다도 우월한 것입니다. ….

이상에서 본 바와 같이 퇴계는 주세붕이 학문 진출을 위해 서원을 세우게 된 내력을 자세히 서술하였고, 또한 향교와 국학은 나라의 제도와 규정에 얽매이고 과거와 관련해서 옳은 학문에 심취할 수 없는 반면 서원에서는 자유로운 분위기에서 출세주의나 공리주의를 떠나 순수한 학문 연구에 몰두할 수 있기 때문에 서원 제도를 도입하여 권장할 필요성을 주장하였다.

퇴계는 계속해서 서원 창설 운동에 적극성을 띠었고, 서원을 통한 성리학의 토착화에 심혈을 기울였다. 그리하여 그의 생존 시에 이미 적지 않은 서원이 설립되었고, 또한 많은 서원이 퇴계에 의해 명명되었거나 기문이 붙여졌다.

그 한 예로 퇴계문집의 10 영시에 9개소의 서원에 대한 찬시(讚詩)가 실려 있는 것을 볼 수 있는데, 이것으로 보아 당시 서원 설립에 퇴계가 크게 관여하였음을 알 수 있다. 그 결과 명종 때까지 20여 개의 서원이 창설되었다.

또한, 퇴계가 1559년(명종14)에 쓴 이산 서원 원규에는 '강당과 사묘를 모두 갖추어야 서원이라고 할 수 있지만, 그 중요성에는 강당이 앞선다.'라고 명시하여 강당의 중요성을 적시하고 있으며, 서원 초창기에는 사묘의 존재가 서원 건립의 필수 요건이 아님을 말해 주고 있다.

그리고 이산 서원의 원규에는 서원의 수학(受學) 규칙, 거재(居齋) 규칙, 교수 실천 요강, 독서법 등을 규정해 놓아 조선시대 서원 원규의 근간

마련 및 서원 제도 정착에 절대적인 영향을 끼치게 된다.

이산(伊山) 서원 원규 중에서 서원에서 배워야 할 과목과 함께 학문하는 자세에 대한 글을 일부 살펴보면 다음과 같다.

제생들은 독서할 때 사서와 오경을 근본으로 삼고, 소학과 가례를 문호(門戶)로 삼으며, 국가에서 인재를 진작시키고 양성하는 방법을 따르고, 성현의 친절한 가르침을 지켜서 온갖 선이 본래 나에게 갖추어져 있음을 알고, 옛 도(道)를 지금에 실천할 수 있음을 믿어 모두 몸소 행하고 마음에 얻으며, 체(體)를 밝히고 용(用)에 맞게 하는 학문에 힘쓰도록 한다.

그리고 여러 사서(史書)와 자서(子書)와 문집, 문장과 과거 공부도 또한 널리 힘쓰고 통달하지 않으면 안 된다. 그러나 마땅히 내외(內外)와 본말(本末)의 경중과 완급의 순서를 알아서 항상 스스로 격앙하여 타락하지 않도록 하여야 한다. 기타 사탄(邪誕)하고 요망하며 음탕하고 궁벽한 책은 모두 서원으로 들어와 눈에 가까이하지 못하게 해서 도를 어지럽히거나 뜻을 혹하지 말도록 한다.

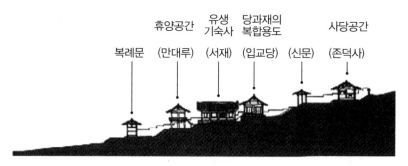

〈그림 2〉 서원의 대지 종단면도(병산 서원)

한편 퇴계는 관직에 있으면서도 항상 향리에 내려와 학문을 연마하기를 꿈꾸었는데, 한때 그러한 기회가 주어져 향리에서 다음과 같은 시를 지었다.

퇴계(退溪)에서
몸이 벼슬에서 물러오니 본 분수에 편안하건만
학문이 물러서니 늘그막이 걱정되네
비로소 이 시내 위에 깃들 곳 마련했으니
날마다 맑은 흐름을 굽어 깨달음이 있을 것일세.

결국, 퇴계는 그의 나이 61세가 되던 명종 16년(1561)에 향리 예안에 도산 서당을 세우고 학문을 탐구하며 후학을 가르치게 되는데, 이곳이 모태가 되어 후일 한국 서원의 메카라 할 수 있는 도산 서원이 건립되게 된다.

2. 도산 서당의 개관

1) 퇴계 선생

퇴계가 출생한 곳은 안동시 도산면 온혜리이다. 도산 서원으로부터 약 4km 거리에 있는 이곳은 퇴계가 태어나던 1501년에는 안동부와는 독립된 행정 구역인 예안현이었다. 퇴계는 이곳에서 본관이 진보인 진사 이식의 여섯 아들 중 막내로 태어났다.

퇴계는 1528년(중종23) 진사시, 1534년(중종29) 사마시에 급제한 뒤 승문원의 권지부정자, 박사, 전적, 호조좌랑 등을 거쳐 1539년(중종34) 수찬으로 지제교, 검토관을 겸직하였다.

이어 정언을 거쳐 형조좌랑으로 승문원 교리를 겸직하였으며, 1524년(중종37) 검상이 되고, 충청도 암행어사를 거쳐 장령을 지낸 뒤 이듬해 사예, 필선, 대사성에 올랐다.

그러나 퇴계는 명종이 즉위한 해(1545)에 일어난 을사사화 때 이기에 의하여 삭직을 당하였다. 이기는 윤원형과 함께 을사사화의 원흉으로 일컬어지는 인물로, 선조 때 모든 관직이 삭탈(削奪)되고 묘비(墓碑)도 제거되었다. 퇴계는 곧이어 사복시정이 되고, 1547년(명종2)에는 응교가 되었다.

그리고 1548년에는 단양 군수를 지냈는데, 퇴계의 중형인 이해(1496~1550)가 충청도 관찰사로 부임하는 바람에 경상도 풍기군수로 자리를 옮겼다.

친족 간에는 같은 관청 또는 상하 관계에 있는 관청에서 근무할 수 없는 상피제도 때문에 전근 간 것인데, 풍기군에 있는 순흥은 우리나라에 최초로 성리학을 들여온 회헌 안향(1243~1306)의 출생지이다.

퇴계는 그곳의 군수로 부임한 후, 전임 군수 주세붕(1496~1554)이 우리나라 최초로 설립한 백운동 서원에 대한 조정의 사액을 청하는 글을 올렸다. 그리하여 1550년(명종5) 소수 서원이란 사액을 받음으로써 백운동 서원은 조선 최초의 사액(賜額) 서원이 되었다.

퇴계는 풍기군수에 부임한 지 1년 만에 벼슬을 버리고 낙향하여 은거하기 시작했으나 다시 조정의 부름을 받아 대사성에 취임하였고, 형조와 병조의 참의에 이어 첨지중추부사, 부제학, 공조판서, 예조판서를 지냈으며, 1568년(선조1) 우찬성을 거쳐 홍문관과 예문관의 대제학을 지낸 뒤 이듬해 은퇴하고 도산 서당으로 돌아갔다. 그는 임금의 부름으로 관직에 나아갔으나 실제로 재임한 기간은 그리 길지 않았다.

퇴계는 마음이 항상 학문과 자연에 있었기 때문에 사직하고 도산 서당으로 돌아갔으나, 임금이 다시 불렀으므로 진퇴를 거듭하였던 것이다. 그리하여 명종 임금은 누차의 소명에도 사양하는 그를 그리워하여 도화서의 화원에게 도산 서당과 주변의 정경을 그려오게 하여 병풍으로 만들어 두고 보았다고 한다.

퇴계는 1570년(선조3) 도산 서당에서 칠십 평생의 마지막을 보냈다. 그는 학덕과 인망에 있어서 전·후대에 걸쳐 견줄 이가 없다는 평가를 받는 대학자로서 주자학을 집대성하여 율곡 이이와 함께 유학계의 쌍벽을 이루었다. 그는 주자의 이기이원론(理氣二元論)을 발전시키고, 이기호발설(理氣互發說)을 사상의 핵심으로 하여 이(理)가 발하여 기(氣)가 이에 따르는 것은 사단(四端)이며, 기가 발하여 이가 이것을 타는 것이 칠정(七情)이라고 주장했다.

사단칠정(四端七情)을 주제로 한 고봉 기대승과의 8년에 걸친 유명한 논쟁은 사칠분이기여부론(四七分理氣與否論)의 발단이 되었고, 인간의 존재와 본질도 행동적인 면에서보다는 이념적인 면에서 추구하며, 인간의 순수 이성은 절대선이며 여기에 따른 것을 최고의 덕으로 보았다.

그의 학풍은 뒤에 그의 문하생인 유성룡(1542~1607), 김성일(1538~1593), 정구(1543~1620) 등에 의하여 계승되어 영남학파를 이루어 율곡 이이의 제자들에 의하여 이루어진 기호학파와 대립했다. 동서 당쟁은 이 두 학파의 대립과도 관련되었으며, 또한 그의 학설은 임진왜란 후 일본에 소개되어 일본 유학계에 큰 영향을 끼쳤다.

퇴계가 세상을 떠나자 선조는 영의정을 추증하고 문순이란 시호를 내렸다. 그리고 선조의 묘정에 배향되었고, 1610년(광해군2)에는 김굉필, 정여창, 조광조, 이언적 등과 함께 문묘에 종사되었으며, 이분들을 '동방 5현'이라 한다.

2) 도산 서당의 개관

도산 서당은 경북 안동시 도산면 토계리 680번지에 소재를 하는데, 안동에서 봉화로 넘어가는 35번 국도에서 조금 떨어진 낙동강 변에 위치하고 있다.

안동의 동북쪽, 안동 시내에서는 약 30㎞ 정도 떨어진 곳으로, 낙천(洛川) 강변에서 곡구암(谷口巖)을 끼고 들어서면 영지산(靈芝山)을 뒤로하고 동에는 동취병(東翠屛)으로, 서에는 서취병(西翠屛)으로 둘러싸인 아늑한 골짜기 안에 안동호(安東湖)를 바라보며 계좌정향(癸坐丁向)하여 자리 잡고 있다.

퇴계가 1561년에 도산 서당을 건립하고 학문을 도야(陶冶)하였는데, 예로부터 이곳은 경치가 빼어나 택리지(擇里志)에는 계승(溪勝)의 제일로 기록했고 뒷사람들은 안동팔경(安東八景) 중 하나로 퇴계문하낙강류(退溪門下 洛江流)라 하였다.

3. 도산 서당의 건축물

1) 도산 서당(陶山書堂)

도산 서당은 퇴계가 을사사화의 피해를 입고 고향에 돌아가 칩거할 때 지은 건물이라 하는데, 1557년에 건립하기 시작하여 1561년에 완공을 본 것으로 정면 3칸 측면 1칸 규모의 팔작 기와집이다. 방은 완락재, 마루는 암서헌이라 한다.

완락재(玩樂齋)는 락이완지(樂而玩之)란 주자의 명당실기(名堂室記)에서 따온 말이다. 즉 '도(道)와 리(理)를 즐기고 완상(玩賞)하며 죽을 때까지 싫어하지 않는다(樂而玩之 固足以終吾身而不厭)'는 뜻이다.

〈그림 3〉 도산 서당 전경

암서헌(巖栖軒)에서 암서(巖栖)란 뜻은 속세를 떠나 산다는 말로 주자의 운곡시(雲谷詩)에 나온다. 즉 '학문에 자신이 오래도록 없었는데 바위에 기대서라도 작은 효험을 바란다(自信久未能 巖栖冀微效)'는 뜻이다.

2) 농운정사(瀧雲精舍)

제자(弟子)들이 기숙(寄宿)하면서 공부(工夫)하는 8칸 규모의 공(工)자 집이다. 공(工)자 모양의 평면(平面)을 가진 것은 공부를 의미한다. 제자들이 공부하는 마루는 시습재(時習齋)라 하고 쉬는 마루는 관란헌(觀蘭軒), 잠자는 방은 지숙료(止宿寮)라 하였다.

〈그림 4〉 농운정사(관란헌-지숙료-시습재)

시습재(時習齋)는 논어의 첫 장 학이편에 나오는 '배워서 때때로 익히면 이 또한 즐겁지 아니하랴(學而時習之 不亦悅乎)'에서 따온 것이다. 관란헌(觀蘭軒)은 맹자에 '물을 보는데도 법이 있으니 반드시 물결치는 이치를 살펴봐야 한다(觀水有術 必觀其瀾)'란 글에서 따온 것으로 관란(觀蘭)이란 수중의 큰 물결을 잘 관찰한다는 뜻이다. 그리고 지숙료(止宿寮)의 지숙이란 어떠한 곳에 머물러 잠을 잔다는 뜻이다.

3) 역락서재(亦樂書齋)

〈그림 5〉 역락서재 전경

이 건물은 엄격히 말해서 도산 서당의 건물은 아니다. 퇴계의 제자인 지헌(芝軒) 정사성(鄭士誠)을 공부시키기 위해 그의 부친이 특별히 지어준 별개의 건물이다.

역락(亦樂) 현판은 퇴계의 친필로 쓰여 있는데 논어의 '멀리서 찾아오는 벗이 또한 즐겁지 아니한가(有朋 自遠方來 不亦樂乎)'에서 따온 것이다.

4. 도산 서당의 입지 환경

1) 도산 서당의 입지 및 공간

퇴계가 이곳에 도산 서당 터를 잡게 된 것은 1557년이다. 당시 이곳 터 자리 선정에 대한 기록은 퇴계의 '도산기'에 잘 나타나 있다.

영지산의 한줄기가 동(東)으로 뻗어 도산이 되었다. 산을 보면 그리 높거나 크지는 않다. 터는 널찍한데 산 모양은 우뚝 솟아 있으며, 위치가 어느 한쪽에 치우쳐 있지 않은 까닭에 주위의 산봉우리들이 모두 이 산을 향해 공손히 하면서 이 산을 감싸고 도는 듯하다. 왼편에 있는 산을 동취병이라 부르고, 오른편에 있는 산을 서취병이라 부른다. 동취병은 청량산에서 뻗어와 도산 동쪽에 이르는데, 웅장한 봉우리가 우뚝우뚝 솟아있다.

비록 450년 전의 기록이지만 오늘날도 이곳 산줄기로써 확인이 가능하다. 산줄기 체계를 잡아 보면 도산 서당의 태조산은 백두대간 뼈대 중에서도 봉화군 춘향면에 위치한 소백산 기세를 품고 있는 옥돌봉(1,242m)에 해당하며, 옥돌봉에서 남쪽으로 뻗어 나간 가지 끝에 활짝 핀 한 송이 꽃이 도산 서당인 셈이다.

퇴계는 도산잡영기에서 '동병래자청량(東屏來自淸凉), 서병래자영지(西屏來自靈芝)'라 하여 동취병은 청량산에서 나왔고, 서취병은 영지산에서 뻗어온다는 뿌리를 적고 있다. 또한, '팔구리허즉동자서서자동이합세어남야(八九里許則東者西西者東而合勢於南野)'라 하여 8~9리가량을 뻗어 나가다 동취병은 서쪽으로, 서취병은 동쪽으로 이르더니 합세(合勢)하여 남쪽의 들판을 만들었다는 동취병(東翠屏)과 서취병(西翠屏)이 어느 위치에서 어떻게 교쇄하여 외명당인 들판을 만들고 있는지에 대한 형세(形勢)를 말하고 있다.

도산기에는 '위치가 어느 한쪽에 치우치지 않은 까닭에 주위의 산봉우리들이 모두 이산을 향해 읍하면서 이 산을 감싸고~'라는 대목에서도 산천 경계를 해석할 때 주산인 도산을 좌(坐)로 해석하고 있음을 알 수 있고, 혈장을 향한 공읍지지(拱揖之地)를 말하고 있다.

퇴계도 공읍(拱揖)이라는 용어와 환포(環抱)라는 용어를 쓴 것에서 퇴계 역시 도산을 중심으로 한 산천 경계를 '공읍환포지지(拱揖環抱之地)'라고

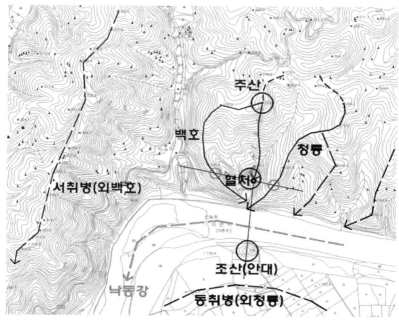

〈그림 6〉 도산 서당의 풍수 분석도

해석하고 있음을 살필 수 있다.

이러한 산천 경계를 해석해 나가는 도산기를 보면, 유독 퇴계는 외사신사격인 동취병과 서취병에 대하여 강조하며 언급을 하고 있다. 현장을 보면 퇴계의 심정과 그렇게 언급한 이유를 알 수 있다.

도산 서당의 현장과 지형도 및 옛 자료들을 보면, 도산 서당 앞으로 8리 정도를 끌고 가는 물줄기는 분명히 직류수에 해당하고, 그대로 빠져나가는 직류수는 풍수상 흉(凶)에 해당하는 광경이므로 고민 끝에 동취병과 서취병을 거론한다.

물줄기는 비록 직류수이나 동취병과 서취병이 십 리도 안 되는 수구지점에서 동취병은 서쪽으로, 서취병은 동쪽으로 서로 교차하면서 수구

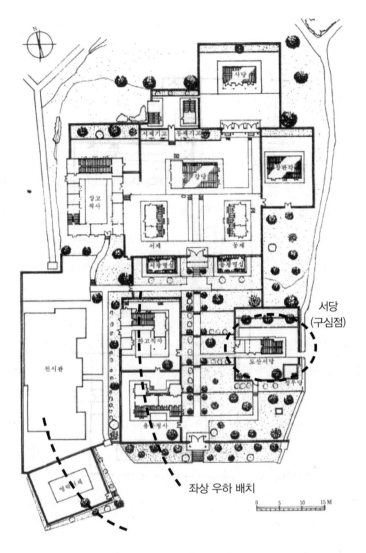

서당
(구심점)

좌상 우하 배치

0 5 10 15 M

〈그림 7〉 도산 서당 배치도

막이를 하고 있으니 이는 불길한 땅이 아니라는 퇴계의 적극적인 해석
과 의지를 엿볼 수 있는 대목이다.

이곳 터 자리 기록을 도산기에서 보면, '위산불감고대택광(爲山不堪高大宅曠)'이라는 구절이 있다. 이는 '이곳은 드세고 높지 않으며, 큰 집이 들어설 정도로 넓다'는 뜻이다.

여기서 대택이란 말이 오늘날 도산 서원 규모를 짐작할 수 있게 한다. 도산 서당 건립 당시 현재의 도산 서원이 입지 된 1,000평 정도의 터를 비워 놓고 앞쪽 동측 귀퉁이에 서당을 입지시켰다.

생전에 서원 전개 운동에 특별한 관심을 가졌던 퇴계에게 당시 그런 생각은 허물이 될 수가 없었다. 오히려 소백산 문하의 대종가를 미리 잡았다고 할 수 있다. 오늘날까지 퇴계학이 숨 쉬며 살아있는 서원은 단연 도산 서원이다.

2) 도산기(陶山記)

1561년(조선 명종 16)에 중앙에서의 모든 정치 활동을 뒤로하고 고향인 경북 안동으로 귀향하여 도산 서당을 짓고 선비의 고고함을 이어갔던 퇴계의 수필집 '도산기'를 살펴보자.

영지산(靈芝山) 한 줄기가 동쪽으로 뻗어 나와 도산(陶山)이 되었다. 어떤 사람은 산언덕이 두 번 솟아 도산이라 한다고도 하며, 또 어떤 사람은 산속에 옛날 질그릇 굽던 가마[도조, 陶竈]가 있었다는 사실을 들어 도산이라고도 한다.

산이 그렇게 높진 않지만 터가 넓고 모양이 빼어나다. 그리고 위치가 한쪽으로 치우치지 않아서 그 옆에 있는 산봉우리와 산골짜기가 모두 이 산을 향해 공손히 허리를 굽혀 인사하는 듯 사방을 두르고 있다.

산 왼쪽을 동취병(東翠屛)이라 하고, 오른쪽을 서취병(西翠屛)이라 하였다. 동취병은 청량산으로부터 뻗어와 도산의 동쪽을 이루었는데, 여러 봉우리가 어렴풋하다. 서취병은 영지산으로부터 뻗어와 도산의 서쪽을 이루었는데, 높은 봉우리가 우뚝우뚝하다. 이 동취병과 서취병이 서로 마주 바라보면서 남쪽으로 뻗어 이어지다가 굽어 돌아 8~9리쯤 가서 남쪽 너른 들판에서 합쳐진다.

도산 뒤에 있는 시내를 퇴계라 하고, 도산 앞에 있는 시내를 낙천(洛川)이라 한다. 시내가 산의 북쪽을 둘러 산 동쪽에 들어와 낙천이 된다. 낙천이 동취병으로부터 서쪽으로 달려 산 끝자락에 이르러 출렁거리며 흐르고 깊이 고이기도 한다. 그 몇 리 사이는 깊이가 배를 띄울 만하고, 금빛 모래와 옥 같은 자갈은 맑고 반물빛을 띤다. 이것이 바로 탁영담(濯纓潭)이다.

탁영담의 물이 흘러 서취병 기슭에 부딪히고는 함께 아래로 흘러 남쪽으로 너른 들판을 지나 부용봉(芙蓉峯) 아래로 들어간다. 부용봉은 서취병이 동쪽으로 이어져 합쳐진 곳이다.

처음 내가 시냇가에 터를 잡아 두어 칸 집을 지은 것은 책이나 보면서 몸과 마음을 갈고 닦으려 함이었다. 자리를 세 번이나 옮겼으나 그때마다 집이 비바람에 무너지고 말았다. 게다가 시냇가는 너무 쓸쓸하여 마음을 밝히기에 알맞지 않았다. 다시 옮기려 하다가 도산의 남쪽에 땅을 얻게 되었다.

작은 골짜기가 있고 앞으로는 낙동강 들판이 내려다보이는데, 그윽하고 아득하며 멀리 트여 있었다. 바위 기슭은 가파르고 돌샘은 달고 차가워 세상을 등지고 숨어 살기에 알맞은 곳[비둔, 肥遯]이었다. 농부의 밭이 거기 있어 값을 치르고 샀다. 법련(法蓮)이라는 중이 터를 닦고 집을 짓는 일을 맡았는데 얼마 되지 않아 죽고, 정일(淨一)이라는 중이 일을 맡아 계속했다. 정사년(1557년)에 시작하여 신유년(1561년)에 집들이 얼추 이루어져 깃들 만하였다.

본 건물[당사, 堂舍]은 세 칸이다. 가운데 칸은 완락재(玩樂齋)라 하였는데, 주자가 〈명당실기(名堂室記)〉에 자기 집 이름을 두고 '즐겨[樂] 사랑하니[玩] 일생이 다하도록 싫어하지 않는다.'라는 말에서 따온 것이다. 동쪽 한 칸은 암서헌(巖栖軒)이라 이름하였는데, 주자가 「운곡시(雲谷詩)」에서 '오랫동안 학문에 자신이 없어, 바위[巖]에 깃들어[栖] 작은 보람을 바란다.'라고 한 말에서 따온 것이다. 또 합하여 도산 서당(陶山書堂)이라고 이름 붙였다.

작은 건물은 여덟 칸인데, 유생들이 생활하는 곳은 시습재(時習齋) · 지숙료(止宿寮) · 관란헌(觀瀾軒)이라 하고, 합하여 농운정사(隴雲精舍)라고 현판을 달았다.

도산 서당의 동쪽에 네모난 연못을 파서 그 안에다 연(蓮)을 심고는 연못 이름을 정우당(淨友塘)이라 하였다. 그 동쪽에 몽천(蒙泉)이 있는데, 몽천 위 산기슭을 파서 암서헌과 마주하게 했다. 그리고는 바닥을 고르게 하여 단(壇)을 쌓고 그 위에 매화 · 대나무 · 소나무 · 국화를 심고는 절우사(節友社)라고 불렀다. 도산 서당 앞 드나드는 곳은 사립문을 만들고 유정문(幽貞門)이라고 이름 붙였다. 유정문 밖 작은 길이 개울물과 함께 아래로 나 있어 동네 어귀에 이르면, 두 산기슭이 마주한다. 동쪽 산기슭의 옆구리에 바위를 깎아 터를 만들었으나 힘이 미치지 못해 그 터만 두었다. 마치 절 바깥문(산문, 山門)처럼 생겨 이름을 곡구암(谷口巖)이라 하였다.

곡구암에서 동쪽으로 몇 걸음을 가면 산기슭이 뚝 끊어져 탁영담 위쪽이다. 큰 바위가 깎아지른 듯이 서서 높이가 여남은 길이나 된다. 그

위에 사방을 바라볼 수 있도록 대(臺)를 만들었다. 소나무 가지가 휘늘어져 해를 가린다. 위로는 하늘이 보이고 아래로는 물이 흘러, 새와 물고기가 날고 뛰어오른다. 동취병과 서취병의 그림자가 탁영담에 푸르게 잠긴다. 자연의 빼어난 경치가 한눈에 들어온다. 이곳이 천연대(天淵臺)이다. 서쪽 산기슭에 비슷한 대를 쌓고는 천광운영대(天光雲影臺)라 이름 붙였는데, 그 빼어난 경관이 천연대 못지않다.

반타석(盤陀石)은 탁영담 안에 있다. 그 모양이 평평[반타, 盤陀]하여 배를 매어 두고 술잔을 나눌 만하다. 장마가 져 물이 불으면 물속에 잠겼다가, 물이 줄고 맑으면 비로소 모습을 드러낸다.

내가 늘 고질병에 얽혀, 비록 산에 살아도 책을 읽는 것에만 마음을 쓸 수가 없었다. 남모르게 간직한 근심을 다스리면[조식, 調息], 때때로 몸이 가뿐해지고 편안해지며 마음이 깨끗해지고 깨인다.

끝없는 우주(宇宙)를 굽어보고 우러러보면 마음 깊은 곳에서 느껴지는 것이 있어 책을 밀치고 지팡이를 짚고 나선다. 암서헌에서 연못 정우당을 감상하기도 하고, 단에 올라 절우사를 찾기도 한다. 밭을 돌며 약초를 옮겨 심고, 숲을 찾아가 꽃을 딴다. 바위에 앉아 샘물을 희롱하고, 천연대에 올라 구름을 바라본다. 어떤 때는 물가에서 고기를 바라보고, 배 안에서 갈매기를 가까이하기도 한다. 마음 내키는 대로 여기저기 거닐면, 눈길 가는 곳마다 흥이 일어난다. 경치를 보고 흥이 이는데, 흥이 다하면 되돌아온다.

방안은 고요하고 책이 가득하다. 책상 앞에 말없이 앉아 마음을 살피고 사물의 이치를 따진다. 이따금 마음에 깨닫는 것이 있으면 문득 기뻐하며 밥 먹는 것도 잊는다. 이치를 깨닫지 못하면 벗을 찾아 묻고, 그래도 깨닫지 못하면 힘을 쓰면서도[분비, 憤悱] 억지로 통하려 하지 않는다. 한쪽에 두었다가 다시 끄집어내 마음을 가라앉혀 생각하며 스스로 풀리기를 기다린다. 오늘도 이렇게 하고 다음 날도 이렇게 한다.

봄이면 산새가 울고, 여름에는 푸나무가 우거지며, 가을이면 바람과 서리가 매섭고, 겨울에는 눈과 달빛이 엉기어 비친다. 이처럼 네 계절의 경치가 같지 않으니 흥취 역시 다함이 없다.

큰 추위와 큰 더위, 큰바람과 큰비가 없으면 아무 때나 나간다. 나갈 때도 이렇게 하고, 돌아올 때도 이렇게 한다. 이것은 한가로이 살면서 병이나 다스리는 쓸모없는 것이어서 옛사람의 문이나 뜰을 엿볼 수가 없다. 그러나 스스로 마음에 즐거움을 주는 것이 적지 않다.

이에 말하지 않을 수가 없어, 드디어 곳에 따라 일곱 자로 한 구를 이루는 시[칠언시]로 그 일을 적어 열여덟 수를 얻었다.

또한, 다섯 자로 한 구를 이루는 시[오언시] 스물여섯 수를 지었는데, 앞의 시에서 말하지 못한 것이 있었기 때문이다.

그 시는 「어리석은 샘」, 「차가운 우물」, 「뜨락의 풀」, 「시내 버드나무」, 「남새밭」, 「화단」, 「서쪽 산기슭」, 「남쪽 물가」, 「취미산」, 「아지랑이」, 「낚시터」, 「달 실은 배」, 「상수리나무 벼랑」, 「옻나무 동산」, 「고기 다리」, 「어촌」, 「안개 낀 숲」, 「눈 내린 길」, 「갈매기 섬」, 「두루미 물가」, 「강가 절」, 「관가 정자」, 「긴 들」, 「먼 산봉우리」, 「흙성」, 「향교 마을」이다.

아아! 내가 불행히도 서울에서 멀리 떨어진 외진 곳에서 태어나 늙도록 들은 것은 없으나, 산림에서 돌아보니 일찍이 즐길 만한 것이 있다는 것을 알았다. 중년에 망령되게도 세상에 나가 먼지 바람에 넘어지고 나그네로 떠돌다가 되돌아오지 못하고 죽을 뻔하였다. 그 뒤에 나이가 들어 늙고, 병은 더욱 심하며, 가다가 넘어지니, 세상이 나를 버리지 않았으나, 내가 세상에서 버림을 받지 않을 수 없었다.

이에 비로소 나를 묶고 있는 것에서 몸을 빼 시골 밭이랑에 몸을 던지니, 전에 말한 산림의 즐거움이 기약도 없이 내 앞에 다가왔다. 그러니 내가 이제 쌓인 병을 사라지게 하고 남모르게 간직한 근심을 트이게 하며 가난한 늙은이가 편안히 지내려고 한다면, 이곳을 버리고 어디를 구하겠는가?

그러나 옛날 산림을 즐기는 사람들을 보면 거기에는 두 종류가 있다. 첫째는 현허(玄虛)를 사모하여 고상(高尙)함을 일삼아 즐기는 사람이요, 둘째는 도의(道義)를 즐기며 심성(心性) 기르기를 즐기는 사람이다. 첫째의 경우로 말하면, 몸을 더럽힐까 두려워함으로써 세상과 인연을 끊고, 심한 경우 새나 짐승같이 살면서 그것을 그르다고 생각하지 아니하는 사람이다. 둘째의 경우로 말하면, 즐기는 것이 조박(糟粕)뿐이어서 전할 수 없는 묘한 이치에 이르러서는 구할수록 더욱 즐거움을 얻지 못할 수가 있다. 그러나 차라리 둘째 것을 위하여 힘쓸지언정 첫째 것을 위하여 스스로 속이지는 않아야 할 것이니 어느 여가에 이른바 세속의 번거로움이 내 영대(靈臺, 마음)에 들어오겠는가.

어떤 이가 말하기를, "옛날, 산을 사랑하는 사람들은 반드시 명산(名山)을 얻어 자기 자신을 의탁하였거늘, 그대는 왜 청량산에 살지 않고 여기 사는가?" 하였다. 그래서 나는, "청량산은 만길이나 높은 절벽이 위태롭게 깊은 골짜기에 다달아 있기 때문에, 늙고 병든 사람이 편안히 살 곳은 못 된다. 또 산을 즐기고 물을 즐기려면 그 하나가 없어도 안 되는데, 지금 낙천(洛川)은 비록 청량산을 흘러 지나기는 하지마는, 그 산 가운데 물이 있는 줄을 알지 못한다. 나도 청량산에서 살기를 진실로 원한다. 그러면서 청량산을 뒤로하고 이곳을 우선으로 하는 것은, 여기는 산과 물을 겸하고 또 늙고 병든 이에게 편하기 때문이다." 하였다. 그는 또 말하기를, "옛날 사람들은 즐거움을 마음속에서 얻고 바깥 사물을 빌리지 않는다. 대개 안연(顔淵)의 누항(陋巷)과 원헌(原憲)의 옹유(甕牖)에 무슨 산과 물이 있었던가. 그러므로 바깥 물건에 기다림이 있으면 그것은 다 참다운 즐거움이 아니리라." 하였다. 나는 또, "그렇지 않다. 안연이나 원헌이 처신한 것은 특히 그 형편이 그래서 그러한 것으로서, 거기에 맞게 편안해 한 것을 우리가 귀히 여기는 것이다. 그러나 그분들이 이런 경지를 만났더라면 그 즐거워함이 어찌 우리보다 깊지 않았겠는가. 그러므로 공자나 맹자께서 일찍이 산수를 자주 칭찬하였고 아주 좋아하였던 것이다. 만일 그대 말대로 한다면, 증점(曾點)을 허여한다는 탄식이 왜 하필 기수(沂水)의 가에서 나왔으며 해를 마치겠다는 소원은 왜 하필 노봉(蘆峯) 꼭대기에서 읊조렸겠는가. 거기에는 반드시 무슨 까닭이 있느니라" 하였다. 그러자 그 사람은 "그렇겠다."하고, 물러갔다.

가정(嘉靖) 신유년 어느 날 남지(南至, 동지)에 늙고 병든 산주(山主)는 적는다.

5. 도산 서당 뜰에 표현된 퇴계의 자연관

퇴계는 건물뿐 아니라 뜰에도 매우 세심한 배려를 했다. 퇴계 자신이 쓴 도산잡영(陶山雜詠)에는 도산 서당과 주위의 자연을 7언시와 5언시로 노래하였으며, 자연을 적극적으로 끌어안아 정원으로 삼는 퇴계의 자연관을 보여준다.

- 정우당(淨友塘): 도산 서당 앞마당에 있는 작은 연못이다. 이곳에 연(蓮)을 심어 연꽃과 더불어 벗했다. 연꽃은 더러운 흙탕 물속에 자라

지만 때 묻지 아니한 고운 꽃을 피우므로 그 고결(高潔)함을 퇴계는 완상(玩賞)하였다.

〈그림 8〉 정우당(淨友塘)

– 절우사(節友社): 샘 위의 산기슭에는 작은 단을 쌓고 매화, 대, 소나무, 국화 등의 꽃과 나무를 심어 두고 수시로 산책하며 자연을 즐겼다. 이 작은 뜰은 울을 쳐 막지 않고 자연스레 뒷산과 이어지게 했는데 이는 산이 뜰의 연장이 되게 한 것이다.

〈그림 9〉 절우사(節友社)

– 몽천(蒙泉): 몽천이란 산 밑에서 나오는 샘물이다. 몽이양정(蒙以養正)으로 곧, 바르게 가르친다는 의미다. 주역의 '산 밑에 샘이 나는 것은 몽이니 군자는 이것을 본받아서 행동을 과단성 있게 행하며 덕을 기르는 것이다(象曰 山下出泉 蒙 君子以 過行育德).'라

〈그림 10〉 몽천(蒙泉)

는 글에서 이름하였다.

- 유정문(幽貞門): 서당 앞의
출입문에 싸리로 엮은 사
립문을 말한다. '유정(幽貞)'
이란 '그윽하고 바르다'는
뜻인데 주역에 '가는 길이
넓고 평탄하니 그윽한 곳
에서 수도하는 사람이야말

〈그림 11〉 유정문(幽貞門)

로 바르고 길할 것이다(履道坦坦 幽人貞吉).'라는 글에서 이름하였다.

- 열정(冽井): 서원 앞 광장
동북 편에 있다. 물이 차고
마시면 마음이 상쾌해진
다. 열정은 찬물이다. 주역
에 '물이 맑고 차가우니 마
실 수 있네(井冽寒泉食).'라는
글에서 이름하였다.

〈그림 12〉 열정(冽井)

- 곡구암(谷口巖): 서원 옛길, 지금은 안동호로 수몰되고 없지만 입구
로 들어가는 곳에 바위 하나가 있었다. 이를 곡구암이라 한다.

- 석간대(石間臺): 석간대는 서원 내 주차장에서 시사단으로 건너가는
선착장 우측 언덕에 있다. 옛날 퇴계가 제자 이귀암(李龜巖)을 작별

하면서 읊은 당시(唐詩) 한 구절을 바위에 새겨 두었다.

– 천연대(天淵臺)와 천광운영대(天光雲影臺): 서원의 앞쪽 강안(江岸)의 좌
우 절벽의 경치가 아름다워 동쪽은 천연대, 서쪽은 천광운영대라
하였다. 퇴계는 일찍이 이곳을 산책하였다.

천연대의 천연(天淵)이란 하늘에 있는 못을 말한다. 바위 절벽에 새긴
글씨는 선조 때 영상이었던 아계(鵝溪) 이산해(李山海)가 썼다. '솔개는 하
늘 높이 날고 고기는 연못에서 뛰논다(鳶飛戾天 魚躍于淵)'는 시전(詩傳)에 있
는 구절이다.

천광운영대(天光雲影臺)는 햇빛과 구름의 그림자가 함께 돈다는 뜻으로
서 '천광운영공배회(天光雲影共徘徊)'의 준말로 주자의 시에서 인용하였다.

6. 문헌으로 보는 도산 서당의 옛 모습

1) 퇴계의 건축관

퇴계가 쓴 '도산잡영 병기'를 통해 도산 서당의 건축 정신은 무엇이었
는지, 어떤 건축적 의도가 설정되었는지, 건물이 지어지고 뜰을 만들고,
원림과 자연을 경영한 퇴계의 정신을 통해 도산 서당의 옛 모습을 자세
히 살펴볼 수 있다.

먼저 '퇴계전서'에 나타난 글을 살펴보자.

처음에 내가 퇴계 계상에 자리를 잡고 시내 옆에 두어 칸 집을 얽어
짓고 책을 간직하고 옹졸한 성품을 기르는 처소로 삼으려 했는데, 벌써

세 번이나 그 자리를 옮겼으나 번번이 비바람에 허물어졌다. 그리고 그 시내 위는 너무 한적하여 가슴을 넓히기에 적당하지 않았기 때문에 다시 옮기기로 작정하고 도산 남쪽에 땅을 얻었던 것이다. 거기에는 조그 마한 골이 있는데 앞으로는 강과 들이 내다보이고 깊숙하고 아늑하면서도 멀리 트였으며 산기슭과 바위들은 선명하며 돌우물은 물맛이 달고 차서 이른바 은둔할 곳으로 참으로 적당하였다. 어떤 농부가 그 안에서 밭을 일구고 사는 것을 내가 샀다.

이렇게 해서 구한 것이 지금의 도산 서당이다. 이 글만 보아도 퇴계가 궁벽하고 외진 곳을 싫어하고 밝은 기상이 감도는 진짜 '좋은 터'를 얼마나 가지고 싶어 했는지 잘 알 수 있다.

이렇게 터를 잡은 퇴계가 도산 서당 건물을 짓는 과정에 대해서는 퇴계의 제자인 금난수(1530~1604)가 지은 『성재선생문집(惺齋先生文集)』에 자세히 밝혀져 있다.

그리하여 중 법련(法蓮)에게 그 일을 맡아 보라고 청하였는데 준공이 되기 전인 1558년 7월에 선생은 나라의 부름(대사성)을 받아 서울로 올라가시면서 건물의 설계도 '옥사도자(屋舍圖子)' 한 부를 벗 이문량에게 주면서 법련에게 시켜 일을 마무리하게 하였다. 그러나 법련이 갑자기 죽고 정일(淨一)이란 중이 계속 일을 맡아 집을 세우게 되었다.

법련은 인근 용두산 기슭 용수사(龍壽寺)의 승려였으며, 처음에는 법련에게 공사를 맡겼으나, 법련이 죽게 되어 그 제자인 정일에게 맡겨 완성을 보게 되었다. 조선 중기 사찰은 토착 양반층의 사유물이나 다름이 없었다. 이 작은 건물들을 짓는 데 2년이 걸린 이유는 역시 퇴계의 재력이 그다지 풍부하지 않았기 때문이다.

도산 서당 일곽의 공사는 설계와 시공, 감리 등의 내력이 비교적 상세히 기록된 매우 희귀한 경우에 속한다. 이 일곽의 공사로 도산 서당, 농운정사, 그리고 퇴계의 제자인 지헌(芝軒) 정사성(鄭士誠)의 부친이 특별 기부한 역락서재가 있는 곳 등을 지었다. 앞부분에 자리 잡은 세 건물은 퇴계가 창건했던 당시의 모습을 유지하고 있는 것으로 추정된다.

도산 서당 건물은 부엌, 방, 마루가 각각 하나씩 있는 세 칸 집이다. 이 최소 단위의 세 칸 집은 '초가삼간'이라는 말이 있듯이 자족의 상징이며 겸손의 발현인데 초가가 아닌 기와 삼 간을 금난수는 '양지바른 터, 세 칸 집'이라는 뜻으로 '양용 삼간'이라고 했다. 퇴계의 외할머니가 기거하던 외가댁이 부내에 있었는데 이 서당 건물은 거기서 본 집을 본뜬 것이라 한다.

그러나 도산 서당 건물은 현재 세 칸이 아니라 부엌 쪽으로 반 칸, 마루 쪽으로 한 칸 내어 지었다. 마루 쪽 증축은 성글게 짠 평상을 붙박이로 붙이듯 이어 놓았고 지붕은 경사가 급하게 매달렸으며, 부엌 쪽은 역시 정지 칸을 넓힐 뜻으로 반 칸 내어 지으면서 부섭지붕을 얹었다. 살평상은 한강 정구가 안동부사로 있을 때 기증한 것이고, 골방은 완락재의 부엌에 붙은 작은 온돌로 수직하는 중의 거실이다.

거기엔 70년대 가정집 식모 방만한 것이 달려 있다. 그래서 이 집은 증축 부분을 빼고 볼 때 비로소 조촐한 아름다움이 나타난다. 퇴계는 이 세 칸 집에 자족하며 방과 마루에 완락재와 암서헌이라는 이름을 각각 붙였다.

서당과 함께 준공을 본 기숙사 건물은 여덟 칸으로 방과 마루에 시습재, 지숙료, 관란헌이라 이름 붙였는데 모두 합해서 농운정사라는 현판을 달았다. 그런데 이 집은 공(工)자 형으로 일반 건축에서는 꺼리는 형식으로 되어 있다.

공(工)자 형 집은 우선 뒷방 쪽의 채광(採光)이 큰 문제이며, 그 의미가 공격한다는 뜻이 있어서 기피했던 것이다. 그런데 퇴계는 오히려 공(工)자 형 집은 기숙사 건물로는 적합하며, 공(工)자에는 공부한다는 뜻도 있으니 생각하기 나름이라면서 이 집을 고집하였다.

또한, 퇴계는 새로 짓게 될 건물의 구조와 규모, 배치 등에 대해 세심하게 신경을 썼다. 그는 자신이 직접 그린 도본을 이문량(李文樑)에게 보내면서 조목(趙穆)과 의논하도록 하고, 공사를 지휘 감독할 법련(法蓮)으로 하여금 어김없이 도본대로 짓게 할 것을 당부하고 있다. 그것은 공사 감독을 부탁했던 이문량에게 보낸 편지에 아주 자세히 나와 있다.

당(堂)은 반드시 정남향으로 해서 예(禮)를 행하기가 편리하도록 함이고, 재는 반드시 서쪽 정원을 마주 보도록 한 것은 아늑한 정취가 있도록 함이며 그 나머지 방, 부엌, 곳집, 대문, 창 모두 뜻이 있는 것이니 그 구조를 바꾸어서는 안 될 듯싶습니다. 남쪽 변의 세 칸에 들보와 문미(門楣)의 길이를 여덟 자로 하고, 북쪽 변의 네 칸의 문미는 남쪽과 동일하게 하되 들보의 길이를 일곱 자로 하는 것은 그 뒤편의 처마를 여유롭게 하기 위함입니다.

중앙의 동쪽과 서쪽 두 칸의 들보는 여덟 자로 하고 문미는 일곱 자로 하십시오. 이같이 하면 뜰이 너무 작아 말(斗)처럼 아주 좁아질 것입니다. 그러나 이 두 칸은 비록 지붕이 아주 낮지만 짧은 처마를 사용하기 때문에 빛을 받아들일 수 있으니 뜰이 좁은들 무슨 지장이 있겠습니까?

더욱이 당과 재를 이용할 때는 등을 모두 뜰 안쪽으로 향하게 하지 말고 다만 부엌 등만 밝게 하면 될 듯싶은데 어떻게 생각하십니까?

퇴계가 건축에 얼마나 세심한 관심을 표현했는가는 이 편지 한 통만으로도 알 수 있으며, 그가 종래의 관행을 부수고, 가운데 부엌이 있는 도투마리 집을 응용하여 공(工)자형 집을 지을 수 있었던 것도 이런 식견과 당당한 소견이 있어서였던 것이다. 이를 통해 초기 도산 서당 건축에 스며들어 있는 퇴계의 숭고한 건축관을 느껴볼 수 있는 좋은 계기가 된다.

2) 겸재의 계상정거도(溪上靜居圖)에 표현된 도산 서당

퇴계 사후 177년 되던 1747년에 겸재 정선은 도산(陶山)의 실사도(實寫圖)를 그렸으며, 그 작품 속에는 도산 서당의 완락재 안에서 퇴계가 58세 때(1558년, 명종13)에 회암서절요서(晦菴書節要序)를 쓰고 있는 모습을 상상으로 처리하여 계상정거도(溪上靜居圖)를 완성했다. 이 그림을 통하여 도산 서당의 옛 모습과 정겨운 풍경을 느낄 수 있다.

이 그림의 서취병 위편에 광해군 5년(1613년)에 창건되어 농암 이현보 (1467~1555)의 위패를 모셨던 분강서원(汾江書院)이 보인다. 그 옆에는 농암이 46세 때 세운 건물로, 94세의 부친이 늙어가는 것을 아쉬워하여 '하루하루를 아낀다'는 뜻으로 이름 지은 애일당(愛日堂)이 보인다.

퇴계가 62세(1562) 때 제자 이정(李楨/龜巖)이 예안에서 사흘간 머물다 떠날 적에 송별의 아쉬움을 나타낸 시가 바위 언덕에 새겨져 있는 곳인 석간대(石澗臺)가 있다. 앞쪽으로는 '천광운영공배회(天光雲影共徘徊)'의 준말로 주자의 시에서 인용한 운영대(雲影臺)가 있고, '연비려천(鳶飛戾天) 어약우연(魚躍于淵)'의 준말로 시전(詩傳)에서 인용한 천연대(天淵臺)가 있다.

안동댐 건설 당시 매립하고 현재 도산 서원 광장으로 조성되어 지금은 강 입구에 표석만 세워진 옛 도산 서당의 강 입구 문인 곡구암(谷口巖)이 보이고, 탁영담(濯纓潭)과 나룻배가 보이는데, '탁영'은 초나라의 충신 굴원(屈原)이 혼탁한 세상을 한탄하며 지은 어부사(漁父詞)에서 인용한 말이다.

이곳은 물이 담을 이루어 흐르는 곳으로 담 중간에는 넓고 비탈진 반타석(盤陀石)이 있고, 반타석에 뱃놀이 갈 때 사용한 나룻배가 정박해 있다.

그리고 역락서재와 도산 서당 사이에 수양버들이 보인다. 도산 서원 광장에는 3~4백 년 됨직한 왕버들(떡버들) 고목 두 그루가 자라고 있고 수양버들은 없다. 안동댐 건설로 역락서재 옆의 수양버들 고목은 사라졌고, 1993년 마지막 남은 수양버들은 고사했다.

〈그림 13〉 겸재의 계상정거도(溪上靜居圖)

7. 도산 서당 복원의 변형

1) 열정(洌井) 복원의 변형

도산 서원 앞의 큰 마당에 들어서면 처음으로 맞이하는 것이 장대석 돌로 쌓은 우물이다. 이 우물은 열정(洌井)이라고 하는데 생전에 퇴계가 도산 서당 터를 확보하고자 할 때 이곳에서 밭을 부쳐 먹던 농부가 쓰던 것이다. 그 샘을 언제부터 사용하기 시작하였는지는 알 수가 없으나, 열정은 바위틈을 뚫고 지표로 솟아오르는 샘이었을 것이다.

그러나 70년대 도산 서원 성역화 사업으로 원형이 묻혀버려 지금은 높이가 상당하고 수직적인 장대석 돌우물이 되었다. 성역화 사업이 샘을 돌우물로 바꾸어 버렸다. 퇴계가 생전에 쓴 도산잡영의 '도산을 여러 가지로 읊음'에 석정(石井)에 대한 내용이 있으며, '5언 절구 26수'에는 '열정(洌井)'이라는 제목의 글도 있다.

…, 도산의 남쪽에다 땅을 얻었다. 이곳에는 작은 골짜기가 있어 앞으로는 강과 들이 굽어 보인다. 그 모습이 그윽하고 아득하며, 둘레가 멀고 바위 기슭은 초목이 빽빽하고도 또렷한 데다가 석정(石井)은 달고 차서 은둔하기에 딱 알맞은 곳이었다. 농부의 밭이 그 가운데 있었으나 재물로 바꾸었다.

서당의 남쪽에,
돌우물 달고 차네.
천 년을 안개 속에 가라앉아 있었으니,
이제부턴 덮지 말게나.
돌 사이의 우물 맑고 차가운데,

자유자재하니 어찌 내 마음 슬프리?

은자 터 잡고 살고자 하니, 표주박 하나 실로 알맞네.

2) 진입로 복원의 변형

또한, 도산 서원 복원에서도 건축적으로 쓰라린 변형을 맞는다. 쓰라린 변형이란 진입로가 서쪽 기슭 천광운영대 쪽으로 뚫림으로써 도산 서원 진입 계획 전체가 흐트러져 버린 점이다.

즉, 답사하는 사람들이 정문은 어디인지도 알지 못한 채 곁문으로 들어갔다가 곁문으로 나오는 우스운 형상이 되고 만 것이다.

마사토를 깔아 넓게 낸 진입로는 많은 관람객의 출입에는 용이하지만, 초입 부분의 정취를 맛볼 수는 없다. 그나마 콘크리트 포장을 하지 않아 다행스럽다고 위안을 할 수밖에 없을 것 같다.

3) 일본식 정원수 복원의 변형

또한, 낙동강과 안동호를 시원하게 바라볼 수 있는 강변 쪽 비탈에 일본식 정원수 가꾸기로 향나무를 빽빽이 심어 시야를 막은 것은 정말 어

〈그림 14〉 도산 서당 옆구리 진입로 개설과 일본식 조경

처구니가 없는 일이다.

　인위적으로 주변 조경을 하려 했으면 퇴계가 생전에 가장 좋아했던 나무가 매화(梅花)였다는 것을 염두에 두면 좋았을 것이다. 또는 절우사에 심어 두고 보았던 대나무, 국화(菊花), 소나무가 있는데도 불구하고 이러한 조경(造景)을 한 것은 도저히 이해할 수가 없다. 차라리 이러한 조경은 이곳에 없는 것이 나을 것 같다.

4) 몽천(蒙泉) 복원의 변형

　도산 서당의 좁다란 안마당 동남쪽 끝에 있는 작은 연못이 정우당이다. 퇴계가 연(蓮)을 심어 놓고 보고 즐기던 곳이다. 그 아래에는 몽천(蒙泉)이라는 화강석으로 된 표지석이 있다. 도산잡영에는 몽천의 위치를 알 수 있는 내용이 있다.

　서당의 동쪽에다 작게 네모난 연못을 파고 그 안에는 연꽃을 심었는데 '정우당'이라 하였다. 또 그 동쪽에 '몽천'을 만들었다. 샘 위에 있는 기슭은 파서 관란헌과 대칭이 되도록 하여 평평하게 쌓아 단을 만들었다. 그 위에는 매화, 대나무, 소나무, 국화를 심어 절우사라 하였다. 서당 앞의 출입하는 곳은 사립문으로 가리고 유정문이라 하였다.

　이 글을 보면, 서당 앞 출입문에는 사립문이 있어야 한다. 그리고 정우당－몽천－절우사가 한 줄로 늘어서 있어야 하고, 그것들은 서쪽 농운정사의 관란헌과 평행선을 그리는 모습으로 배치하여야 하는데, 이 구절을 성역화 사업 때에는 관란헌과 몽천, 절우사를 일직선상에 있어야 하는 것으로 잘못 해석하여 설치한 모양이다.

그러나 몽천과 절우사가 관란헌과 평행을 이룬다는 것은 절우사와 관란헌의 관계이며, 몽천의 위치가 관란헌과 일직선상에 있어야 한다는 의미는 아니다. 몽천의 위치는 정우당의 동쪽이라는 표현이 이미 그 위치를 결정하고 있는 것이다.

정우당의 동쪽, 그리고 절우사의 아래쪽에 몽천이 있었다면, 현재의 절우사 북쪽 끝 부분 계곡의 바닥보다 조금 위쪽으로 달라붙은 산기슭에서 솟아나던 샘으로 추측할 수 있으나, 계곡 부분을 콘크리트로 정리하였으므로 흔적조차 찾을 수 없는 실정이다.

5) 마당의 나무 복원의 변형

도산 서원의 얼룩진 상처를 볼 수 있는 형상을 보면, 지금 도산 서원 앞마당은 낙동강 쪽을 무려 5m 이상 성토(盛土)하여 흙을 북돋아 평평하게 만들어 놓았다.

그래서 서원 앞마당의 은행나무, 벗나무, 갯버들 등의 몸체 줄기는 땅에 묻히고 가지들이 지표면에 떠 있어 기형(奇形)의 나무들만 방문객을 반긴다. 가슴까지 물이 차 있는 곳에 사람이 서 있는 형상이다.

〈그림 15〉 왕버들

벚나무는 한 그루가 마치 네 그루로 보이고, 갯버들은 그 용틀임한 가지가 본 줄기가 늘어진 것으로 착각게 하고 있는 것이다.

도산잡영 병기에 나오는 시를 통해 초입 부분과 이곳을 살펴보면, 도산 서당이 있던 시절 퇴계가 낙동강을 따라 유유히 걸어오다가 서원 입구 곡구암에 와서는 돌계단을 차곡차곡 밟고 천연대 옆으로 올라 해묵은 갯버들의 호위를 받으며 서당 문에 당도하던 그때의 그윽한 정취와 분위기를 다시는 회복할 수 없게 된 것이다.

6) 기타 복원의 변형

거기다가 유물관의 신축(新築)으로 도산 서원은 관람객의 관람 동선이 뒤엉키게 되었고 이로 인하여 유물관 위에 있는 상고직사와 하고직사 그리고 농운정사까지 건물 간의 유기적인 동선 체계가 여지없이 무너진 것이다. 더욱이 언덕 아래 음습하고 어둡고 비좁은 곳에 유물관을 지어 유물 보존에도 문제점이 도출된 당시의 안목(眼目)을 이해할 수 없는 것이다.

이 외에도 도산 서원의 중앙 통로를 지배하고 있는 꽃나무를 퇴계가 생전에 아끼던 나무로 교체, 절우사를 퇴계가 사랑했던 네 가지 꽃나무의 건강한 모습을 보여주는 장소로 환원, 콘크리트 계곡을 깨끗한 물이 흘러내리는 실개천으로 복구, 돌 틈 사이로 솟아나는 몽천과 바위틈을 뚫고 지표로 솟아오르는 열정의 복원, 절우사 아래쪽으로 계곡을 타고 내려가서 천연대에 이르는 작은 길을 조성하여 퇴계 생전의 고즈넉한 분위기 체험, 박 전 대통령이 1970년 청와대에서 옮겨 심었다는 금송(金松)과 표지석 제거 등 도산 서원의 문제점을 이제 하나씩 바로잡아야 할 때가 되었다. 한마디로 1969년 도산 서원 성역화 사업은 잘못된 성역화와 우상화 그리고 속된 관광화가 빚은 복원 사업이 되어 버렸다.

8. 에필로그(Epilogue)

퇴계는 향교와 국학에서는 나라의 제도와 규정에 얽매이고 과거와 관련해서 옳은 학문에 심취할 수 없는 반면, 서원에서는 자유로운 분위기에서 출세주의나 공리주의를 떠나 순수한 학문 연구에 몰두할 수 있기 때문에 서원 제도를 도입하여 권장할 필요성을 주장하였다. 또한, 서원 창설 운동에 적극성을 띠었고, 서원을 통한 성리학의 토착화에 심혈을 기울였다. 그리하여 그의 생존 시에 이미 적지 않은 서원이 설립되었고, 또한 많은 서원이 퇴계에 의해 명명되었거나 기문이 붙여졌다.

퇴계는 1561년 안동의 동북쪽 약 30km 정도 떨어진 낙천(洛川) 강변에 영지산(靈芝山)을 뒤로하고 동에는 동취병(東翠屛), 서에는 서취병(西翠屛)으로 둘러싸인 아늑한 골짜기 안에 안동호(安東湖)를 바라보며 도산 서당을 계좌정향(癸坐丁向)으로 건립하여 학문을 도야(陶冶)하였다.

도산 서당의 태조산은 백두대간 뼈대 중에서도 봉화군 춘향면에 위치한 소백산 기세를 품고 있는 옥돌봉(1,242m)에 해당하며, 옥돌봉에서 남쪽으로 뻗어 나간 가지 끝에 활짝 핀 한 송이 꽃이 도산 서당이다. 지형도와 옛 자료들을 보면, 도산 서당 앞으로 8리 정도를 끌고 가는 물줄기는 분명히 직류수에 해당하고, 그대로 빠져나가는 직류수는 풍수상 흉(凶)에 해당하는 광경이지만, 퇴계는 고민 끝에 동취병과 서취병을 거론한다. 물줄기는 비록 직류수이나 동취병과 서취병이 십 리도 안 되는 수구 지점에서 동취병은 서쪽으로, 서취병은 동쪽으로 서로 교차하면서 수구막이를 하고 있으니 이는 불길한 땅이 아니라는 퇴계의 적극적인 해석과 의지를 엿볼 수 있다.

도산 서당 일곽의 공사로 도산 서당, 농운정사, 그리고 퇴계의 제자인 지헌 정사성의 부친이 특별 기부한 역락서재가 있는 곳 등을 지었다. 도산 서당 건물은 부엌, 방, 마루가 각각 하나씩 있는 세 칸 집이지만, 부엌 쪽으로 반 칸, 마루 쪽으로 한 칸 내어 지었다. 마루 쪽 증축은 성글게 짠 평상을 붙박이로 붙이듯 이어 놓았고 지붕은 경사가 급하게 매달렸으며, 부엌 쪽은 역시 정지 칸을 넓힐 뜻으로 반 칸 내어 지으면서 부섭지붕을 얹었다. 살평상은 한강 정구가 안동부사로 있을 때 기증한 것이고, 골방은 완락재의 부엌에 붙은 작은 온돌로 수직하는 중의 거실이다. 퇴계는 이 세 칸 집에 자족하며 방과 마루에 완락재와 암서헌이라는 이름을 각각 붙였다.

서당과 함께 준공을 본 기숙사 건물은 여덟 칸으로 방과 마루에 시습재, 지숙료, 관란헌이라 이름 붙였는데 모두 합해서 농운정사라는 현판을 달았다. 그런데 이 집은 공(工)자 형으로 일반 건축에서는 아주 꺼리는 형식이다.

공(工)자 형 집은 우선 뒷방 쪽의 채광(採光)이 큰 문제이며, 그 의미가 공격한다는 뜻이 있어서 기피했던 것이다. 그런데 퇴계는 오히려 공(工)자 형 집은 기숙사 건물로는 적합하고, 공(工)자에는 공부한다는 뜻도 있으니 생각하기 나름이라면서 채광은 처마를 짧게 하여 해결 가능하다고 공(工)자 형 집을 고집하였으며, 시공 및 감리하는 분들에게 일러 자신이 직접 그린 도본대로 짓게 하였다.

이렇듯 퇴계의 도산 서당 건축에서 부엌, 방, 마루가 각각 하나씩 있는 세 칸 집에, 부엌 쪽 반 칸, 마루 쪽 한 칸을 내고 부섭지붕을 얹은 세심한 관심과 절제된 건축적 표현이 덧보인다. 또한, 퇴계는 종래의 관

행을 부수고 가운데 부엌이 있는 도투마리 집을 응용하여 공(工)자 형 농
운정사를 지을 수 있었던 것은 상당한 건축적 식견과 당당한 소견이 있
어서였던 것이며, 이를 통해 초기 도산 서당 건축에 스며들어 있는 퇴계
의 숭고한 건축관을 느껴볼 수 있는 좋은 계기가 되었다.

울산 향교의
풍수 입지와 공간 구성[1]

송 승 호

1. 들어가는 글

2. 울산 향교의 유래와 기능

3. 울산 향교의 입지와 공간 구성

4. 울산 향교의 풍수지리 분석

5. 나가는 글

1 　본 글은 필자의 「울산지역 향교의 입지와 공간 구성에 관한 풍수지리 연구」, 영남대 석사학위논문, 2019의 일부를 발췌하여 수정 보완한 글이다.

1. 들어가는 글

풍수지리는 원시적인 생존 본능(生存本能)에서 출발하였지만 음양오행론과 동양 사상이 결합하고 형상을 설명하기 위한 이론들이 더해지면서, 더욱더 정립되어 진행되고 있다. 특히 한국의 전통 건축은 자연 지형 그대로의 조건을 파괴하지 않는 환경친화적 건축물을 선호하였다. 그렇기 때문에 터의 형상(形象)과 주변 여건은 건축물의 배치를 결정하는 중요한 요소로 작용하였다.

그럼에도 오늘날 건축은 터 잡기의 중요성을 외면하고 난개발을 하고 있는 실정이다. 풍수 사상은 현대 건축 개발에 있어서 터 잡기와 공간 구성에 대한 좀 더 합리적인 방향성을 제시하고 친환경 건축의 모델이라는 근거를 제공할 수 있다. '좋은 땅에서 훌륭한 인물이 난다'는 사고는 동양의 전통 사상인 풍수지리와 인간과 자연환경의 유기적 연관성을 나타내는 중요한 자료가 되고 있다.

이러한 맥락에서 볼 때 조선시대 공적 교육을 담당하였던 향교(鄕校)의 입지(立地) 선정과 건물 배치 등 전반적인 여건들에 풍수지리학이 적용되었을 것으로 여겨진다.

본 연구는 울산 향교의 공간 구성과 건물 배치에 영향을 끼친 부분을 풍수지리를 적용하여 고찰(考察)하였고, 이에 따른 형식 논리인 용(龍), 혈(穴), 사(沙), 수(水), 향(向)으로 향교 입지와의 관계를 분석하고자 한다. 그리고 풍수지리를 바탕으로 향교의 공간 구성과 건물 배치의 원리를 이해하고, 그 원리에 내재(內在)된 풍수지리와 향교의 공간 구성에서의 합치점(合致點)을 찾아보고 근거를 규명하고자 한다.

2. 울산 향교의 유래와 기능

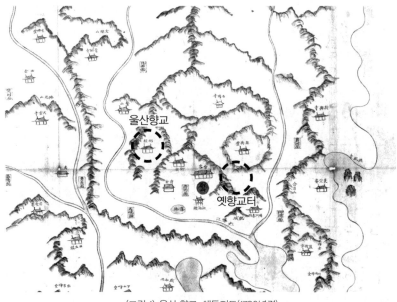

〈그림 1〉 울산 향교, 해동지도(1700년경)

먼저 울산 향교가 속해 있는 울산광역시는 원래 굴아화촌(屈阿火村)이었고 신라 파사이사금[2] 때에 처음으로 현이 설치되었는데, 그것이 굴아화현(屈阿火縣)[3]이다. 경덕왕[4] 때에 현의 이름을 '하곡(河曲)'[5]으로 고치고 임관

---

2   파사이사금(婆娑尼師今)은 80~112년에 재위한 신라 제5대 왕이다.

3   『대동지지』(1864)에는 개지변현(皆知邊顯)을 두었다 하며, 계변성(戒邊城), 신학성(神鶴城), 화성군(火城郡)이라고도 한다고 첨언 한다.

4   경덕왕(景德王)은 742~765년에 재위한 신라 제35대 왕이다

5   '하서(河西)'라고도 했다고 하는데, '강의 서쪽'이라는 지리적 위치에 의해 붙여진 이름으로 추측된다.

군[6]에 속하게 하였다. 훗날 같은 소속이 되는[인근의 고을이었을 것으로 추정되는] '우화현'과 '율포현'도 경덕왕 때 각 '우풍현', '동진현'으로 이름을 고쳤다고 『삼국사기(1145)』에 전한다. 또한 『삼국사기』에는 우풍현과 동진현이 '지금은 모두 울주에 합쳐졌다'고 전하는데, 『삼국사기』가 쓰인 연대로 미루어 보아 고려 초에 이 지역은 '울주'로 개명되었을 뿐만 아니라 이 고을들이 합쳐 울주를 이루었음을 짐작할 수 있다. 먼저 문헌에 의하면 울산 향교는 조선 초기 '一邑一校(일읍일교)' 정책으로 조선 초부터 존속했으며, 이후 양란인 임진왜란과 정유재란으로 향교 건물이 소실되었다가 1652년 효종 3년에 현재(중구 명륜로 117) 장소에 전학후묘(前學後廟)의 대성전과 명륜당 등 10동의 건축물로 지어졌고, 이후 자연재해 등의 여러 이유로 몇 차례 재 이건하였다.

울산 향교의 창건 연대나 초기 연혁은 임진왜란으로 기록이 멸실되어 정확히 알 수 없으나, 한 고을 한 향교[一邑一校] 체제가 완성된 15세기에 창건된 것으로 추정된다. 창건 당시에는 신학성 북쪽인 현 반구동 구교(舊校) 마을에 세워졌는데, 임진왜란 때 불탄 후 다시 세워졌다가 1652년(효종 3)에 지금 장소로 옮겨 세웠다. 당시에는 대성전, 동무와 서무, 동재와 서재 등 향교의 핵심 시설만 세워졌다가, 1711년(숙종 37)에 문루 5칸을 창건하여 작신루(作新樓)라고 편액하였다.

작신루는 1796년(정조 20)에 청원루(淸遠樓)로 바뀌어 오늘까지 전해져 온다. 1800년 이후 26번 고쳤으나 배치의 기본 틀은 변함이 없이 유지되고 향교가 설립된 정확한 연대에 대해 정확하게 언급하는 곳은 없으나, 전하는 내용들을 통해 존재했던 시기에 대해서는 대략 파악할 수 있다.

---

6   현재 경북 경주 지역 일대로 추측된다.

고려 이후 향교의 존재를 가늠할 수 있는 가장 가까운 시기는 조선 전기로 추정되는데, 이는 『신증동국여지승람』의 기록을 통해 파악할 수 있다. 군수 "훈도 각 1인이 있고,"[7] "군의 동쪽 5리에 있다."[8]

울산 향교는 『동국여지승람』이 최초로 간행된 15세기 말에는 이미 존재했던 것으로 보인다. 비교적 울산 향교에 대해 자세하게 언급되어 있는 곳은 울산 최초 사찬읍지인 『학성지』[9]이다.

『학성지』에 "고려 초에 흥려의 부치는 신학성이었다. 당시 향교는 성의 북쪽 1리에 있었다. 본조 태종 13년(1413)에 이르러서 개혁하여 울산군으로 삼고 지금의 병영에 옮겨서 설치하였다. 세종 8년(1426)에 또 군치를 지금의 울산부로 옮겼다."[10]

이처럼 향교는 옛날에 신학성 북쪽에 있었다. 임진란 때 무너지고 불타서 7년 동안의 전장에 누른 모래와 흰 뼈대만 남아 눈에 가득하게 쓸쓸해졌다. 도적이 물러난 뒤에 옛터에 다시 세웠으나 도산 전투에서 가까스로 패전을 겪고 나자 도깨비불이 일었다. 그것이 빌미가 되어 재사에 기숙하는 유생들이 질병을 얻고, 갑작스럽게 죽은 사람이 전후에 걸쳐 10여 명에 이르렀다. 이 때문에 효종 2년 신묘년(1651)에 고을의 선비 이협(李莢) 등이 글을 올려 향교를 옮길 것을 청하니, 감사가 임금께 계를 올려서 윤허를 받고, 이듬해 임진년(1652)에 부의 서쪽 3리에 옮겨 세

---

7 『新增東國輿地勝覽』, "官員, 郡守, 訓導, 各一人."

8 『新增東國輿地勝覽』, "學校, 鄕校, 在郡東五里."

9 『학성지』는 영조 11년(1735)에서 영조 14년(1738)에 울산도호부사로 재임한 청대 권상일이 지역의 사림들과 함께 만든 울산 지역 읍지로, 권상일이 퇴임 후 초본을 첨삭 및 정서하여 울산으로 보냈다고 하나 정서본은 현전하지 않는다. 현전하는 것은 권상일의 후손들이 전하는 초고본이다.

10 성범중 역주, 『국역 학성지』, 울산남구문화원, 2010. p. 48.

웠다.

상량문은 밀양부사 김응조 공이 지은 것인데, 그 글은 잃어버렸다. 대성전과 동무와 서무를 차례로 지었다. 명륜당은 5칸이고, 동재와 서재는 각각 4칸이다. 숙종 신묘년(1711)에 부사 박징이 유생들과 상의하여 문루를 세웠는데, 모두 5칸이다. 거기에 작신이라는 편액을 달았으니, 대개 『강고』에서 말한 '신민(新民)'의 뜻이다.

영조 병진년(1736)에 권후(권상일)가 고쳐서 청원루라고 이름하였다. 위의 기록은 울산 지역을 다룬 지리지 중 향교에 대해 가장 자세한 연혁을 나타내는 것으로 다른 지리지의 울산 향교 관련 기록 역시 이 내용과 범위를 크게 벗어나지 않는다.

이어 『학성지』 학교 편에 나타난 울산 향교의 연혁이다.

'7년 동안의 전장으로 인해[仍爲七年戰場]'라는 기록은 1592년 임진년에 처음 발발하여 7년간의 임진왜란으로 인해 무너지고 불타서 누른 모래와 흰 뼈대만 남았다는 서술("壬辰亂毀燼, 仍爲七年戰場, 黃沙白骨")에 이어 도적(왜군)이 물러난 뒤에 다시 옛터에 지었다가 도산 전투에서 패전을 겪었다고 하는 부분인데, 실제로 도산 전투는 앞서 언급한 정유재란(1597)이 일어난 시기와 겹친다. 도산 전투는 도산성[11]에서 일어난 임진왜란의 마지막 전투로 조선·명나라 연합군과 왜군 사이에 일어난 혈전이다. 1

---

11 도산성(島山城)은 정유재란 때 왜장 가토 기요마사(加藤淸正)가 세운 왜성으로 '울산왜성'이라고도 하며, 현재의 학성공원(울산시 중구 학성동 소재)이 있는 곳이다. 문화재청의설명에 의하면 문헌에 등장하는 '계변성(戒邊城)' 혹은 '신학성(神鶴城)'에 지은 것이라고 전하는데, 실제 울산향토사 연구자들은 도산성과 신학성은 별개의 것이라는 데에 대부분 동의하는 한편, 신학성의 위치에 대해서는 의견이 분분하다.

차 전투는 1597년 12월 22일부터 1598년 1월 4일 사이에, 2차 전투는 1598년 9월 22일에서 1598년 10월 4일 사이에 일어났으므로, 앞서 언급한 임진왜란의 '7년'에 포함되는 기간이다. 따라서 임진왜란 때 무너지고 불탄 향교가 왜군이 물러난 후 옛터에 재건했다는 사실과 그 시기에 대해서는 보다 정확한 고증이 필요하다.[12]

울산 향교의 붕괴와 재건의 진위 여부 및 시기와 상관없이 이건 이전 당시 울산 향교의 위치는 도산성과 가까웠을 것으로 추정되며[13] 도산성 전투의 규모로 미루어 보아 향교가 입은 피해도 상당했을 것으로 보인다.

임진년에 시작된 양란으로 소실된 향교를 1651년(효종2) 이협을 비롯한 고을 선비들의 거듭된 청원으로 이듬해 1652년(효종3)에 울산부의 서쪽 3리(현재, 울산광역시 중구 교동)로 이건하게 되었고, 이후에도 끊임없이 재 이건 요청이 있었다는 것이다.

1769년(정조20)에 부사로 부임한 이정연이 작성한 『명륜당당기』[14]에 임

---

12 또한, 도산 전투에서 '(우리 군이) 가까스로 패했다(而傳徑島山敗戰)'고 하나 실제로는 1차, 2차 전투 모두 왜군이 성을 포위하고 본성 진입을 시도하였으나 함락에는 실패하였다. 1598년 11월 18일 가토 기요마사가 도산성을 불태우고 후퇴하면서 도산 전투와 함께 7년간 더 진행된 데다가 기상 악화와 기근으로 인해 조선·명나라 연합군의 피해도 극심했던 것으로 보였기 때문에 '가까스로 패전했다'고 기록했을 것으로 추측된다.

13 당시 향교의 위치는 '신학성의 북쪽 1리'이자 '고을의 동쪽 5리'에 위치했다. 신학성의 위치를 정확히 파악하기는 힘드나 부치(府治)에 대한 대부분 문헌의 기록과 울산 향토사 연구자들의 주장에 의하면 대략 현재 울산광역시 중구 반구동 혹은 학성 일대로 파악된다.

14 『昭是曾刀』(1800): "歲內辰余來守是府, 視事三日後調聖廟, 退坐于明倫堂及齋室, 皆左右傾圮殆, 不可一日支也, 所見極個憂邃訪, 其所以然則校任咨曰, 王辰兵燹後, 移設于蔗基, 即故主簿田根之慕聖納所居址, 而此乃類丑賤脈也, 數百年間, 科甲勘少, 典僕之居在廟側者, 死亡相繼, 無以守護. 故一鄉諸議必欲移建. 而不復修葺而然也."(엄형섭, 『울산지역문화연구』, 울산 향교의 연혁과 지역문화사적 의미 4호, pp. 84~85.)

란 이후 이건하였으나 천맥이 흐르는 터에 향교가 자리한 까닭에 수백 년간 과거 급제생이 나오지 않고 근처에 사는 향교 소속 노비가 죽어가는 변고가 발생하여 향교의 재 이건을 바라고 있다고 하여, 이정인은 조정에 향교의 이건을 청했으나 승낙을 얻지 못하여 부득이 중수하게 되었다. 그 이후 부단한 수즙(修葺)으로 1800년 향교 건축을 26번 고쳤으나 배치의 기본 틀은 변함이 없다. 조선 후기 들어와서 향교가 학교로서의 내실을 잃고 교화(敎化)를 위한 배향(配享) 기관으로 바뀐 이유 중의 하나가 과거를 통한 입신양명(立身揚名)에 있다고 볼 때 향교 교생들의 과거를 통한 출세 비율이 사립 교육 기관인 서원(書院)에 비해 턱없이 낮아 향교의 형식적 기능을 쇠퇴시킨 하나의 요인이 되었다.

그러나 향교의 지방 인재 육성이라는 형식적 교육 기능의 쇠퇴와는 달리 지방에는 향교 이외의 문묘제향(文廟祭享) 기능을 가진 다른 기관이 있을 수 없었으므로 향교는 조선 말까지 유일한 문묘제향(文廟祭享) 기관으로 유지되었고 오늘날에도 그 기능이 계속되고 있다.[15]

울산 향교는 울산광역시 중구 명륜로 117번지에 위치하고, 울산광역시 유형문화재 제7호(1997년 10월 9일)로 지정되어 관리되고 있다.

3. 울산 향교의 입지와 공간 구성

향교의 건물 배치는, 주자 「가례」에 의하면 사당은 반드시 앞을 남쪽으로 하고 뒤를 북쪽으로 하도록 하였다. 이는 향교 건축 공간의 축(軸)이 형성됨에 따라 중요한 건물은 축을 중심으로 하고 주변의 건물은 좌

---

15 신묘현, 「향교의 교육적 기능에 관한 연구」, 이화여대 석사학위논문, 1989, p. 2.

우에 배치하여 건물의 위계성을 갖추도록 하고 있다. 특히 유교 관아 건축물로서 유교적 권위를 강조하여 일직선을 축으로 하고 정면 상부에 중심 건물을 배치하며 그 주변으로 가급적이면 대칭을 형성하도록 배치하고 있다.[16]

울산 향교는 전학후묘(前學後廟)의 배치로, 남쪽 정문인 외삼문을 들어서면 배향 공간의 중심으로 출입하는 정문인 내삼문까지 직선으로 길이 나 있다. 내삼문(內三門)을 들어서면 대성전이 자리 잡고 있다. 일반적으로 향교에서는 대성전 앞 동·서 양쪽에 공자의 제자들과 현인들의 위패(位牌)를 모시는 동무와 서무가 건축되나 이곳 대성전에는 그 자리만 남아 있다. 명륜당 뒤로는 담장을 쌓아 그 뒤쪽에 있는 제향 공간과 구분하였고 명륜당과는 동쪽 모서리에 만든 샛문으로 출입하고 있다. 강학 공간인 명륜당은 중심축 상 제일 안쪽으로 중심 공간을 두고, 그 앞 동쪽과 서쪽에 학생들이 공부하고 숙식하는 동재와 서재를 두고 있다. 동재와 서재는 좌우 대칭으로 되어 있다.[17]

기단의 높이는 존엄과 위엄의 상징이다. 기단은 물로부터의 보호와 지진, 그리고 야생 동물로부터의 거주민 보호 기능을 한다. 강당 앞의 물이 마당을 가로질러 직선으로 빠지는 것을 충(沖)이라 하여, 우리 선조들은 금기시했으므로, 양택풍수의 원리인 좌상우하(左上右下)의 개념을 적용해서 좌상인 동재보다는 우하인 서재 쪽으로 물을 흐르게 하였다. 또한, 전통 건축물들이 금기시했던 직선에 의한 충은 우리나라 고건축

---

16 노송호, 「향교와 서원의 입지 및 외부공간 분석을 통한 한국적 교육환경 모색」, 고려대학교박사학위논문, 2006, p. 31.

17 김지민, 『한국의 유교 건축』, 발언, 1993, p. 57.

에서 다양한 형태로 나타나고 있는데, 울산 향교에서도 외삼문 내삼문 대성전과 명륜당이 수직선상의 건물 배치가 되어있고, 내수의 흐름은 정면이 아닌 남서쪽의 서재의 끝 부분으로 빠져나간다.

1) 명륜당

〈그림 2〉 울산 향교 명륜당

향교의 제도는 성균관의 모든 형식에 따라, 강당은 명륜당(明倫堂)이라 명명했고 경전 학업의 중심으로 삼았다. 명륜당은 향교의 유생들이 수업하던 강당으로 효종 3년(1652년) 구교동(舊校洞)에서 이곳에 이건·중창하였으며, 여러 해에 걸쳐 수차례 중수하여 오늘에 이르고 있다. 명륜당은 정면 6칸이고 측면이 4칸의 규모를 가진 익공계, 홑처마 팔작지붕 건물이다.

기둥은 모두 민흘림 있는 원기둥을 사용하였고, 기둥 상부에는 공포를 두지 않은 납도리 건물이다. 다만 보(補) 머리는 직절하여 윗부분을 일부 초각(岹刻)한 독특한 형식이다. 대청 바닥은 우물마루[18]로 하였고,

---

18 툇마루를 '井(정)' 모양으로 짜는 마루

천장은 보와 서까래가 드러나 보이는 연등천장이다. 각 방의 전면으로
는 퇴를 두었지만, 폭이 균형 맞는 양쪽으로 하나씩 온돌방을 갖추었다.
대청 후면 각 칸에는 쌍여닫이 정자문을 두었고, 대청 전면은 개방하여
개방 마루를 꾸몄다. 각 협실의 전면에는 쌍여닫이 띠살창을 두었고. 지
붕은 맞배지붕이며 좌우에 풍판을 덧대었다. 울산 향교 명륜당의 경우
는 최근에 보수한 흔적은 고졸한 맛은 없지만, 막새를 두었고 모로단청[19]
을 베풀은 점은 강학 영역의 중심 건물로서의 격을 보여주고 있다.

2) 대성전

〈그림 3〉 울산 향교 대성전

대성전은 전면 3칸, 측면 3칸 홑처마 익공계[20] 맞배지붕의 건축 형식
이다. 기단은 막돌로 3벌대로 쌓았으며, 계단은 전면 좌, 우 3단 계단으

---

19 모로단청: 보루단청, 머리단청이라고도 하며, 평방, 창방, 도리, 대들보의 머리초만 그리고 중간
    에는 긋기만 하여 가칠한 상태로 두는 것을 말한다.

20 천장공포, 익공, 하양으로 분류하는데, 익공은 주심포 양식을 간략화한 것으로 지붕 위에 새 날
    개처럼 장식한 것으로 관아, 향교, 서원, 지방의 상류 주택에 많이 사용되었다.

로 신도와 어도를 두어 바닥은 시멘트 몰탈로 마감하였다. 초석은 모두 자연 초석을 인위적으로 모내고 예쁘게 다듬어, 다른 건축물과는 차별성을 두어 사용하였고, 툇기둥 초석도 특별한 것 없이 모두 다듬어 사용하였다. 기둥은 민흘림이 있는 원기둥을 사용하였고, 기둥의 상부에 공포(栱包)는 2익공으로, 보 머리는 봉두(鳳頭) 초각(峭刻)하였다.

또한, 기둥과 기둥 사이에 화려한 화반을 끼웠고, 귀한대에는 용두(龍頭)를 초각하여 매우 장식적(裝飾的)이다. 조선시대 유현(儒賢) 14현을 동무, 서무에 각각 7위씩 나누어 봉안(奉安)하였다. 내부 바닥을 시멘트 몰탈로 처리하였고, 중앙에 공자의 위패(位牌)를 모시고 좌우에는 4성의 위패를 'ㄷ'자로 봉안하였다. 그리고 좌우 측벽에 기대어서 송조 2현과 신라, 고려의 유현(儒賢)을 각 2위씩 나누어 봉안(奉安)하였다.

보와 연골이 드러나 보이는 연동 천장이며, 창호(窓戸)의 구성은 전면 각 칸에 정자살을 수장한 쌍여닫이 판문을 두었는데, 이 정자살 부분은 채광 기능을 한 것으로 보인다. 처마는 전·후면 모두 부연(附椽)을 둔 홑처마이며, 주요 부재의 끝에 머리초를 베푼 모로단청을 올렸다. 벽면은 사각 벽에 방화벽을 덧대어서 비와 방화를 미리 예방하였다.

3) 내삼문

내삼문은 전면 3칸에 일주를 둔 일각문 형식의 맞배지붕 건물이다. 기단의 전면은 막돌을 1.5m 정도로 높은 대를 만들어 11단의 계단을 쌓았다. 대성전의 중문은 높은 존경심이 들게 한다. 초석은 장방형으로 다듬었으나 단부(壇部)는 자연석 모양이 살아 있다.

뒤쪽 중앙의 초석은 중수 과정에서 다듬은 초석을 하나 넣어 사용한 것이 보인다. 기둥은 모두 원기둥을 사용하였고 민흘림이 있다. 기둥 상

〈그림 4〉 울산 향교 내삼문

부에는 3출목의 주심포(柱心包)를 결구(結構)하고 기둥과 기둥 사이에는 귀면(鬼面)에 새긴 화반(花盤)[21]을 수장하였다.

지붕 형식은 맞배지붕이며 양 측면에 풍판을 덧댄 평삼문 형식이다. 처마는 전·후면 모두 부연(附椽)을 둔 겹처마이며, 모두 막새기와를 두어 제향 영역의 주 출입구임을 강조하고 있다. 각 칸에는 쌍여닫이 판문을 두었으며, 태극무늬를 그렸다. 단청(丹靑)은 주요 부재(部材)의 끝에 머리초를 베푼 모로단청으로 하였다.

4) 청원루

향교 건물의 구성도에 사신사의 기준을 적용한 방식으로 대성전과 명륜당이 현무가 되고, 동·서무와 동·서재를 각각 청룡과 백호로 배치하였다. 안산이 너무 멀거나 형세상 없는 경우 청풍루, 세심루, 만화루 등의 건축물을 세워, 사신사의 형국을 갖추려고 노력하였다. 울산 향교

---

21   화반: 초방 위에 장여를 받치기 위해 화분, 연꽃, 사자 등을 그려 끼우는 널빤지

〈그림 5〉 울산 향교 청원루

의 출입구 외삼문은 청원루이다.

청원루는 1711년(숙종 31년) 문루를 세우고 그 후 청원루라 하였다. 청원루는 정면 5칸 측면 2칸 규모의 이익공 겹처마 팔작지붕으로 중층 건물이다.

자연석으로 23계단을 2단으로 조성하여 아래층은 외삼문으로 출입구를 두고 2층은 계자난간을 둘러놓은 누각으로, 오른쪽으로 나무 계단을 두고 여닫이 판문을 달았다. 지붕은 유교의 존엄과 권위를 드러내는 위풍 있는 팔작지붕이며 모로단청 칠을 올려 매우 아름답다.

초석은 모두 자연 초석을 사용하였고 기둥은 민흘림[22]이 없는 원기둥과 8각 기둥을 사용하였다. 전·후면 모두 홑처마이며 단청(丹靑)은 부재의 끝에 머리초를 베푼 모로단청을 하였다. 대성전과의 격에 맞는 청원루는 잘 만들어진 건축물로 매우 아름답다.

---

22 원기둥으로 위쪽보다 아래쪽의 지름을 크게 하는 방식을 말한다.

5) 전교실

〈그림 6〉 울산 향교 전교실

전교실은 정면 4칸, 측면 2칸 납도리 맞배지붕 건물이다. 명륜당의 서측에 별도의 담을 둘러 영역을 구분하였고, 명륜당과 담을 사이에 두고 한 쌍 판문으로 통행하고, 명륜당과 대지의 고저 차이가 있고 1m 정도 낮은 위치에 있다.

기단은 막돌 외벌대 쌓기이며 바닥은 시멘트 몰탈로 마감하였다. 초석(礎石)은 모두 자연 초석이며 기둥은 모두 모기둥을 사용하였다. 칸살잡기는 4칸 규모에 온돌방 3칸, 수장고 9칸, 부엌 1칸이고 'ㅁ'자 집의 구조로 밖으로 출입하는 별도의 대문을 두고 있다.

그리고 3칸 방 전면에 툇마루를 두었고, 미닫이 정자살문을 구성하였다. 풍판을 덧댄 것이 일반 주거와의 차이점이다. 그리고 벽을 방화벽으로 처리한 점이 주목할 만하다.

6) 전사청

전사청은 명륜당의 오른쪽에 위치하고 향사나 행사를 위해 제사용품

<그림 7> 울산 향교 전사청

을 보관하는 장소이다. 초석은 막돌 초석이고 기둥은 방(方) 기둥으로 맞배지붕에 쌍판문을 달았다. 중심에 창고를 두고 왼쪽과 오른쪽 모두 방을 만들었다. 정자살 쌍문을 두고 기단은 막돌 쌓기를, 벽체는 방화벽을 하였다.

4. 울산 향교의 풍수지리 분석

1) 내룡맥 분석

울산광역시는 지리적으로는 한반도의 동남단 태백산맥의 남단에 위치한다. 산지성 융기 해안형에 속하는 해안선은 비교적 단순한 발달을 보이며 동해에 접하고 있다. 울산시 역을 중심으로 한 울산만 부근과 북구 신명동에서 시작하여 서생면 신안리를 연결하는 동남해안선은 평균 고도 100m 내외의 해안선 저구릉 지대를 형성하고,[23] 외청룡과 외백호 보

---

23 울산광역시, 울산광역시 2002 파트 참조.

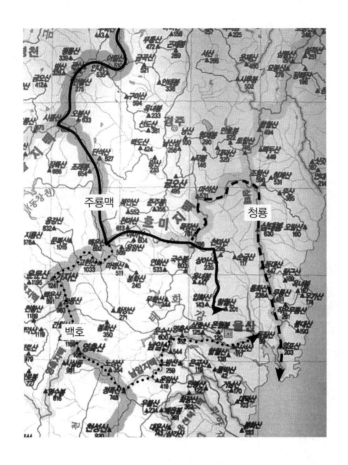

국(保局) 내에 울산시 중구와 남구 북구가 있고, 서에서 동으로 태화강이,
북에서 남으로 동천강이 흘러 명촌에서 합수한다.

백두대간의 태백산에서 낙맥한 낙동정맥이 백운산(892m)을 일으키고,
상강봉에서 분맥한 호미지맥은 동북 간(艮)룡으로 방향을 잡아 행룡하다
가 천마산(613m)에서 다시 크게 일어나 동쪽 진(震) 방향으로 내룡하여 과
협과 영송사를 크게 굴신하면서 치술령(765m)을 지난다. 치술령에서 동
남으로 분맥한 용맥은 길게 좌우굴신하며 동쪽으로 행룡하여 다시 남쪽

인 이(離) 방향으로 분맥한다. 용맥은 과협과 굴신을 거듭하며 곳곳에 작은 금성체, 수성체를 만들면서 험한 바위 기운을 털고 탈세하여 밝고 고운 흙으로 목성체의 중조산인 입화산(143m)에서 동쪽으로 행룡한다. 그리고 크게 굴신하며 과협을 만들고 우뚝 솟은 큰 동종의 모습을 한 울산 향교의 주산인 금성체의 함월산(210m)에 이른다. 함월산에서 수성의 성체가 동남쪽으로 맥을 내려 학성에 이르는데, 함월산 500여m에서 우출맥하여 내룡이 울산 향교 중심 내룡으로 진행하여 목성체의 작은 봉을 성봉하고, 개장하여 왼쪽 청룡과 우측 백호 중심용이 천심하여 울산 향교로 임좌병향으로 계수즉지했다. 지금은 울산시의 2006년 혁신 도시 건설 토목 공사로 용맥의 진행 과정이 대부분 훼손되어 2005년 이전 지도로 추측할 수밖에 없어서 아쉽다. 혁신 도시 내 한국인력관리공단 본부, 근로복지공단부지의 500m 용맥 훼손 과정을 거쳐 작게 성봉하고 태식잉육의 과정을 지나서 울산 향교의 중심혈을 만드는데, 혈후부터 300m 부분이 8선 도로인 북부순환 도로와 주택 건설로 인한 울산 향교의 입수 용맥 훼손으로 내룡맥 입수 과정을 정확하게 알 수 없어 추측할 뿐이다. 입수 도두는 단단한 지반으로 볼록 솟아 만들어졌고, 현재 그 형태는 앞쪽 일부분만 남아 있고 60% 정도는 훼손되었으며, 입수에서 개장하여 좌우 매미 날개 같은 선익이 있고 천심으로 혈을 만들고, 혈은 청룡과 백호의 호종으로 청룡의 계수를 만나 용진혈적 했다.

2) 사신사 분석

향교의 현무인 함월산은 금성체로, 솥을 엎어 놓은 듯하여 봉우리가 넓고 평평하다. 함월산의 윗부분은 대부분 주택과 아파트가 조성되어 〈울산시 중구 성안동〉에 있다.

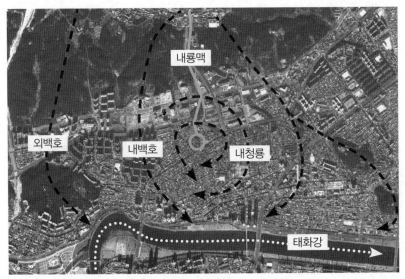

〈그림 9〉 내룡맥도

외청룡은 묵장산(781m)에서 동북 艮(간) 방향으로 돌려 조항산(596m)에서 분맥한 용맥인 삼태지맥은 삼태봉(630m), 동대산(447m), 신흥재(451m), 무룡산(451m), 염포산(203m)까지 길게 행룡하여 울산 향교의 외청룡으로 환포하고 바다의 큰바람과 찬바람을 막는 수구를 만들었다. 외청룡은 함월산 금성체의 성봉으로 청룡의 여러 맥을 겹겹이 호종하고 있다. 본 신룡인 용호는 혈후 1절에서 좌우 출맥하여 짧은 좌우 청룡과 백호를 만들었고 청룡보다 백호가 짧다. 혈후 2절에서 개장하는데 청룡은 길게 진행하고 백호는 짧다. 혈후 500m 지점에서 주맥과 청룡맥이 분맥하여 청룡이 중심용의 진행을 막고 호종하여, 중심 용맥은 중심 공간인 양택지를 만든다.

외백호는 낙동정맥의 정족산에서 동북간 방향으로 분맥한 남암지맥으로 정족산(748m)에서 동북 艮(간) 방향으로 분맥, 남암지맥으로 동북쪽으로 길게 행룡하여 문수산(600m), 신선산(117m), 돗질산(89m)에 이르는데 그곳이 울산시 남구 장생포이다. 울산 향교의 외수구이며 태화강을 사이에 두고 청룡인 염포산과 마주한다. 내백호는 함월산의 여러 맥 중 한 맥이 울산 향교의 주맥을 따라 우출맥하여 계수와 같이 약 2,000m 동반 진행하여 울산 향교 주맥을 호종하는 백호다.

울산 향교의 청룡과 안산은 혈과의 거리가 100m 정도로 매우 가까이 토성체가 있고, 안산은 도시화로 주택이 건축되어 그 형태는 할 수 없다. 그러나 산의 형태는 토형산으로 본다. 다만 380m 앞 수성체의 양사초등학교와 450m 밖의 태화강, 그리고 900m 멀리 신선산의 목성체가 암공으로 보인다.

3) 혈 분석

울산 향교의 혈후 3~4절에 작은 입체봉인 금성산을 성봉하고 좌우로 개장하여 용호를 만들었으며, 주용맥은 좌·우로 실뱀이 물을 타는 듯이 위이하며 행룡한다. 결인(과협)은 봉요(벌의 허리)처럼 잘록하게 좁아 이를 중심으로 좌우로 흐르고, 입수맥은 과협을 지나 만두(잉)인 입수도두(승금)를 둥글고 단단한 흙성으로 만들었으며, 좌우 한 쌍의 선익(매미의 날개 같은 모습)이 분명하다. 입수 1절 중심맥이 천심맥으로 혈로 입수하였고, 혈은 유혈로 솟아올라 부르고 평탄하며, 상분하합의 인목이 분명하고 좌우의 관사가 한 쌍을 이루며 혈의 균형이 맞다. 진혈의 여기가 혈장 아래에 모여 있는 향교의 전순은 앞이 들리고 크고 둥글며 높이가 3m 정도로 높고, 큰 방석을 둔 것처럼 앞이 들리고 균형도 이루고 생기도 잘 멈추고 있다. 혈도는 홍황자윤의 비석 비토의 땅이고, 입혈맥은 임좌병향으로 결지했다.

<그림 10> 입수룡   <그림 11> 입수 현무

<그림 12> 전순과 지각   <그림 13> 소조산 용맥 개장천심

4) 수세 분석

울산 향교의 외수는 태화강과 동천강이다. 태화강은 그 물이 깊고 맑으며 흐름이 호수와 같이 고여 있어서 강우가 많아 강물의 수위가 높을 때도 물소리 없이 조용히 천천히 흐른다. 태(兌)[서] 방위에서 진(震)[동]으로, 그 발원은 외백호 용맥과 같이하며 외백호수는 서출동류(西出東流)한다.

가지산(1,241m)에서 발원하여 울산의 서쪽 언양 지역을 지나서 반송마을 구영리로 태화 삼산과 성남동을 지나 명촌에서 동천강인 지천과 합류하고, 태화강은 45.43㎞ 흘러 동해로 흐른다. 또 하나의 외백호수는 국수봉(603m)과 치술령에서 발원하여 흐르다가, 삼정리에서 남으로 방향을 돌며, 백운산(892m)에서 흐르는 서하천과 고헌산(1,033m)에서 동으로 흐르는 구량천과 합류해서 반구천이 되어 사연마을에서 태화강과 합류한다. 내백호수는 주산인 함월산에서 발원하여 주맥과 백호맥 사이를 1,500m 동행하면서 울산 향교 앞에서 잠시 멈추었다가 태화강에 합류한다.

외청룡수는 동천강이며 강우 시에는 유량이 많다. 비가 그치면 강바닥이 마르는 건천으로 감(坎) 방위에서 이(離) 방위로 북에서 남으로 흐른다. 외백호맥과 동행하며 천마산(295m)에서 발원하여 구불구불 경주시 외동읍 모화리, 울산시 북구 이화리, 호계리 송정리, 명촌에서 약 20㎞ 흘러 태화강에 합류한다. 함월산은 울산 향교의 주룡맥을 사이에 두고 지각과 용맥을 겹겹이 하고, 지천과 계수가 혈 앞에서 모여 대팔자, 소팔자가 혈을 보며 지당에 모여 내청룡과 내백호 사이의 파구에서 빠져나간다. 혈후 2절에서 분맥한 용맥 사이로 팔자수가 청룡수가 되어 혈 앞 양수로 혈 앞 지당에서 정미 방향으로 파구되고 그 끝은 보이지 않는다. 혈후 1절 내팔자수는 입수 만두에서 상분(相分)하여 대성전을 안고 명륜당에서 가장 넓은 공간을 지나 서재 전순의 청원루 사이에 하합(下合)하여 정미(丁未) 쪽으로 흐른다.

5) 좌향 분석

『언양향교지』에 기록된 내용을 인용하면, "숙종 21년(1696년) 언양현 유생들이 향교의 지리가 길지(吉地)가 아니어서 옛터로 옮겨 달라 소청하여 덕천으로 다시 이건함(언양 향교의 현 위치)"[24] 이 기록의 내용을 통해 조선시대의

---

24 김해미, 「조선 후기 울산언양 지역 교육실태 조사 연구」, 한국교원대학교 석사논문, 2018, p. 33.

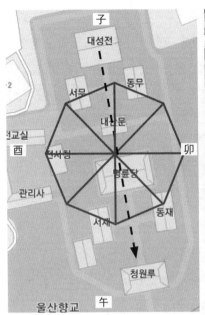

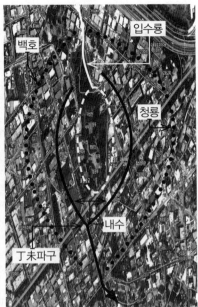

<그림 14> 동사택　　　　　　　　　　　　　　　　　　　　〈그림 15〉 88향법 자왕향

지식인은 풍수지리학을 실생활에 적용해 건축했다는 사실을 알 수 있다.

　울산 향교의 동·서사택론으로 보면, 대성전과 중문의 일곽은 임(壬)좌는 감(坎)방이고, 병(丙) 향 이(離) 방위로 동사택이다. 명륜당과 청원루 일곽으로 임(壬)좌 감(坎)이고 병(丙) 향 이(離)로 동사택이다. 88향법으로 울산 향교의 중심 공간인 혈을 보면, 임자 방위에서 입수 1절이고 청룡 건해(乾亥)에서 계수(溪水)가 시작하여 갑묘, 을진, 손사, 병오를 지나 정미에서 파구되는 향으로 자왕향(自旺向)[25]이다.

25　자왕향: 사대국의 정고로 파구되고, 정국 12포태법으로 사향인데 향산 작국을 하여 향산왕방을 자왕향이라 한다.

6) 비보 분석

울산 향교의 보국 내는 도시화가 진행되어서 사신사 내룡맥인 청룡과 백호 안산에 이르기까지 모두 현대화 건물이 들어섰다. 바라보이는 어떤 경관도 아름답지 않고, 고층 주택이 보이는 곳도 있다. 대성전 뒤 입수 부분에 북쪽에서 불어오는 차가운 바람과 소음을 막기 위해 대나무와 은행나무를 길게 심었다. 여름과 겨울의 계절별 온도 변화를 대비하는 데 대나무 숲에서 나오는 시원한 바람을 이용했다. 청룡 능선을 훼손하고 빽빽이 들어선 콘크리트 주택들의 흉함을 막기 위해 향교 담장 밖으로 소나무를 심어 차폐하였다. 백호 능선에도 도시 개발로 주택이 빈틈없이 들어서 있고 차량의 소음과 생활 소음을 막기 위해 소나무와 은행나무를 식재하여 차폐하고 있다. 울산 향교의 사신사는 완벽한 보국을 만들었고 완벽한 보국 속에 도시화 과정에서의 생활 소음과 콘크리트 구조물을 막고 보호한다.

〈그림 16〉 대성전 뒤 차폐

<그림 17> 청룡능선 차폐 소나무　　　　　<그림 18> 백호능선 차폐 소나무

5. 나가는 글

본 연구에서는 울산 향교 입지 선정부터 건축물 건축 과정과 건축물의 배치 과정까지 유교 사상에 입각하여 풍수지리 이론에 의해 건축되었음을 고찰해 보았다.

울산 향교는 조선 초 '한 고을 한 향교' 정책으로 이미 초기에 건축되었던 것으로 보인다. 그 시대의 지배 계층은 유교를 통치 이념으로 삼았으며, 유학을 가르치고 백성을 교화하기 위해 국가에 의해 고을 수령의 감독으로 향교가 설립되었다. 향교는 유학의 위상을 높이고 지방민이 유교로써 중앙 정치에 참여할 수 있는 길이었기 때문에 향교의 입지 선택과 건축 과정에서 산과 물을 세심히 검증하여 길지를 선정하였다.

울산 지역은 오래전부터 문관보다 무관들이 숭상하는 지역이었다. 그것은 일본과 지리적으로 가깝고, 또 일본으로부터 상업도 이루어졌으며, 침략을 많이 받은 이유로 조선의 육군과 수군이 주둔하고 있었던 방어진과 경상우병영이 있던 곳이었기 때문이다. 이런 울산 지역에 문풍을 일으키기 위해 향교와 서원의 이건과 보수가 끊임없이 이루어졌다.

울산 지역은 임진왜란으로 향교가 모두 소실되고 효종 3년(1652) 고을 선비 이협 등이 청하니 감사가 임금께 계를 올려서 윤허를 받고 이듬해 부의 서쪽 3리로 자리를 옮긴 현재의 위치에 건축되었다.

울산 향교는 조선시대 공교육 기관으로 주변 산세와 수세를 세밀히 관찰하여 입지를 선정했다. 특히 내룡맥이 끝나는 용진처에 재혈하여 건축하였으며, 양택 이론에 부합하는 배산임수, 전저후고 땅에 입지하였음을 증명하였다.

울산 향교의 입수는 단단한 비석 비토의 땅으로 먼 거리에서 과협과 지현(之玄)으로 탈세하여 돌, 바위 없이 흙으로 온다. 좌우 선익이 분명하고 귀사, 요사, 관사가 분명한 혈로서, 혈토 또한 밝고 단단하고 강한하여 유혈의 혈증을 잘 보여주고 있는 분명한 혈이다.

향교의 보국은 완벽한 것으로 보인다. 주산과 현무가 혈 뒤에 우뚝 솟아 있고 좌청룡과 우백호의 높이가 혈보다 높아 바람을 잘 막고 안산 또한 가깝고 혈보다 높다. 사신사가 보국을 환포하고 있으나, 이를 보완하기 위해 담을 쌓고 나무를 심었고, 명륜당에는 바람을 막기 위해 청원루를 세우고 좌우에 동·서무를 세웠다. 대성전에는 내삼문을 세웠고 좌우로 동무와 서무를 세워 대성전 향교 전체 日(일) 형국으로 재혈하였으며, 향은 남향으로 대부분의 향교와 같다. 향교의 사신사는 도시의 개발로 주택과 고층 건물이 건축되어 있어 옛 모습은 많이 훼손되었고, 주 산맥이 혁신 도시로 훼손 정도가 매우 심하여, 생기의 계속적인 지기 에너지의 공급에 한계가 있어 보인다.

지리산 화엄사의
풍수 입지와 공간 구성[1]

박 성 욱[2]

1. 들어가는 글

2. 화엄사의 개관

   1) 화엄사의 개관

   2) 화엄사의 연혁

3. 화엄사의 가람

   1) 화엄사의 전설

   2) 화엄사의 가람

4. 화엄사 풍수지리 분석

   1) 화엄사의 경관 분석

   2) 화엄사의 비보 분석

5. 나가는 글

---

1   본 글은 필자의 「지리산 화엄사의 입지와 공간 구성에 관한 풍수지리적 연구」, 영남대 석사학위
     논문, 2019의 일부를 발췌하여 수정 보완한 글이다.

2   영남대학교 환경보건대학원 환경설계학과 석사졸업, 現 SK 에너지 근무 중.

1. 들어가는 글

신라 불교는 고구려의 아도화상에 의해 전파되었다고 전해진다. 한반도로 전래되어 한국적 불교로 정착하는 과정 중 여러 분야에서 많은 변화를 겪게 된다. 사찰이 누구에 의해 세워졌느냐가 사찰의 입지 변화에서 중요한 역할을 했다. 불교 도입 초기 당시의 상황으로 볼 때 강력한 왕실과 귀족들에 의해 사찰이 광범위하게 세워졌고, 토착 민속 신앙의 중심 터가 되었던 영지(靈地)에 사찰이 세워졌다. 불교 전승 초기의 사찰 입지는 토착 신앙과 정치적 배경, 우리나라 특유의 산세와 교리적 관점과 상호 충돌하지 않고 수용을 거쳐 통섭, 융화되어 갔다.[3]

이같이 서로 융합되어 가는 과정에 화엄경이 7세기경에 신라에 유입된다. 이 시기에 많은 유학승들이 신라에서 당나라로 불법(佛法)을 찾아갔다. 대표적인 유학승이 자장율사(慈藏律師)와 의상대사(義湘大師)이다. 자장율사, 의상대사, 그리고 원효대사와 그의 제자들이 왕명을 받아 화엄 십찰(華嚴十刹)을 창건했다.

화엄 사상과 화엄종은 호국 불교와 민속 불교의 차원에 머물러 있던 불교계에 그 논리적 체계와 거대한 세계관으로 영향을 미친다. 당나라에서 유학한 유학승들은 불교 교리뿐만 아니라 당나라에서 글로 표현된 체계적인 풍수지리도 같이 들여오게 된다. 의상과 그의 제자들에 의해 창건 혹은 재구성된 대표적인 화엄 사찰을 화엄 십찰이라 한다. 화엄 십찰을 창건 시기 및 창건 배경에 따라 크게 두 가지로 나누어 볼 수 있다. 즉 통일신라 말 화엄종이 전국의 주요 산을 중심으로 세력을 확대하는 과정에서 삼국시대부터 존재했던 기존의 소규모 산지 사찰이 화엄종으

---

3   김종원, 「사찰풍수를 통해 본 한국사찰의 가람위치 연구」, 전남대 박사학위논문, 2011, p. 2.

로 개창된 경우와 통일신라 시대에 화엄종 사원으로 창건된 사찰의 두 가지로 나누어 볼 수 있다.

화엄사는 기존 사원이 개창된 경우이다. 화엄 사찰의 입지적 특성은 화엄 사상을 통한 전체 왕권의 확립이라는 의도와 맞물려 오악과 같은 각 지방의 전략적, 군사적 요충지에 입지하게 됨으로써 비탈진 산 중턱의 경사지에 높은 축대를 쌓아 올려 가람을 배치한 것이 공통적인 것이라고 할 수 있다.[4]

통일신라가 전국적으로 화엄 십찰을 건립한 목적을 정치적으로 풀이하면 화엄 사상은 일즉다 다즉일(一則多 多則一)의 원융 사상(圓融思想)을 중심으로, 위계질서와 통일성을 강조한 전제 군주의 중앙 집권적 국가 체제에 적절한 교리였으므로 이를 통해 고구려 백제의 망국민을 포섭하여 공존의 기틀을 잡아 통일신라의 사회적 기반을 공고히 하려는 목적이 있었다. 이로 인해 화엄 사찰의 건립은 정치적 의미를 가지는 곳에 창건한 것도 있다.[5] 이와 같은 이유로 삼국 통일 후 사찰의 창건 또는 중건에 자생 풍수와 화엄 사상의 결합이 이루어져 새로운 풍수가 탄생하였는지는 역사서에 나와 있지는 않다. 화엄사에 관한 건축, 미술, 조경, 역사에 관해 연구는 많이 있다. 그러나 우리 전통의 풍수지리학적 연구는 원론적이고 추상적인 설명에 그치고 있는 실정이다.

따라서 본 연구는 화엄 사상과 통일신라 시대의 대표적인 사찰인 화엄사의 주변 산과 천, 대지 조성의 높낮이 및 사찰 내의 건축물 등 주변 환경을 통하여 풍수지리적인 형식 논리를 근거로 화엄 사찰의 입지 특

---

4   김일림, 「화엄 십찰의 입지요인」, 한국사진지리학회지 제27권 제1호, 2017, pp. 188~189, p. 193.

5   김규순 「풍수지리관점에서 본 세계문화유산」 영남대 환경대학원 풍수지리심포지엄, 2019, p. 64.

성을 분석해 보고, 풍수적 특징을 밝혀 보고자 함을 목적으로 한다.

2. 화엄사의 개관

1) 화엄사의 개관

화엄사는 사적 제505호이며 대한불교 조계종 제19교구의 본사이다. 태백산의 부석사가 신라 화엄종의 종찰(宗刹)로서 신라 화엄의 창립자 의상의 적통을 계승하며 신라 불교계를 주도한 것에 비해 지리산의 화엄사는 의상의 화엄을 주축으로 하면서도 기신론(起信論)[6]과의 조화를 꾀하는 등 포용적인 관점을 지향하며 독창적인 면모를 이루었다. 그래서 신라 말에는 북악 부석사와 남악 화엄사가 서로 다른 사상적 견해를 보였다가 고려에 들어서 하나로 종합되었다.[7]

화엄종의 근본 경전인 화엄경(華嚴經)은 원명은 『대방광불화엄경』이며 권수에 따라 60화엄, 80화엄, 40화엄 3본이 있다. 화엄 사상은 4세기 무렵 중앙아시아에서 성립된 대승 경전의 최고봉 『대방광불화엄경』을 소의경전으로 하여 정립된 사상이며, 화엄종은 이러한 화엄 사상을 바탕으로 한 불교 종파이다. 한국 불교사에 있어 화엄 사상이 차지하는 비중은 상당히 크다. 특히 통일신라의 경우 화엄종은 가장 주도적인 위치에 있는 불교 종파였다.[8]

---

6 인도의 승려 마명이 지었다고 전해지는, 대승 불교의 교리를 통론적으로 서술한 책. 중국은 물론 한국과 일본 등의 화엄, 천태(天台), 선(禪), 정토(淨土), 진언(眞言) 등의 주요 종파에 영향을 끼쳤다.

7 이동영, 「지리산 화엄사 가람의 조영사상에 관한 연구」 청주대 박사학위논문, 2000, p. 57.

8 김상현, 『신라 화엄 사상사 연구』, 민족사, 1991, p. 13.

중도 사상을 바탕으로 한 의상의 화엄 사상은 실천행을 중시하였고, 이는 문도에게 지속적으로 화엄 교학과 정토 신앙의 실천을 이어 나가도록 하려는 것이었다. 화엄경에 토대를 둔 구도적인 관음 신앙과 서방 정토를 본체로 삼는 아미타불이 이 땅에서 중생을 정토로 이끈다는 미타 신앙을 실천한 의상의 화엄 교단은 통일기 신라 사회가 지향하던 사회 안정을 선도했다.[9]

화엄사가 위치한 곳은 지리산의 노고단에서 남쪽의 형제봉으로 이어지는 동편 능선과 노고단 서편 종석대에서부터 남쪽의 차일봉과 원사봉으로 이어지는 서편 능선 사이에, 남북 방향으로 곧고 깊게 침식된 하곡을 형성하고 있는 지형에서, 서편 능선의 원사봉 동편 사면에 화엄종의 종찰인 화엄사가 이곳에 위치한다. 화엄을 중심으로 절집이 가득한 이 계곡이 바로 화엄의 불국 세계로 불리는 화엄동천이다. 화엄사는 한때 8원 81암자를 거느렸던 대찰이었다. 화엄사 계곡에는 헤아릴 수 없이 많은 암자가 총총히 자리하고 있어 큰 절에서부터 노고단까지 큰소리로 전달하면 소리로써 이어갈 수 있었다고 한다. 이 밖에도 고려 및 조선시대에는 원소암, 청련암, 적기암, 은무암, 은성암, 백련사, 도선굴, 연기암, 보적암, 내원암, 봉천암, 문수암 등 상당히 많은 암자가 있었다. 지금은 거의 모든 암자가 없어지고 구층암을 비롯한 금정암과 지장암, 연기암 등 몇 개만 남아 있다.

1636년(인조 14)에 화엄사 대웅전을 완공시키니 1650(효종 원년)에는 나라에서 화엄사에 선종대가람(禪宗大伽藍)이라는 교지를 내린다. 대웅전은 화엄사에 현존하는 건물 중 가장 오래된 중심 건물이라 할 수 있는데 정면

---

9   김일림, 「화엄 십찰의 입지요인」, 『한국사진지리학회지』 제27권 제1호, 2017, p. 189.

은 5칸이다. 대웅전 현판은 원종(元宗)의 동모제(同母弟)로 인조의 유일한 친숙부였던 의창군 광(義昌君 珖, 1589~1645)이 쓰고 그 사실을 낙관으로 표시했다. 이는 억불 체제 아래에서 왕실의 힘을 빌려 사격을 높이고 관리와 유생들의 침해를 방지하기 위한 방편이었다.

전각 안에는 흙으로 빚은 삼존불을 모셨다. 화엄종의 주존인 비로자나불을 본존으로, 노사나불과 석가모니불을 좌우로 모셔 법, 보, 화 삼신불을 이루고 있고 협시보살[10]은 한 분도 모시지 않았다. 이 삼존불은 중창 당시에 빚어졌을 것이다. 사적기에는 불상 제작자 이름을 적어 놓아 제작자 이름까지 알 수 있다.

〈그림 1〉 화엄사 대웅전

---

10 불교에서 협시(協侍)란 부처님을 좌우 양쪽에서 모시는 두 보살을 말한다.

순서	문화재명	문화재 지정
1	각황전 앞 석등	국보 제12호
2	4사자 3층 석탑	국보 제35호
3	각황전	국보 제67호
4	영산회괘불탱	국보 제301호
5	동 5층 석탑 보물	보물 제132호
6	서 5층 석탑	보물 제133호
7	대웅전	보물 제299호
8	원통전 앞 사자탑	보물 제300호
9	화엄석경	보물 제1040호
10	올벚나무	천연기념물 제38호
11	보제루	전라남도 유형문화재 제49호
12	구충암 석등	전라남도 유형문화재 제132호

중앙의 비로자나불은 불멸의 원리 자체를 상징하기에 법신(法身)이라 하고 앞에서 보았을 때 오른쪽에 있는 노사나불은 보살로 있으면서 원과 행을 닦아 얻은 인연으로 이룬 보신(報身)이라 하므로 보관을 쓴 보살상을 표현하였다. 왼쪽의 석가모니불은 이념적인 불신이 실제 현실적으로 이 세상에 몸을 나타내 보인 것이기 때문에 화신(化身)이라 한다.[11]

2) 화엄사의 연혁

화엄사는 544년(신라 진흥왕 5)에 연기(烟起, 緣起) 스님에 의하여 창건되었

11　최완수, 『명찰순례』, 1994, 대원사, pp. 42~50.

고, 자장율사가 중창한 국내 육찰(六刹)이라 전한다. 화엄사의 창건에 대해서는 여러 설이 있었고, 창건주 연기 또한 매우 전설적인 인물로 알려져 왔다. 남효온(南孝溫, 1454~1492)은 1487년(성종18)에 쓴 「지리산일과(智異山日課)」에서 '황둔사(黃芚寺)의 옛 이름은 화엄으로 명승 연기가 창건했다'고 했다. 「신증동국여지승람」에는 시대는 분명하지 않으나 승려 연기가 화엄사를 세웠다고 했다.[12] 그리고 17세기 전반 화엄사의 고로(古老)들도 연기가 화엄사를 창건했다고 말하고 있었다. 비록 한자 표기는 달라도 그 음은 모두 연기로 되어 있었다. 따라서 화엄사의 창건자가 연기였음은 의심의 여지가 없다.[13]

이같이 화엄사의 창건이나 창건주, 중건에 대해서는 여러 가지 설이 있지만 1979년 황룡사지 발굴 조사에서 발견된 「신라백지묵서대방광불화엄경」의 발문에 의하면 754년(경덕왕 13) 황룡사 연기조사의 발원으로 화엄사를 건립하기 시작하여 이듬해 완성되었다고 되어 있다. 따라서 이 절의 창건연대와 창건주가 분명하게 밝혀졌으며 절의 이름은 '화엄경'[14]에서 두 자를 따온 것이다. 그 뒤 신라 말 이곳으로 출가한 도선국사에 의해 크게 중수되었다. 신라시대에도 뚜렷한 위치를 차지하였던 화엄사는 고려조를 통해 더욱 중요한 역할을 맡게 되었다. 고려시대에 들어와 최초의 중수는 고려 태조의 명에 의해 943(태조 26)에 이루어졌다. 태조는 도선(道詵)의 유촉(遺囑)에 따라 오백선찰(五百禪刹)을 먼저 건립하고

---

12 「新增東國輿地勝覽」 卷39 南原都護府 佛宇條

13 최영욱, 「사찰관광을 통한 포교 활성화 방안 연구」, 중앙승가대 석사학위논문, 2018, p. 12.

14 화엄 사상은 우주의 모든 사물이 그 어느 하나라도 홀로 있거나, 홀로 일어나는 일 없이 모두가 서로의 원인이 되며, 대립을 초월하여 하나로 융합하고 있다는 사상이다.

다음에 삼천오백사를 세울 것을 명령하였으며 화엄사는 이들 비보 사찰의 수찰(首刹)로서 제일 먼저 중수되었다. 도선의 주처(住處)였던 화엄사에 대한 최대의 배려였다고 생각된다.

이후 중수에 대하여 〈사지(寺誌)〉에서는 〈고려호법외기〉를 인용하여 다음과 같이 중수되었음을 기록하였다. 고려 광종 대에는 홍경선사가 당우와 암자를 증축했으며, 문종 대에는 곡물을 저장하기 위한 사고 2채를 일주문 밖에 건립했다. 인종 대에는 정인왕사가 중수했으며 충숙왕 대에는 조형황사가 대대적으로 보수했다. 1424년(세종6) 선종 대본산으로 승격되었으나 임진왜란 때 대부분 건물이 소실되었고 이때 장륙전의 벽을 장식했던 석경도 파손되어 지금은 각황전과 동국대학교 박물관에 각각 소장되어 있다. 1630년(인조8) 벽암대사가 중건하기 시작하여 7년만인 1636년 대웅전과 요사채 등이 완공되었다.

1702년(숙종28) 벽암선사의 제자였던 성능이 장육전을 중건하고 다음해에 삼존불과 보살상 4구를 완성하고는 경찬 대법회를 열었는데, 이때 숙종이 각황전이라 사액하고 화엄사를 선교양종대가람이라 했다. 가람배치는 대웅전과 누문을 잇는 중심축과 각황전과 석등을 연결하는 동서축이 서로 직각을 이루고 있으며 대웅전 앞에는 동서 5층 석탑이 비대칭으로 서 있는 독특한 형식이다. 이 절은 화엄종의 중심 사찰로 많은 고승이 머물면서 화엄 사상을 펼쳐 나간 곳이기도 하다. 현재 경내에는 17세기 이후의 건물만 남아 있는데, 대표적인 예로는 각황전을 비롯하여 대웅전, 영산전, 나한전, 원통전, 명부전, 적조당 노전으로 사용되는 삼전 등이 있다.

임란 이후 소실된 전각에 대한 대대적인 복구가 진행되었는데 사원(寺院)의 복구는 시기를 두면서 1894년 고종 때까지 꾸준히 진행되었다. 대표적인 복구 전각인 대웅전과 각황전의 중건이 가장 큰 규모의 중수(重修)였다. 이 점에서 대웅전과 각황전이 초기의 모습과는 어떤 차이를 보이는지는 중요한 의미를 주고 있다. 화엄사는 임진왜란 이후 소실에 대한 복구를 약 200년에 걸쳐 보수 공사를 하였다. 화엄사가 개창(開創)된 이후 최근 세기까지 1,400여 년에 걸쳐 중건과 보수의 역사가 있어 온 것이다.

화엄사는 단시일 내에 완성되었다기보다는 시간의 경과와 함께 꾸준히 건축이 진행되었고, 때로는 임란과 같은 외부의 침입에 의해 사원의 대부분이 소실되는 경우도 있었다. 화엄사는 사원의 경관을 중심으로 두 가지 특색을 가짐을 알 수 있다.

첫째, 화엄계 가람의 원형을 유지하고 있다. 화엄계 가람 경관은 화엄 사상으로부터 유래했다. 원형은 이후 조선시대까지 유지되어 화엄계 가람 종류 경관으로 분류된다. 둘째, 화엄사는 시간이 경과함에 따라 증축, 중창, 중수의 과정이 있게 된다. 17세기 이후 중건된 대웅전과 각황전은 신라 때 조성되었던 대웅전과 장육전과는 다른 내부 구성 양식과 규모를 갖추게 된다. 여기에는 시대적 배경이 작용하는데 조선 불교는 신라 때에 비해 상대적으로 교세가 축소됨으로써 전각의 새로운 중건 증축에서 전각의 외관이 주는 의미를 찾기보다는 전각 내부의 장엄에 치중하게 된다.[15]

---

15 이동영, 「지리산 화엄사 가람의 조영사상에 관한 연구」, 청주대 박사학위논문, pp. 68~73.

3. 화엄사의 가람

1) 화엄사의 전설

화엄사 경내 각황전의 중창(重創)에 관련된 사찰 전설이다. 임진왜란 때 불탄 화엄사를 다시 짓기 위해 불사를 전담할 화주승을 선발하기로 하였다. 물독에 손을 넣어 물에 젖은 손을 다시 밀가루가 든 독에 넣어 밀가루가 묻어나지 않는 스님을 적임자로 정하기로 하였다. 모든 스님의 손에 밀가루가 묻어 나오는데, 마지막으로 공양주 스님만은 밀가루가 묻지 않았다. 한편, 문수보살이 화주승에게 현몽하여 이르되 절을 나가서 처음 만나는 사람에게 무조건 시주를 받아야 한다고 당부하였다. 그런데 화주승이 절을 나가서 처음 만난 사람은 동냥을 해서 먹고사는 거지 노파였다. 이 노파에게 사정을 이야기하고 시주를 청하자 노파는 매우 난감해 하다가, 다음 생에 시주하겠다는 말을 남기고 냇물에 빠져 죽고 만다. 화주승은 여인을 죽게 한 죄의식으로 여러 해 동안 세상을 떠돌다가 중국의 수도에 들어간다. 그런데 중국의 공주가 태어나면서부터 한쪽 손을 쥐고서 펴지 못하고 있어서 불력으로 이를 펴게 하니 손바닥에 장육전이라고 쓰여 있었다. 이에 황제가 부처의 가호로 알고 장육전 불사의 경비를 모두 대고, 황제에게 불교 사상을 깨우쳐 주었다고 하여 그 이름을 각황전(覺皇殿)이라고 사액(賜額)하였다.

이 이야기는 화엄사의 각황전 전설이지만 〈화엄사중창설화〉로 전승되기도 한다. 이 경우는 왜란으로 절이 불탄 것이 아니라 절의 살림이 매우 어려워 시주를 나서는 이야기로 변이된다. 각 편에 따라 이 공양주는 거지 노파, 빨래하는 여인, 남성 노인으로 바뀐다. 그리고 공양주는 청나라 공주, 당나라 왕자, 중국 황제로 환생하기도 한다. 또한, 장애 요소는 공주나 왕자가 한쪽 손을 펴지 못하거나 벙어리인 것으로 설정되거나 황제가 모진 병이 들었지만 백약이 무효한 것으로 그려진다.

역사 기록으로 보면 화엄사의 각황전은 조선 숙종이 불사에 필요한 경비를 지원하고 '각황전'이라고 사액한 것으로 되어있다. 유교 국가인 조선의 국왕이 불사를 위해 거금을 하사한 것을 극적으로 설명하고자 하는 민중의 의지가 민간전승의 설화소를 결합한 것으로 보인다.

2) 화엄사의 가람

화엄사는 계곡 옆의 진입로를 계속 올라가다 보면 왼쪽으로 화엄사 고승들의 부도(浮屠)가 나타나게 되며, 조금 더 가다 보면 다리 앞의 일주문을 만나게 된다. 일주문을 지나 완만한 경사로를 오르면 왼쪽으로 종무소가 있고 오른쪽으로 고려 초기에 조성된 것으로 알려진 돌 항아리, 석옹(石甕)이 있다. 일주문에서 50여m 올라가면 금강문이 나타나고 이곳에서 약간 왼쪽으로 축(軸)이 꺾이어 천왕문이 위치하고 있다.

천왕문의 좌·우측에는 현재 요사채 건물이 들어서 있으며 천왕문을 지나면 강당인 보제루가 천왕문과 중심축에서 좌측으로 치우쳐 있다. 보제루 앞의 높은 석계를 오르면 우측 모서리 사이로 통로가 열리면서 진입자의 동선을 이곳으로 유도한다. 이 통로를 통해 시선은 마당으로 유입되며 마당 안의 동5층 석탑이 나타나는데, 이 석탑은 그것이 가진 불교적 의미와 함께 재료, 형태의 특이성으로 인하여 시선의 초점이 된다.

한편 동쪽으로는 적묵당(寂黙堂)이 위치하고 있으며, 북쪽 축대 위에 대웅전과 그 옆으로 원통전(圓通殿), 영전(影殿), 나한전(羅漢殿), 그리고 명부전(冥府殿)이 놓이고 대웅전 앞에는 일반적인 기법과 다르게 네 칸으로 구분된 계단이 대웅전의 중심축과 약간 어긋나게 배치되어 있다. 그리고 서쪽 축대 위에는 중층 건물인 각황전(覺皇殿)이 위치하고 있으며, 전면에는 대석등(大石燈)이 놓여있다. 이 각황전을 뒤돌아 서남쪽 언덕으로 오르면 4사자 석탑(四獅子石塔)과 석등(石燈)이 있다.

화엄사의 배치는 자오선(子午線)상의 건물 등에 중심을 두는 원칙을 일면 따르면서, 이에 구애되지 않고 각황전을 동서축선상에 배치하여 좌우 대칭으로 되지 않는 것은 지형상 당연한 것으로 생각되며, 건물 배치와 공간 구성이 입체적으로 형성되어 산지 가람의 특성을 잘 나타내고 있다. 특히 동·서 석탑의 위치가 대웅전을 중심으로 좌우 대칭이 아니고, 서쪽으로 편재하여 있어서 파격적인 예이다.

화엄사의 주요 전각들은 8세기 경덕왕 때 장육전(丈六殿)이 초창되고, 9세기에 서5층 석탑이 세워지고, 또한 9세기 후반에 동5층 석탑이 건립되었다고 할 수 있다.[16] 특이한 것은 보통 절이라면 탑이나 대웅전이 가장 큰 건물이기 마련인데, 화엄사는 각황전이 압도적으로 크다. 물론 각황전 역시 부처상이 있는 금당이다. 이러한 크기 차이 때문에 가람의 배치가 지나치게 비대칭적으로 변해 좀 이상해졌다. 게다가 각황전 앞의 석등과 그 아래의 서5층 석탑은 삐뚤게 배치되어 있고, 대웅전 앞 아래에 있는 동5층 석탑 역시 정 중앙에 있지 않고 삐뚤게 배치되어 있다. 하나 더 다른 점은 중문[사천왕문]을 지나 대웅전과 각황전을 가기 전에 거쳐야 하는 보제루를 여느 절과 달리 밑으로 못 지나가고 동쪽으로 돌아가야 한다는 것이다. 절의 방문자가 보제루를 오른쪽으로 멀리 돌게

---

16 장현석·최효승, 「지리산 남암의 산지가람인 화엄사 동·서5층 석탑의 배치에 대한 시각적 분석」, 『한국농촌건축학회논문집』 제7권 3호, 2005, pp. 111~112.

되면 각황전은 멀어지고 대웅전은 상대적으로 가깝다. 따라서 원근감에 의해 각황전과 대웅전의 크기 차가 많이 줄어든다. 또한, 보제루를 돌아 삐뚤게 배치되어 있는 각황전과 대웅전, 탑과 석등 전부를 동시에 바라볼 수 있게 되면 마치 일직선 상에 놓인 것처럼 보이게 된다. 서석탑—석등—각황전이 일렬로 놓이고, 동석탑과 대웅전이 일렬로 놓이게 된다.

화엄사는 초창 당시에는 소규모로 대가람의 면모를 형성하지 못하다가 문무왕 10년(670)에 의상대사에 의해 장육전[각황전]이 건립되고 경덕왕(742~764) 대에 8원 81암자를 세우는 등 대규모 중수에 의해 화엄 불교 세계로서의 면모를 갖춘다. 자장·의상 등의 고승에 의해 중건, 중수된 모든 목조 건물은 왜란으로 소실되었고, 현재 있는 목조 건물은 17세기를 전후한 벽암조사 중건 이후의 것으로 보인다. 현존하는 통일신라시대 유물은 4사자 삼층 석탑 및 석등, 동서5층 석탑, 각황사 앞 대석당, 원통전 앞 사자탑, 당간지주, 대석단 및 석계 등의 석조물이다. 주불전인 대웅전보다 각황전이 훨씬 큰 기형적 구조를 해결하기 위해 의도된 화엄사만의 매력이다. 가람을 보기 위해서는 3문이 있는 진입 공간과 보제루를 지나면 나타나는 중심 공간, 그리고 대웅전 각황전이 있는 예불 공간으로 나누어 볼 수 있다.

4. 화엄사의 풍수지리 분석

1) 화엄사의 경관 분석

지리산 화엄사는 해발 240m에 계곡을 따라서 지리산 끝자락의 남향을 하고 온천천과 나란하게 산록저지형[17] 사찰로 입지 해 있고, 마을과의 거리도 가까워 사람들이 접근하기에 용이한 위치에 있다.

화엄사를 풍수적인 논리로 입지 조건을 검증할 문헌으로 고려시대 지리과 과거 시험에는 현전하는 책이 없어 부득이 조선시대 지리과 과거 시험[18] 중에서 음양과(陰陽科) 및 취재(取才) 시험 방법 가운데 중요도가 있어 배강(背講)[19]에 속했던 『금낭경』[20]을 선정하여 분석하였다.

위성 지도와 현지 조사를 통해 화엄사의 입지에서 금낭경의 세래형지(勢來形止 조건으로 용세(龍勢)[21]를 조사하고, 용수지장(龍首之藏)[22] 여부로 혈장(穴場)을 살피며, 현무수두(玄武垂頭) · 주작상무(朱雀翔舞) · 청룡완연(靑龍蜿蜒) · 백호준거(白虎蹲踞)[23] 등의 기준으로 사격(砂格)을 분석하는 한편, 산래수회

---

17 산록저지형이란 산지의 입지가 비교적 경사가 완만한 곳의 산록 완사면이나 경사 급변점 사이의 중간 지역에 위치한 것이 대부분이다. 지리산 노고단과 종석대에서 시작되는 하계망을 따라 남쪽으로 전면의 계곡을 흐르는 하천은 지리산의 깊은 산세에 형성되어 거의 직선형으로 사찰과 함께 주유하고 있다. 이와 같은 자연환경 요인은 자연 지세를 존중하고 자연의 아름다움을 즐기며 순응하려는 사람들의 생활이 사찰 입지를 선택하는 데에도 그대로 반영되었다.

18 『청오경(靑烏經)』, 『금낭경(錦囊經)』, 『호순신(胡舜申)』, 『명산론(明山論)』, 『동림조담(洞林照膽)』, 『지리문정(地理門庭)』, 『감룡(撼龍)』, 『착맥부(捉脈賦)』, 『의룡(擬龍)』 － 經國大典 科試, 1466, 『청오경(靑烏經)』, 『금낭경(錦囊經)』, 『호순신(胡舜申)』, 『명산론(明山論)』, 『동림조담(洞林照膽)』 － 續大典 科試, 1744.

19 배강이란 청오경과 금낭경 등이 해당되며, 책을 보지 않고 돌아앉아서 외는 방식으로 시험을 보는 것을 말하고, 임문이란 지리신법과 명산론 등이 해당되며, 책을 눈앞에 펼쳐두고 읽는 방법으로 시험을 보는 것을 말한다.

20 금낭경은 진(晉)나라의 곽박(郭璞, 276~324)이 지었다고 알려져 있는 대표적인 풍수 고전이다. 당나라 현종이 비단 주머니에 두고 아꼈다 하여 「금낭경」이라 하며, 장경이라 불리는 청오경과 구별하여 장서(葬書)라고 부르기도 한다. 풍수지리라는 말 자체가 장풍득수(藏風得水)에서 나왔고, 장풍득수라는 말은 금낭경으로부터 비롯되었으며, 현재 쓰고 있는 풍수지리 이론의 문헌적인 근원도 대부분 이 책에서 찾고 있다. 그뿐만 아니라 금낭경은 전통적인 상지술(相地術)에서 벗어나 풍수지리에 대한 구체적인 해석을 내리고 풍수지리 이론을 전체적으로 논술하여 풍수지리의 이론적 기초를 다진 책으로 평가받고 있다.

(山來水回)[24] 조건으로 수세(水勢)를 세찰하여 화엄사 입지의 풍수지리적 요소를 분석하였다.[25] 그리고 좌향론에 의한 좌향, 형국론에 의한 형국, 비보론에 의한 비보적인 요소도 아울러 분석을 하였다.

(1) 용세(龍勢) 분석

화엄사의 풍수지리 경관을 조사하기 위해서 세래형지(勢來形止)의 조건을 통해 사찰로 오는 용세(龍勢)가 어떤지를 면밀하게 살펴보았다. 이 조건에 부합해야 기(基)가 멈추어 모이는 곳이므로 이러한 땅에 주요 법당 건물을 지어야 하는데, 사찰이 있는 땅의 세는 주산까지 달려왔는지, 형은 그쳐 기가 멈추어 모이는 땅의 조건을 갖추었는지를 조사하였다. 화엄사는 전라남도 구례군 마산면 539에 자리하고 있다.

---

21 『錦囊經』「因勢篇」: "勢來形止, 是謂全氣, 全氣之地, 當葬其止."(세는 반드시 달려옴을 필요로 하고 형은 반드시 그침을 필요로 하는데, 이러한 기가 멈추어 모인 그것을 전기라고 한다. 전기의 땅에는 의당 그 머무는 곳에 장사를 모셔야 한다.)

22 『錦囊經』「形勢篇」: "經曰, 勢止形昻, 前澗後岡, 龍首之藏."(경에 이르기를, 산세는 내려오다가 멈추고 혈장의 형상은 솟아올라 둥그스름하며, 앞에는 물이 모여 흐르고 뒤로는 의지할 수 있는 언덕이 있어야 용의 머리를 갈무리할 수 있는 터가 되어 진기가 뭉쳐있는 혈처가 될수 있다.)

23 『錦囊經』「四勢篇」: "玄武垂頭, 朱雀翔舞, 靑龍蜿蜒, 白虎蹲踞."(주산인 현무는 머리를 드리워 머물 곳을 정하고, 혈장 앞의 안산과 조산은 명당을 향하여 모여들 듯 그 형세가 춤을 추듯 부드러워야 하며, 왼쪽 산은 주로 동쪽으로서 바람을 감추고 해 뜰 무렵의 햇살을 차단하기보다는 꾸불꾸불 살아있는 듯 꿈틀거리는 부드럽고 유정한 산세여야 하고, 오른쪽 산은 주로 서쪽으로서 바람을 감추고 호랑이가 웅크리듯 순하게 걸터앉아 석양을 가려주는 산세여야 한다.)

24 『錦囊經』「四勢篇」: "經曰, 山來水回, 貴壽而財."(경에 이르기를, 주산은 마치 말이 솟구쳐 달려 산이 내려오는 듯해야 하고, 물은 주산을 돌아보는 듯 흘러가야 하며, 반드시 산과 물의 음양 조화가 되어야 부귀와 수복을 누리리라 하였다.)

25 박상구, 「신라 왕릉의 입지형태와 풍수경관에 관한 연구」, 『2016 하반기 영남대 심포지엄 주제발표』, 2019, p. 3.

백두대간 백두산에서 출발한 용이 남으로 달려와 호남의 북쪽이 되는 유명한 덕유산(향적봉, 1,614m)을 만든다. 덕유산에서 서남으로 행룡하여 무룡산(1,492m), 남덕유산(1,507m), 깃대봉, 백운산(1,222m), 월경산(980m)을 거쳐 봉화산(920m)을 만든 후, 다시 남쪽으로 행룡하여 시리봉(777m), 아실재, 합민성, 수정봉(805m)을 거쳐 만복대(1,437m), 고리봉(1,248m)을 지나 종석대(1,361m)에 이른다. 종석대에서 바로 차일봉(1,008m)을 지나 행룡하면 화엄사 터가 나오고, 종석대에서 동쪽으로 1.6㎞쯤에 노고단이 있고 다시 동북쪽으로 행룡하면 토지면 오미리 운조루에 다다른다. 이렇게 종석대는 중요한 지점에 있으며 신령스러운 노고단 옆을 끼고 있다. 노고단은 지리산의 주산이며 길상봉 또는 문수봉이라고도 하며 노고단, 반야봉, 천왕봉 등 삼봉 중에서 높이는 가장 낮으나 가장 으뜸가는 산이라 하겠다. 신라 화랑 국선의 연무도장이 되는 한편, 제단을 만들어 산신제를 지냈던 영봉으로 노고단은 도교에서 온 말로 우리말로는 '할미'

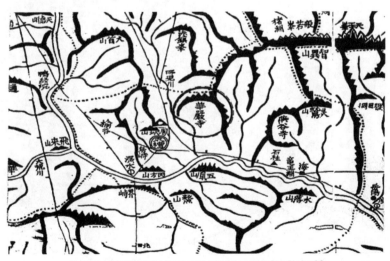

〈그림 2〉 대동여지도에 나타난 화엄사(출처: 규장각 한국학연구원)

이며, '할미'는 국모신(國母神)인 서술성모(西述聖母) 또는 선도성모(仙桃聖母)를 일컫는 말이다.

이 종석대에서 노고단 시암재로 가지 않고 차일봉을 거쳐 내려가면 원사봉(556m)이 있다. 차일봉과 원사봉의 중간쯤에 673고지가 있다. 673봉은 금성체로 주산을 만들고 화엄사 쪽으로 용을 내려보낸다. 횡룡을 하는데 횡룡의 조건은 낙산이 있거나 귀사가 있어야 한다. 673봉의 귀사와 낙산은 화엄사로 내려가는 용을 뒤에서 충분히 받쳐 주어 화엄사로 용맥이 내려갈 수 있도록 한다. 화엄사로 출발한 용은 기복을 하며 내려오면서 분벽을 한다. 분벽을 하고 난 용은 현무봉을 만들고 우선으로 각황전으로 가고, 좌선용은 선등선원으로 갔다. 각황전으로 내려간 용은 지각(止脚)을 내밀어 멈춘다. 따라서 화엄사가 있는 땅의 세는 주산까지 달려왔으며, 화엄사는 형이 그쳐 기가 멈추어 모이는 세래형지(勢來形止)의 조건을 갖췄다.

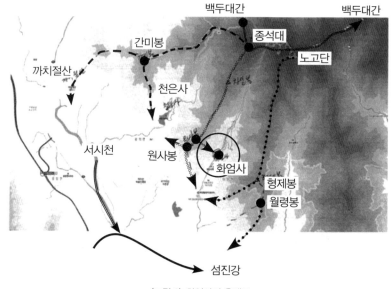

〈그림 3〉 화엄사의 용맥도

(2) 사격(砂格) 분석

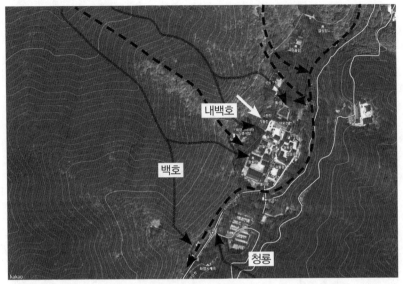

〈그림 4〉 화엄사 용맥도 및 수세

주산을 중심으로 명당 주변 산세를 살피는 방법이다. 명당 주변의 산세가 포근하게 사람을 받아들일 자세가 되어 있는지를 중점적으로 본다. 무정하게 돌아앉았거나 외면하는 산세는 좋지 않다. 가장 전형적인 장풍법은 사신사, 즉 좌청룡, 우백호, 전주작, 후현무 네 개의 산을 살피는 것이다. 현무봉은 혈장 뒤에 우뚝 솟아 위엄을 갖추고 명당의 얼굴이 된다. 좌청룡과 우백호는 좌우에서 주산을 호위하며 명당을 감싸는 모양을 갖춰야 한다. 주작에는 안산(案山)과 조산(朝山)이 있는데 이들 산은 임금인 주산에 대해서는 신하와 같은 산으로 머리를 공손히 조아리는 듯한 모양이 좋다.[26]

---

26   박시익, 『한국의 풍수지리와 건축』, 일빛, 1999, p. 36.

① 현무(玄武)의 분석

화엄사의 풍수지리 경관 중 현무를 조사하기 위해서 현무수두(玄武垂頭)의 조건에 부합하는지를 면밀하게 살펴보았다. 백두대간이 남하하다가 지리산을 일으키기 위해 동쪽으로 방향을 돌리면서 종석대를 만들고 차일봉에서 원사봉까지 이어지는 산맥을 일으켰다. 원사봉으로 가면서 금성체의 673봉을 만들고 용맥을 화엄사 쪽으로 보낸다. 용맥의 기복은 용의 힘을 말하는데 화엄사까지 용맥은 기복을 반복하면서 내려오다가 화엄사 각황전 뒤에서 분맥을 하여 금성체의 현무봉을 만들었다. 중출맥(中出脈)은 각황전으로 내려가고 우출맥(右出脈)은 4사자 삼층 석탑으

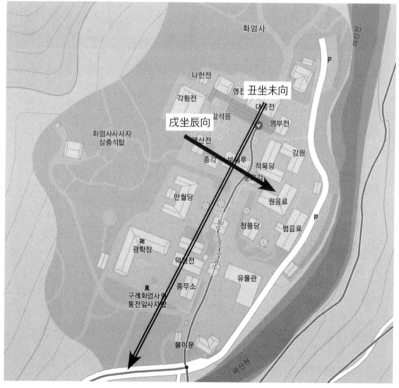

〈그림 5〉 화엄사 축선 분석

로, 좌출맥(左出脈)은 선등선원으로 내려간다. 혈은 입지 선정과 공간 구성에 있어 대웅전으로는 현무봉의 좌출맥이 약하게 내려가는 모습을 보인다. 현무수두(玄武垂頭)의 풍수지리의 논리에는 부합되지 못한다.

주산과 안산 그리고 좌청룡과 우백호로 둘러싼 보국은 공간 구성의 중요한 기준으로 작용하기도 하지만, 수용할 수 있는 능력 정도를 측정하는 기준이 될 수 있다.[27] 〈그림 5〉와 같이 대웅전을 주맥이 내려오는 각황전에 세웠으면 현무에서 내려오는 내룡맥을 활용할 수는 있으나 공간 구성의 수용력을 극대화하지는 못했을 것이다. 화엄 십찰로 개창한 화엄사는 넓은 공간이 필요했고 일정한 축을 중심으로 중요 건축물이 건설되어야만 했기 때문이다. 만약 중출맥을 주룡으로 활용하면 중심축이 너무 짧고, 보국 속에 건축물을 배치하는 데 있어서 합리적인 공간 구성을 이룰 수가 없었을 것이다.

② 안산(案山, 朱雀)의 분석

화엄사의 풍수지리 경관 중 안산을 조사하기 위해서 주작상무(朱雀翔舞)의 조건에 부합하는지를 면밀하게 살펴보았다.

화엄사의 안산은 노고단에서 시작된 청룡의 본신 안산이고 형제봉에서 분맥한 토체형 안산이다. 조산은 백두대간 영취산(1,076m)에서 분맥한 호남정맥이 조약봉(565m)에서 금강정맥을 보내고 영산기맥 및 땅끝기맥을 보내고 계속 전진하다가, 여수지맥을 보내고 바로 감미봉(656m)에서 분맥하여 계족산(703m)을 만들고 북진하다가 섬진강을 만나 세운 오봉산이다. 금형산인 오봉산은 섬진강을 마주하고 화엄사를 포근히 감싸 안

---

27 박정해, 「회암사 입지의 풍수환경과 해석」, 『동북아 문화연구』 제40집, 2014, p. 153.

고 있는 형상이 된다. 따라서 안산과 조산은 화엄사를 향하여 그 형세가 춤을 추듯 부드러운 주작상무(朱雀翔舞)의 조건을 갖추었다.

③ 청룡(靑龍)의 분석

〈그림 6〉 대웅전에서 바라본 청룡과 백호와 안산

화엄사의 풍수지리 경관 중 청룡을 조사하기 위해서 청룡완연(靑龍蜿蜒)의 조건에 부합하는지를 면밀하게 살펴보았다.

〈그림 6〉은 대웅전에서 청룡과 백호를 바라본 모습이다. 화엄사의 청룡은 종석대를 출발하여 노고단에서 분맥하고 형제봉(908m)과 월령봉(820m)을 잇는 용맥이다. 청룡 가지가 계속 화엄사를 층층이 환포하고 있다.

형제봉에서 내려온 내청룡은 화엄사를 200도 이상 유정하게 환포하여 안산을 만들었다. 따라서 화엄사가 있는 청룡은 사찰을 향하여 바람을 감추고 살아 꿈틀거리는 청룡완연(靑龍蜿蜒)의 모습을 갖추었다.

④ 백호(白虎)의 분석

화엄사의 풍수지리 경관 중 백호를 조사하기 위해서 백호준거(白虎蹲踞)의 조건에 부합하는지를 면밀하게 살펴보았다. 백호는 종석대를 출발하여 차일봉, 673봉, 원사봉을 잇는 용맥이다. 백호도 화엄사를 180도 이상 환포를 하니 『금낭경』에서 말한 완연한 형태로 구불거리며 잘 감싸 안은 모양이다. 청룡과 백호는 내청룡, 내백호가 되며 청룡과 백호가 비슷하게 웅장하니 조화롭다. 따라서 화엄사가 있는 백호는 사찰을 향하여 바람을 감추고 호랑이가 웅크리듯 순하게 걸터앉은 백호준거(白虎蹲踞)의 조건을 갖췄다.

(3) 수세(水勢) 분석

화엄사의 풍수지리 경관 중 수세를 조사하기 위해서 산래수회(山來水回)의 조건에 부합하는지를 면밀하게 살펴보았다.

화엄사는 노고단에서 시작되는 물이 남북축으로 형성된 가람으로 인해 북쪽에서 남으로 흐른다. 직수(直水)가 화엄사로 바로 내려오지 못하도록 길상암으로 내려온 용맥이 환포시키니 길하다. 환포된 물은 구층암에서 내려온 물과 합수를 하여 화엄사를 좌선수로 환포하여 광학전에서 내려오는 물과 1차로 합수를 한 후 남서쪽으로 흐르면서 2차 3차 합수하여 최종적으로 섬진강의 큰물과 합류를 하게 된다. 청룡과 백호가 산이 엉키듯 서로 교차하여 감싸 주고 있으므로 교쇄 명당으로 풍수 이론에 적합하다.

혈이나 명당 앞에서 물이 빠져나가는 수구를 잘 살펴야 한다. 수구의 좌우 양쪽에 있는 산이나 바위, 언덕, 돌무더기 등을 수구사라 하며, 모든 수구사는 물이 무정하게 직거(直去)함을 막고 구곡(九曲)을 이루어야 한다. 수구사는 물살의 흐름을 완만하게 하여 혈처와 명당 안의 생기 누설을 막고 순환을 도와주기 때문이다. 내룡맥이 좌선을 이룰 경우 백호 쪽에서 득수처가 있어야 명당을 이룬다.[28] 화엄사 입구 일주문 앞의 다리 밑에는 기이한 바위가 놓여 있다. 이것을 북신(北辰)이라 한다. 따라서 화엄사의 수세는 주산을 돌아보는 듯 환포하며 흘러가고, 산과 물의 음양 조화가 이루어지므로 산래수회(山來水回)의 조건을 갖추었다.

(4) 혈장(穴場) 분석

화엄사의 풍수지리 경관 중 혈장을 조사하기 위해서 용수지장(龍首之藏)의 조건에 부합하는지를 면밀하게 살펴보았다.

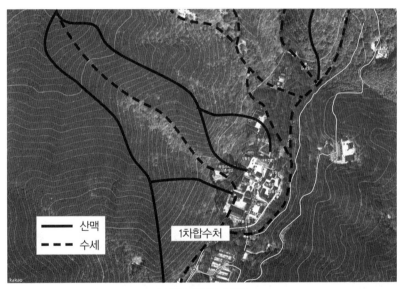

〈그림 7〉 화엄사 수세도

28　손동필, 「영남지방 비구니 사찰의 입지와 공간 구성의 풍수지리적연구」, 영남대 석사학위논문, 2015, p. 152.

화엄사의 대웅전은 현무에서 내려오는 내룡맥이 없다. 내룡맥이 없는 곳에 대웅전을 지은 것은 전술한 바와 같이 ① 기존의 작은 암자를 화엄 사찰로 개창하면서 생긴 장소의 특이성 및 ② 백제 지역의 화엄 사찰의 특성이다. 첫째, 현무와 내룡맥을 제외하고 분석을 하면 전후좌우에서 산들이 감싸고 있고, 좌에서 환포하는 물이 광학장 뒤에서 오는 물과 1 차 합수를 하였다. 둘째, 혈지는 사신사가 잘 구비되어 바람을 막고, 외 산에는 수려한 귀봉, 길사와 심원하고 청정한 물이 환포하여 안정된 보 국이 형성되는가를 살펴보았다. 화엄사는 뒤편에서는 종석대와 노고단 에서부터 산맥들이 톱니바퀴처럼 얽혀 있어 혈장을 바람으로부터 보호 하고 청룡의 형제봉, 백호의 673고지에서도 산맥들이 교쇄되어 교쇄 명 당에 적합하고 수세도 좌선수로 화엄사를 환포한다. 셋째, 청룡 안산이 토형으로 물을 잘 거수해서 역수(逆水)하여 득수가 가능하며 일주문 앞에 북신(北辰)이 있어 물의 속도를 늦추어 수세를 조절한다.

(5) 좌향(坐向) 분석

좌향이란 음택에서는 시신을 안장하는 경우 머리 부분을 좌라고 하고 다리 부분을 향이라 한다. 좌향론은 인위적 입향을 하는 법칙이 아니다.

대웅전 향에 대한 파구의 12포태법은 포(胞)가 되어 안 좋은 방향이고, 득수는 갑묘(甲卯) 방향이 되어 왕(旺) 방향이 되는 좋은 방위가 되어 풍수 논리와 부합한다. 물은 화엄사 좌측에서 득수하여 화엄사 앞을 지난 다 음 우측으로 파구되는 좌수도우(左水倒右)다. 화엄사 좌측의 장대한 제왕 궁에서 득수한 물이 쇠방수(衰方水), 병수(病水), 사수(死水)의 기운을 가지 고 화엄사 앞에 모여 묘향(墓向)에서 화엄사에 기운을 공급해 주고, 절포 궁(絶胞宮)으로 파구된다.

(6) 형국(形局) 분석

형국론은 주체가 되는 산형(山形)과 같은 모양새의 인물이나 동식물, 그리고 문자에다가 비유한 명칭을 주(主)로 삼아서 여기에 주변 국면(局面)에 있는 종(從)물들을 가져다 작명한다. 이러한 형국 명칭에다가 풍수적 해석을 가하는 풍수 논리이다.[29]

화엄사 전체 형국은 행주형으로 배가 가고 있는 형태이다. 배가 나아가기 위해 당간지주를 세웠고 항해 도중 필요한 물을 쓰라고 돌 항아리를 만들었다.

화엄사 계곡 중간에 노고단이 동과 서로 산맥을 내려보내 서로 교쇄하면서 내려와 화엄사를 포근히 잘 감고 있으니 연화부수형이라 했다. 이런 형국론적 이름은 그 산의 모양을 상상하게 해 준다. 그러나 이름이 형국론적으로 표현이 잘되어 있다고 해도 혈을 맺는 것은 아니다. 위의 예에서 형국의 이름이 어느 것이 맞다는 이야기는 할 수는 없으나 분명한 것은 형국론에 진혈이 있어야만 명당이 되는 것이다.

2) 화엄사의 비보 분석

신라 말 고려 초에 도선의 비보 풍수(裨補風水)는 자연환경의 결합이 있는 것을 고쳐 쓰는 것으로 부족한 부분을 더하거나 북돋아 주는 것을 비보라 하고 과함이 있어 눌러 주는 것을 압승(壓勝) 또는 염승(厭勝)이라 한다.

화엄사에서의 비보 형태를 살펴보면 화엄사 입구 마산천의 반궁수[30]

---

29 장영훈, 『대학풍수강론』, 비담, 2006, p. 45.

30 물이 환포하는 반대쪽 편, 활의 시위가 나가는 부분을 말한다.

(反弓水) 부분에 숲을 조성하여 수세가 내려가면서 화엄사 남쪽의 충(沖)의 기운을 감소시킨다. 화엄사의 뒤편은 수세에서도 나타나듯이 오랜 세월의 물줄기에 의해 흙이 퇴적되어 있다. 이 퇴적물은 바람에 의해 날아갈 수도 있고 물에 의해 화엄사 경내로 흙탕물이 되어 내려올 수도 있다. 이것을 막기 위해 퇴적된 곳에 대나무를 심어 비보하였다. 대부분 산지 가람일 경우 계단적 지형으로 인해 대웅전 및 본당을 직접 노출 시키고 있다.

화엄사의 경우도 산지 가람으로 대웅전에서 일주문까지 계단식 지형으로 인해 대웅전의 기운이 설기되고 있는 것이다. 이러한 것을 비보하기 위해 보제루를 지어 설기되는 것을 막고 중정의 기운을 안정시키려 하였다. 광학장 북서쪽에는 깊은 계곡이 파여 있다. 비가 오거나 하면 물길은 바로 광학장 마당으로 올 수밖에 없다. 이것을 방지하기 위하여 집의 형태를 'ㄱ'자 형으로 지어 물을 광학장 밖으로 환포시켰다.

〈그림 8〉 화엄사 입구 반궁수 비보   〈그림 9〉 화엄사 뒤 조산 비보

<그림 10> 보제루 　　　　　　　　　　　　 <그림 11> 광학장

5. 나가는 글

　화엄사의 풍수지리적 분석을 정리해 보면, 거시적으로는 백두대간이 남쪽으로 내려오다가 동쪽으로 방향을 바꾸기 위해 종석대에서 차일봉을 지나 원사봉까지 이르는 용맥과 분벽을 한다. 이 분벽한 용맥이 화엄사의 서쪽 사면이 된다. 종석대에서 방향을 튼 백두의 용은 노고단에서 다시 분벽하여 용은 지리산으로 달리고 다른 용은 형제봉, 월령봉을 만든다. 이 용맥이 화엄사의 동쪽 사면이 된다.

　이 두 용맥이 북에서 남으로 내려가고 있다. 결과적으로 화엄사는 두 용맥 사이의 계곡에 자리하는데, 남향하면 현무봉을 뒤에 두는 게 불리하고 동향(東向)이나 서향(西向)을 하면 동서 사면에서 내려오는 용맥에 뒤를 맞길 수 있는 현무봉을 취하기가 유리하다. 화엄사는 서쪽 사면에 붙어 남향하고 있다. 대웅전은 남향이다. 이로 인해 대웅전은 현무수두(玄武首頭) 하지는 못했다. 그리고 주산이 바라보는 곳이 향이라 했는데 주산은 동쪽을 보고 있으나 대웅전은 축좌미향(丑坐未向)을 하고 있으니 사신사 중에 현무의 역할은 하지 못한다. 그러나 화엄사는 산지에 자리 잡은 산지가람형이고, 화엄 사상의 번창으로 화엄사로 중창하기 전에는 조그마한 암자였기에 넓은 터가 필요 없었다. 그렇기에 동향으로 지금의 각황전에 위치했을 가능성이 있다. 화엄 십찰로 여러 가람을 수용하기 위하여 남북축으로 했을 가능성이 많다. 풍수적으로 보았을 때는 현무봉에서 중심 용맥은 각황전으로 온다.

노고단의 동쪽과 서쪽에서 내려온 용은 대웅전 중심으로 보았을 때 청룡과 백호가 되어 장풍의 역할을 충분히 한다. 안산은 높이가 혈처에서 보았을 때 눈썹 위치가 적당하다고 한다. 청룡의 본신 안산으로 높이도 적정하며 역수(逆水)를 거두어 막으니 풍수지리 사상에 부합된다. 청룡은 형제봉에서 분맥한 용이 겹겹이 막아주고 있다. 백호는 종석대에

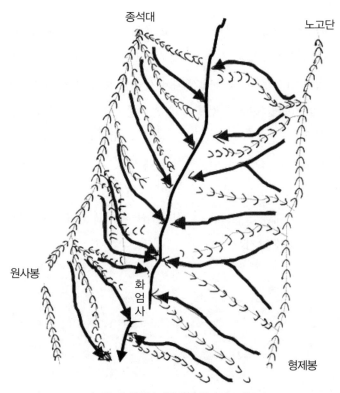

〈그림 12〉 화엄사 계곡 산맥 및 수세 모식도

서 원사봉으로 가는 중간에 673고지에서 귀사와 낙산을 크게 뻗치어 위이 굴곡과 기복을 되풀이하며 내려오는 힘 있는 용으로 백호준거의 조건을 갖추었다. 수세는 산래수회(山來水回)로 혈처를 감싸고 돌아야 하며, 산과 물 즉 음과 양의 조화를 이루어야 하는데 화엄사를 충분히 감싸고 돌며 청룡 백호에 의해 구불구불 아쉬운 듯이 내려가고 있다. 수구에는 북신과 화표로 물이 무정하게 빠져나가는 것을 막고 있다. 대웅전의 좌향은 축좌미향(丑坐未向)으로 1차 합수처인 곤(坤)이 향에 대한 포(胞)에 해당하니 좋은 쪽에서 득수하여 기를 혈처에 보내고 안 좋은 방향으로 파구되는 풍수지리 논리에 부합된다.

화엄사의 비보로는 화엄사를 감싸고 흐르는 물이 화엄사 입구에서 반궁수로 해서 화엄사 반대 사면을 충(沖)하고 1차 합수부에서 화엄사를 충(沖)하는데 숲을 조성하여 수세가 내려가면서 충(沖)하는 기운을 감소시킨다. 화엄사 뒤편은 오랜 세월의 물줄기에 의해 흙이 퇴적되어 있다. 이 퇴적물은 바람에 날릴 수도 있고 물에 의해 화엄사 경내로 흙탕물이 내려올 수도 있다. 이것을 비보하기 위해 퇴적물에 인공으로 산을 만들고 대나무를 심어 장풍의 역할까지 한다. 대부분의 산지 가람들은 계단지형으로 인해 대웅전 및 본당을 직접 노출시키고 있다. 대웅전의 기운이 설기되는 것을 방지하기 위해 보제루가 있다.

III

한국의 전통
사상과 장례
문화를 말하다

한국의 전통 사상과 풍수 문화

김형근[1]

1. 서론

2. 한국의 전통문화

1) 자연[산천(山川)]과 무(巫) 사상
2) 풍류 사상과 삼교(유·불·도)

3. 한국의 풍수 문화

1) 신라 · 고려시대 도읍 풍수와 비보
2) 조선시대 도시 풍수와 산천 비보

4. 결론

---

1   원각전통문화연구원장 / 철학박사

1. 서론

한국 문화의 중심에는 산과 물, 즉 산천이 모티브(Motive)로 자리하고 있다.

풍수의 기본 개념도 자연의 법칙에 순응하여 인간이 공존하는 것이라고 해석할 수 있으며, 그 기본 개념의 배경은 자연, 즉 산천(山川)이다.

고대(古代) 사회[삼국시대] 이전부터 현재에 이르기까지 우리는 산천과 함께 살아가고 있으며, 이로 인해 자연[산천] 사상인 무(巫) 사상과 함께 지혜(知慧)를 닦고 깨우치며 살아가는 풍류(風流) 사상이 발전하였다. 자연[산천]을 근본으로 한 풍류 사상은 고대 사회 유입된 삼교(유교·불교·도교)와 공존하면서 고려와 조선시대까지 유지되어 왔다.[2]

고대 사회가 확립된 삼국(三國)시대는 백성들의 교화 목적과 정치적 이념으로 인해, 음양오행(陰陽五行) 사상이 결부된 삼교(유교·불교·도교)가 단계적으로 들어왔고, 유교는 국가가 지정한 관학(官學)[3]으로, 불교는 부처의 이념으로 국가를 보전·보호하고자 하는 호국(護國) 불교가 되었으며, 도교는 신선(神仙) 사상과 더불어 기존 자연 신앙인 무(巫) 사상과 융합하게 된다.

삼국시대 음양오행 사상이 결부된 삼교의 유입과 함께 풍수의 기본 개념이 있었던 것으로 보고, 통일신라 말 도선(道詵)[4]의 지리도참설(地理圖讖說)의 영향으로 고려는 도읍 풍수가 발전하였으며, 호국 불교의 영향으로 국가 정책적인 비보 사찰과 비보 사탑 등이 성행하게 된다.

---

2   김형근, 「영남지방 읍성의 공간 구성과 풍수적 특성 연구」, 대구한의대 박사학위논문, 2018, 1~2
     쪽 참조.

3   관학은 국가에서 지정한 하나의 사상을 말하기도 하고, 국가에서 설립하고 운영하는 학교를 말
     하기도 한다. 우리나라는 예부터 유교를 관학으로 지정하였고, 관학은 고대 사회 중 고구려의 태
     학, 신라의 국학 등이 있으며, 고려의 국자감, 조선의 성균관 · 향교 · 사부학당 등이 있다.

고려 말 불교의 폐단으로 조선은 주자 성리학을 국가 이념으로 받아들였고, 국가를 상징하는 한양 도성[한성(漢城)]과 왕릉 등에, 지방에서는 현재 도시 개념인 330여 개의 읍치(邑治)[5]에 자연[산천]과 산천 비보를 활용해서 자연 친화적 도시를 형성하였다. 각 지방에는 유림(儒林)들에 의해 개인 주거지와 묘터에까지 그 영향이 나타나게 된다.

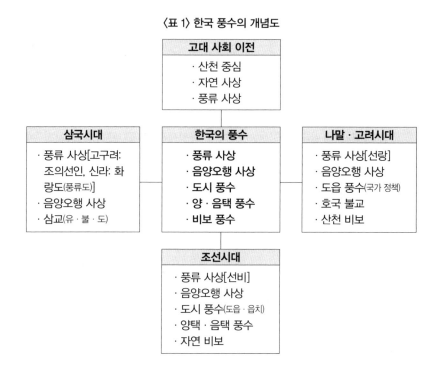

〈표 1〉 한국 풍수의 개념도

고대 사회 이전
· 산천 중심
· 자연 사상
· 풍류 사상

삼국시대
· 풍류 사상[고구려: 조의선인, 신라: 화랑도(풍류도)]
· 음양오행 사상
· 삼교(유 · 불 · 도)

한국의 풍수
· 풍류 사상
· 음양오행 사상
· 도시 풍수
· 양 · 음택 풍수
· 비보 풍수

나말 · 고려시대
· 풍류 사상[선랑]
· 음양오행 사상
· 도읍 풍수(국가 정책)
· 호국 불교
· 산천 비보

조선시대
· 풍류 사상[선비]
· 음양오행 사상
· 도시 풍수(도읍 · 읍치)
· 양택 · 음택 풍수
· 자연 비보

---

4 도선국사(827~898)는 신라 말엽의 승려(성은 김씨, 영암 출신)로 전라남도 백계산 옥룡사에 자리를 잡고 수백의 후학들을 지도하였는데, 인문지리적인 지식과 예언적인 도참사상이 결부된 학설을 토대로 길지와 흉지를 가리고 비보를 한다든지 혹은 쇠하여 천도해야 한다는 주장을 펼쳤다.

5 조선시대 330여 개의 읍치는 각 지방 도시의 중심 공간을 말하고, 읍성은 지방 도시의 중심 공간과 그 공간을 둘러싼 성곽을 포함하고 있다. 즉 현재의 도시적 기능과 그 도시를 방어하는 기능을 같이 가지고 있다.

이처럼 풍수는 조선 말까지 중요한 문화로 자리매김하게 된다. 안타깝게도 일제 강점기에 침체기가 있었지만, 현재에도 우리나라 전통 사상 중 하나인 한국 풍수는 중국의 풍수 사상과는 구별되는 한국 특유의 또는 고유의 사상과 문화로 성장해 왔으며, 철학적으로는 자연과 인간의 조화에 기점을 둔 것으로 해석할 수 있다.

이처럼 한국 풍수의 개념을 간단하게 그림으로 나타내면 〈표 1〉과 같다.

이와 같은 전제를 두고, 고대 사회 이전부터 한국 사상의 중심이 된 풍류 사상과 음양오행 사상이 결부된 삼교와의 융합에 대해 알아보고, 이어 한국 전통 사상과 현재까지도 이어 내려오는 한국 특유의 풍수 문화에 대해 접해 보기로 한다. 그리고 여기에서 나타내는 풍수의 의미는 흔히 말하는 발복(發福)에 중점을 두지 않는, 한국 고유문화와 사상적 측면에서 접근하여 논하기로 한다.

2. 한국의 전통문화

한반도는 70% 이상이 산천으로 둘러싸여 있는 자연 천연 지역이다. 자연과 더불어 고대 사회 이전부터 풍류 사상이 발전하게 되고, 수천 년 지난 지금도 이 자연 풍류 사상은 유지되어 오고 있다.

그러므로 자연을 기본으로 한 풍류 사상은 한국 문화에서 하나의 큰 획이 되고, 산천은 풍수 기본 개념인 장풍(藏風)과 득수(得水)가 되는 안락한 곳이 제공되는 곳이다.

〈그림 1〉은 한반도 산천의 근원이 되는 백두대간을 비롯한 15정맥으로, 15개의 정맥을 간단하게 정리하면 다음과 같다.

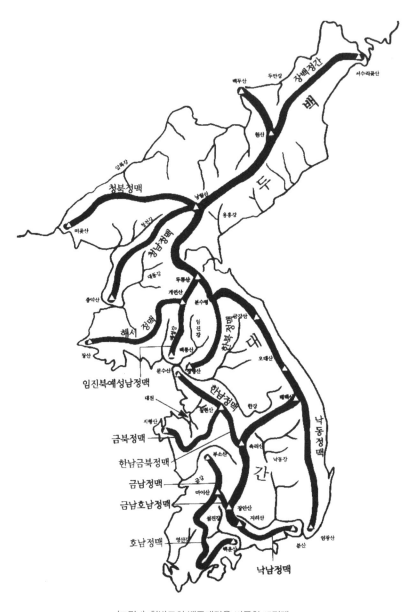

〈그림 1〉 한반도의 백두대간을 비롯한 15정맥

첫 번째는 백두대간, 두 번째는 장백정간, 세 번째 청북정맥, 네 번째 청남정맥, 다섯 번째는 해서정맥, 여섯 번째 임진북-예성남정맥, 일곱 번째 한북정맥, 여덟 번째는 한남-금북정맥, 아홉 번째 한남정맥, 열 번째 금북정맥, 열한 번째 금남-호남정맥, 열두 번째는 금남정맥, 열세 번째 호남정맥, 열네 번째 낙남정맥, 열다섯 번째는 낙동정맥이며, 이 2개의 정간과 13개의 정맥은 한국 자연 사상의 원천이 된다.

1) 자연[산천(山川)]과 무(巫) 사상

우리나라는 구석기 시대 후기에 접어들면서 최초로 모계 사회가 형성되기 시작하였고[6], 정착 생활을 하게 된 것은 모계 사회로 발전된 신석기인들이 산천을 중심으로 움집 등과 어로(漁撈)에 의존하면서부터로 보인다.

〈그림 2〉 청동기시대 고인돌 (출처: 문화재청(제1유형))

---

6   한창균, 『북한선사문화연구』, 백산자료원, 1995, 72~73쪽 참조.

이후 산천을 이용한 집단 취락을 형성하게 된 것은, 농사가 본격적으로 시작된 청동기시대부터이다.

금속 도구의 발전으로 인해 농사의 효과가 높아짐으로써 경제생활이 나아졌고, 이로 인해 집단 취락이 형성되었으며, 힘든 농사일에 남자의 역할이 중요하게 되면서 남성 중심의 부계 씨족 사회로 바뀌게 되었으며, 〈그림 2〉 고인돌과 같은 무덤에서 남자 중심의 가족무덤이 나타나고 있다.

당시 사회는 〈그림 3〉에 나타나 있는 것처럼, 안전을 위하여 상대적으로 높은 산지가 필요하였을 것이고, 농경 생활을 위해서 물 가까운 지역을 선택하여 취락을 이룸으로써, 자연 조건인 산천을 최대한 이용하면서 원시적 풍수 개념이 나타났을 것이다.

〈그림 3〉 청동기시대 토성·목책·해자[도랑] 등에 대한 상상도. 논자 재작도

다른 방어 시스템으로는, 산지를 이용하여 주거지를 확립한 후 토성(土城)을 쌓았고, 나무로 만든 목책(木柵)을 사용하였으며, 상대적 불안감은 산을 중심으로 한 자연 사상[무(巫) 사상]에 의존하였다.

무 사상은 청동기시대 예술품인 여러 암각화를 통해 알 수 있다. 이중 약 7,000년 전 그림인 〈그림 4〉 울산광역시 언양읍 반구대 암각화에는 고래, 개, 돼지, 호랑이, 사슴, 물고기 등과 같은 동물과 사람들의 활동과 사냥 방법 등에 대한 것이 구체적으로 묘사되어 있고, 무당이 주술하는 모습이 나타나는 것으로 보아 당시의 무 사상을 짐작할 수 있다.

철기시대에는 기본 생산 경제가 산과 물을 이용한 농경으로 확립되면

무당 · 주술 문화

〈그림 4〉 반구대 암각화(울산광역시 울주군 언양읍 대곡리)

서 오곡과 벼를 경작하였고, 누에와 뽕을 쳐 베 종류를 제작하였으며, 이와 함께 소, 말, 돼지, 닭 등의 가축을 사육하였다. 이 사실은 수렵, 어로 채집에 중심을 둔 약탈 경제에서 탈피하여 재생산 경제 체제로 전환된 것을 의미한다.[7] 철기의 제작과 사용으로 경제는 발전하였으나, 철제 무기도 같이 발전하면서 주거지 침탈과 계급 사회가 나타나게 되고, 계급 사회는 부족 국가로 발전하는 계기가 되었으며, 부족 국가끼리의

---

7   조법종, 『삼한사회의 형성과 발전』, 한길사, 1994, 201∼210쪽 참조.

이익을 위한 다양한 교역도 이루어지게 된다.

부족 국가는 고조선과 부여, 옥저, 동예와 같은 초기 국가의 형태로 발전하게 되고, 특히 중국과 대립하게 되면서 지배 체제를 정비하고 왕에 의한 중앙 정부의 통치가 강화된다.[8]

따라서 초기 국가의 형태라고 할 수 있는 고조선(古朝鮮)에서부터 수도 왕검성(王儉城)과 지방 행정 중심지[9]들이 분리되어 통치가 시작되었다고 할 수 있다. 고조선의 통치 방법은 『한서』[10] 「지리지」에 나타난 팔조법금에서도 알 수 있다. 현재 세 가지가 전해지고 있고, "사람을 죽이는 자는 사형에 처한다. 남에게 상해를 입히는 자는 곡물로써 배상한다. 남의 물건을 훔치는 자는 데려다 노비로 삼으며, 속죄하고자 하는 자는 1인당 50만 전을 내야 한다"[11] 등에서, 생명과 신체와 재산 및 계급 사회에 관한 내용을 알 수 있다.

고조선에서 단군왕검은 제사와 정치 모두에 권한을 행사하는 신성시되는 인물로 등장하면서 고대 사회에서 무 사상이 더욱 발전하는 계기가 되었다. 그러므로 당시 단군(檀君)은 제정의 모든 권한을 가진 한국 최초의 공적(公的) 무당이라고 할 수 있다. 여기에서 무와 무당의 개념은 현

---

8 대한건축학회, 『한국건축사』, 기문당, 2003, 65쪽 참조.

9 지방 행정지들은 "토성(土城) 유적인 평안남도 온천군 어을동 토성, 황해남도 은율군 운성리 토성, 황해남도 신천군 청산리 토성, 황경남도 금야군 용강리 소라리 토성 등으로 알 수 있다. 토성 내에는 기와, 벽돌, 주춧돌 등의 건축 부재와 함께 집터가 남아 있었다. 이외에도 벽돌로 만든 우물이 발견되기도 하였다."(이건무, 「초기 철시대 유적」, 『북한의 문화유산 I 』, 고려원, 1990, 252쪽.)

10 중국 후한(後漢)대 반고(班固)가 저술한 기전체의 역사서이다.

11 『漢書』 「地理志 下」: "樂浪朝鮮民, 犯禁八條, 相殺以當時償殺, 相傷以穀償, 相盜者男沒入爲其家奴, 女子爲婢, 欲自贖者, 人五十萬."

대 사회에서 통용되는 개념으로 접근하여서는 안 된다. 당시 무에 대한 개념은 천(天)과 인(人)을 연결하는 절대적 관념이 제시되었기 때문이다. 그리고 세계 여러 국가에서도 신(神)과 소통하는 제사장(祭司長)이 정치적 권한을 가진 왕보다 더 큰 권위를 가지고 있었으므로, 제사장 지위와 정치적 권한을 모두 가지고 있던 단군의 권위를 짐작할 수 있다.

단군 신화에 대해 『삼국유사』[12]에 태백산 꼭대기 신단수(神檀樹) 아래 신시(神市)를 열었다는 내용과 단군은 아사달(阿斯達)[평양]에서 산신(山神)이 되어 불사(不死, 죽지 않았다)하였다는 내용 및 환인 · 환웅 · 단군의 삼신 숭배, 그리고 『삼국사기』[13]에 단군을 '선인왕검(仙人王儉)'이라고 호칭하는 것 등에서 한국 자연 사상인 무 사상의 주 무대는 산(山)인 것을 알 수 있다.

단군 신화에서 신[환웅]이 인간이 되어서 지혜를 깨우친 곰족 여인[14]과 결혼하여 단군을 낳는다는 내용에서, 우리나라에서의 신은 인간을 존중한다는 의미로 해석할 수 있다. "신이 스스로 인간이 되어 예를 갖추어 혼인하는 대목은 아주 중요한 예의 숭상을 나타내고 있다. 그리고 또 중요한 것은 최고의 신 환인과 환웅 천황도 사라지고, 신인(神人)인 단군만이 존재하고, 신시는 그대로 조선이 된다. 인간 중심의 세상이 되는 것이다."[15]

---

12 고려 충렬왕 때 보각국사 일연(一然, 1206~1289)이 1281년 지은 역사서이다.

13 고려 인종 때 김부식(金富軾)이 1145년에 펴낸 역사책이다. 삼국의 역사에 대해 적어 놓았으며, 현재까지 전해 오는 우리나라 역사책 중에서 가장 오래되었다.

14 "단군 신화에서 등장하는 곰과 호랑이는 곰을 토템으로 하는 부족과 호랑이를 토템으로 하는 부족을 가리키는 것으로 보는 것이 현대 학자들의 일반적인 견해이다."(천인석, 『한국사상의 이해』, 대구한의대학교 출판부, 2014, 44쪽.)

15 천인석, 『한국사상의 이해』, 대구한의대학교 출판부, 2014, 46쪽 참조.

이것은 곧 천지인(天地人) 합일(合一) 사상[16]을 말하는 것이다. 부여(夫餘)의 건국 설화에 왕으로 등장하는 해모수(解慕漱)[17]와 물[江]의 신 하백(河伯)의 딸 유화 부인(柳花夫人)과 하늘에 제사 지내는 제천 의식인 영고(迎鼓)[18], 백제의 전신인 마한에서 소도(蘇塗)라는 신성 지역에 큰 나무를 세우고 북과 방울을 매달아 귀신을 섬겼다[19]는 기록 등에서 당시 천인 관계의 합

---

16 단군 신화에서 등장하는 '삼위태백, 천부인 세 개, 풍백·우사·운사, 그의 무리 삼천 명을 이끌고, 인간의 360여 가지 일을 맡아서 인간 세계를 다스리고 교화하였다'는 내용에서도 천지인의 합일의 의미가 나타나고 있다. 또한 우리나라 전통에는 '천지인 합일'이 여러 분야에 다각도로 나타난다. "전통 건축에서 하늘을 상징하는 동그라미(圓, 곡선)와 땅을 상징하는 네모(方)와 인간을 상징하는 삼각형(角)을 배합하여 천지인을 담으려고 하였고, 둥근 엽전은 중앙에 네모난 구멍을 뚫어 사람이 허리에 차고 다녔는데 천지인 합일의 뜻이 담겨져 있으며, 여러 부드러운 곡선들은 하늘을 상징하는 동그라미의 일부분이다. 음악에서도 음양과 천지가 나타난다. 종은 음관에 파이프를 부착하여 하늘의 소리를 담고, 종의 아래는 항아리를 묻거나 땅을 파서 땅의 소리를 담으려 하였다. 현악기인 가야금과 거문고, 가죽악기인 장고와 북은 한 개의 악기에 음양을 담고 있으며, 금속악기인 꽹과리와 징은 각기 음과 양이 분담되어 연주된다. 판소리는 원래 바람소리, 물소리, 새소리 등이 어우러진 대자연 속에서 부르는 노래로 인간과 자연의 합창이라고 할 수 있는데, 원래 무당의 노래에서 연유되면서 하늘의 신을 불러내어 인간의 영혼에 접신시키는 것이다. 굿거리장단인 '덩덩 덩덕쿵' 리듬의 '덩덩' 2박자는 음양을 상징하고, '덩덕쿵'은 3박자인 천지인을 상징한다. 어깨춤을 추는 것은 하늘을 향해서 날아오르는 날개 짓을 의미하고, 하늘을 끌어안고 하늘로 돌아가려는 몸짓, 그것이 우리의 춤이다. 그리고 고분벽화에 음양오행 사상과 신선 사상, 즉 조천(朝天)사상이 두드러진다."(한영우, 『다시 찾는 우리역사』, 상지사피앤비, 2004, 28~33쪽.)

17 "『본기(本紀)』에 이르기를, "한(漢) 〈선제(宣帝)〉 신작(神雀) 3년(BC.59) 임술년에 천제가 태자 해모수를 보내어 부여왕의 옛 도읍에서 놀게 하였다. 오룡거(五龍車)를 타고 있었는데 따르는 사람이 1000여 인으로 모두 흰 고니를 타고 있었다." 참조.(『高麗史』「高句麗紀」: "本紀云, '漢神雀三年壬戌, 天帝遣太子解慕漱, 遊扶餘王古都, 乘五龍車, 從者百餘人, 皆乘白鵠云云.'"

18 "납월(臘月)에 하늘에 제사를 지내는데, 연일 동안 크게 모여, 먹고 마시며 노래하고 춤추니, 이름하기를 영고(迎鼓)라 한다. 이때 형옥을 단행하거나 죄수들을 풀어주었다. 싸움이 있을 때에도 역시 하늘에 제사를 지내는데, 소를 잡아서 발굽으로써 그 길흉을 점쳤다." 참조.(『後漢書』「東夷傳·夫餘條」: "以臘月祭天, 大會連日, 飮食歌舞, 名曰迎鼓, 是時斷刑獄, 解囚徒, 有軍事亦祭天, 殺牛, 以蹄占其吉凶.")

리성에 대해 추측[20]할 수 있다.

여기에서 중국 춘추전국시대에 발전된 음양오행 사상[21]의 천인(天人) 관계와 한국 단군 신화에서 나타나는 천(天) 개념과 천인 관계는 구별하여 고찰할 필요가 있다. 단군 신화는 한국의 기원 신화이고, 한국 고유의 사유(事由) 형식이 드러나기 때문이다.

한편, 단군 신화에 나타나는 '예(禮)의 숭상'에 대해, 중국인들은 우리나라를 동이(東夷)로 표현하면서 여러 문헌에 군자(君子)의 나라로 언급하였다. 『산해경』[22]에서의 내용[23]과 공자(孔子)의 표현[24], 『회남자』[25], 『한서』[26], 『후한서』[27]의 내용[28], 그리고 당대(唐代) 현종의 표현[29], 『속일본기』[30]의 내용을 통해 우리나라는 단순히 무 사상에 치중되어 있지 않고, 군자의 나라로 불릴 만큼 예를 중시하고 숭상하는 나라였음을 알 수 있다.

---

19 "마한 사람들은, 나라에서 각기 한 사람을 뽑아 천신에 대한 제사를 주관하게 하였는데, 이 사람을 천군이라 부른다. 또 이들 여러 나라에는 각각 소도가 있다. 큰 나무를 세우고 거기에 방울과 북을 매달아 놓고 귀신을 섬긴다. 도망자가 그 속에 들어가면 모두 돌려보내지 않는다." 참조.(『後漢書』「東夷列傳」:「馬韓人, …, 諸國邑各以一人主祭天神, 號為天君, 又立蘇塗, 建大木以縣鈴鼓, 事鬼神, 其南界近倭, 亦有文身者.」)

20 물론 이러한 신화에 대한 직접적 언급이 『삼국유사』와 『삼국사기』 등의 많은 고전에 등장하지만, "신화(神話)는 분명히 학문과 구별된다. 그러나 신화를 구성하고 있는 체계 또한 고대인의 사유 형태를 나타내고 있다는 것을 부정할 수 없다. 신화에 나타난 내용 자체가 그대로 하나의 학설이나 이론이 될 수는 없지만, 여기서 학문형성 이전의 원초적인 인간과 자연 관계의 사유구조를 추출해 낼 수는 있다. 엄밀한 사료적 고증이 요구되는 과학적 측면에서 신화의 내용을 다루는 것은 문제가 되겠지만, 인간 사유의 발전사라는 측면에서, 나아가 신화가 특정한 관념의 내부구조를 구성하고 있는 문제를 해명하기 위해서, 신화의 내용은 원초적 관념을 이해하는 데 중요한 의미를 가진다."(이남영, 「사상사에서 본 단군 신화」, 『한국사상의 심층연구』, 우석출판사, 1983, 64쪽.)

21 김형근 외, 「음양오행설과 명리·풍수의 발전에 관한 연구」, 『풍수명당 설계와 장례 문화 1』, 2019, 형산아카데미 학술회, 48~50쪽 참조.

2) 풍류 사상과 삼교(유··불·도)

이처럼 고대 사회 이전부터 자연 사상에서 출발한 무 사상은 단군과 해모수 신화 등에서 천인합일로 이어진 것을 알 수 있다. 이어 우리나라는 군자의 나라로 불릴 만큼 예를 숭상하였다.

그리고 예를 숭상하던 한국에는 유교와 불교와 신선 사상(神仙思想, 뒤에 도교와 융합하게 된다)의 합의체인 풍류(風流)라는 사상이 있었다.

---

22 중국에서 가장 오래된 지리서이다. 하(夏)나라 우왕(禹王) 또는 백익(伯益)이 작자라는 설과 B.C. 4C 전국시대 후의 저작이라는 설이 대립하고 있다. 원래는 23권이 있었으나, 전한(前漢) 말 유흠(劉歆)이 교정한 18편만 오늘에 전하고 있다.

23 "군자국 사람들은 외형상에도 의관을 정제하고 칼을 차고 있으며, 짐승을 잡아먹는다. 두 마리의 무늬 호랑이를 부려 곁에 두고 있으며, 서로 양보하길 좋아해서 다투지 않는다. 그곳에는 무궁화[훈화초(薰華草)]가 있어 아침에 피고 저녁에 진다."(『山海經』「海外東經」: "君子國在其北, 衣冠帶劍, 食獸使二大虎在旁, 其人互不爭, 有薰華草, 一朝生夕死.")

24 공자는 도(道)가 실현되지 않는 것에 안타까워하면서 "구이 땅에 살고 싶다."라고 하였다.(『論語』: "欲居九夷")

25 대인의 나라인 군자의 나라가 있다."(『准南子』「墜形訓」: "有大人國, 君子國.")

26 〈조선은〉 도둑이 없어 문을 닫는 경우가 없으며, 여인들은 곧고 진실하며 음란하거나 편벽되지 않았다."(『漢書』「地理志 下」: "是以其民終不相盜, 無門戶之閉, 婦人貞信不淫辟.")

27 중국 남북조시대(南北朝時代) 송(宋)의 범엽(范曄, 398~445)이 편찬한 기전체 사서(史書)로, 본기 10권, 열전 80권, 지 30권으로 되어있다.

28 "동이 사람들은 어질고, 살리기를 좋아하며, 천성이 유순하여 도리로 인도하기 쉽고, 심지어 군자가 죽지 않는 나라가 있다."(『後漢書』「東夷傳」: "王制云, 東方曰夷, 夷者, 柢也, 言仁而好生, 萬物柢地而出, 故天性柔順, 易以道御, 至有君子, 不死之國.")

29 신라로 가는 사신 형숙에게 "신라는 군자국이라고 불리고, 시서를 안다."라고 하였다.(『唐書』「新羅傳」: "新羅號君子國知詩書.")

30 "당나라 사람의 말을 빌려, 바다 동쪽에 큰 왜국이 있고, 군자국이라고 부른다."라고 하였다.(『續日本記』「三」: "唐人謂我使曰, 亟聞, 海東有大倭國, 謂之君子國.")

이에 대해 신라 말 유학자 최치원(崔致遠)[31]은 우리나라에는 삼교 이전에 '현묘(玄妙)한 도(道)'가 있다고 하였고, 이것을 '풍류'라고 하였다.

이러한 내용은 『삼국사기』 "최치원의 난랑(鸞郎)의 비(碑) 서문에, 우리나라에 현묘한 도가 있으니 풍류라 이른다. 그 교의 기원은 『선사(仙史)』에 자세히 실려 있거니와, 실로 이는 삼교(유교·불교·도교)를 포함하여 중생을 교화한다. 집에 들어오면 효도하고, 나아가면 나라에 충성하는 것은 공자의 주지(主旨) 그대로이며, 또 그 함이 없는 일에 처하고 말 없는 교를 행하는 것은 노자(老子)의 종지(宗旨) 그대로이며, 모든 악한 일을 하지 않고 착한 일만을 행함은 석가(釋迦) 교화(敎化) 그대로이다."[32]라고 하였다.

여기에서 『선사』에서 신선을 나타내는 '선(仙)', 그리고 풍류 사상과 「고구려본기」에 단군이 '선인왕검'[33]이 된 내용에서의 '선인(仙人)', 뒤이어 『고려사』[34]에 등장하는 국선(國仙) 등에서 한국은 삼국시대 이전부터 '仙(선)'과 관련된 산, 다시 말해 산천을 중심으로 문화가 이루어졌다는 것에 대한 이론을 다시 한 번 뒷받침해주고 있다.

이처럼 산천[자연]이 중심이 된 풍류 사상은, 고구려에서는 조의선인(皁

---

31 최치원은 중국 당 나라에서 '토황소격문(討黃巢檄文)'으로 문장가로서 이름을 떨쳤으며, 신라로 돌아온 뒤에는 진성여왕에게 시무책을 올려 정치 개혁을 추진하였다. 유교 · 불교 · 도교에 모두 이해가 깊었고, 유 · 불 · 선 통합 사상을 제시하였고, 수많은 시문을 남겨 한문학의 발달에도 기여하였다.

32 『三國史記』「新羅本紀」: "崔致遠, 鸞郎碑序, 國有玄妙之道, 曰風流, 設敎之源, 備詳仙史, 實乃包含三敎, 接化群生, 具如, 入則孝於家, 出則忠於國, 魯司寇之旨也, 處無爲之事, 行不言之敎, 周柱史之宗也, 諸惡莫作, 諸善奉行, 竺乾太子之化也."

33 『三國史記』「高句麗本紀」: "平壤者, 仙人王儉之宅也." 참조.

34 고려사는 1449년(세종 31)부터 편찬하여 1451년(문종 1)에 완성된 고려시대 역사서를 말한다.

衣仙人), 신라에서는 풍류도(風流道)[화랑도]로 그 정신이 계승되었고, 고려에서는 선랑(仙郎)이 이어받았으며, 조선에서는 선비(鮮肥)의 모태가 된다.

신라의 화랑도보다 더 오래된 조의선인은, 고구려를 나타내는 검은 비단옷을 입고 무예와 학문을 닦았던 사람들을 말하고 선배 또는 선비라고도 불렀다. 고구려의 국상이었던 을파소(乙巴素, ?~203)가 재주와 슬기가 뛰어난 어린아이들을 뽑아 선인도랑(仙人道郎)에서 출발한 것으로 보이며, 조의[검은 옷]를 입은 선인이라는 호칭이 생겼다. 잘 알려진 안시성 전투에서 당 태종이 검은 옷[조의]을 입은 수백 명에게 대파(大破)하였고, 당시 대막리지였던 연개소문도 조의선인 출신[35]이라는 기록이 나타난다. 조의선인은 고구려의 관직 벼슬이기도 하며, 활쏘기와 칼로 춤추기, 태권도를 했으며, 가무와 수렵 등을 하였다고 전한다.

신라의 풍류도는 풍류를 닦고 심신을 수련하던 조직을 말하고, 우리가 잘 알고 있는 화랑도(花郎徒), 낭가(郎家) 등으로 불리었으며, 화랑의 우두머리를 선도(仙道) 또는 국선도(國仙徒) 등으로 불렀다. 『삼국사기』에 화랑을 "어진 재상과 충성스러운 신하가 여기에서 나왔고, 훌륭한 장수와 용감한 병사가 여기에서 생겼다."[36]라고 하였으며, "그들은 도와 의를 연마하고, 노래와 음악을 서로 즐기면서 산과 물을 찾아 유람하여, 먼 곳이라도 발길이 닿지 않는 곳이 없었다."[37]라고 하였다. 신라에서는 화랑에서 김유신 등과 같은 인재를 개발하면서 삼국을 통일하는 기틀이 되는 정신으로 발전하였다.

---

35 『海上雜錄』: "明臨答夫, 蓋蘇文, 此皆皂衣仙人出身." 참조.

36 『三國史記』「花郎世記」: "賢佐忠臣, 從此而秀, 良將勇卒, 由是而生."

37 『三國史記』「新羅本紀」: "或相磨以道義, 或相悅以歌樂, 遊娛山水, 無遠不至."

조의선인과 풍류도[화랑도]는 이어 고려에서 선랑(仙郎)이 되었다.

『고려사』에 나라의 풍속에 어릴 때는 반드시 승려를 따라가서 글을 익히게 되어 있었는데, 얼굴과 머리가 뛰어난 사람은 승려든 속세 사람이든 모두 받들어 선랑이라고 불렀다. 따르는 무리의 숫자가 어떤 경우에는 100명이나 1,000명에 이르기도 하였는데 그 풍속은 신라 때부터 비롯된 것이다. 충렬왕이 소문을 듣고는 궁중으로 불러보고는 국선(國仙)이라고 지목하였다[38]고 기술되어 있다.

앞에서 설명된 선(仙)은 결국, '현묘한 도'를 설명한 『선사』, 조의선인의 '선인', 화랑의 우두머리 '국선도', 고려의 '선랑' 및 '국선도'에서 산이 중심이 되어 발전된 풍류 사상이 이어진 것을 알 수 있고, 이어 조선의 '사(士)'로 이어진다.

여기에서 잠깐 짚고 넘어갈 것은 중국과 한국의 국가적 성립과 관념은 전혀 다르다는 점이다. 한국은 국가적 관념으로 '계승(繼承)'한다는 문화(文化)적 의미를 가지고 있다.

초기 고대 국가라고 할 수 있는 조선(B.C. 2333~B.C. 108)[고조선]은 후에 태조 이성계에 의해 조선(1392~1910)으로 건국되었고, 구려(句麗, B.C. 37~A.D. 668)[고구려]는 후에 태조 왕건에 의해 고려(高麗, 918~1392)로 건국되었으며, 삼국의 전신인 삼한(三韓, 마한·변한·진한)은 후에 고종에 의해 국명이 조선에서 대한제국(大韓帝國)으로 바뀌며 사용되었다. 이 외에도 신라 말엽에 궁예가 세운 고구려[후고구려], 견훤이 세운 백제[후백제]라는 국호를 다시 사용하였다. 이러한 관점에서 볼 수 있듯이 한국은 국가적 관념

---

38 『高麗史』「列傳」: "國俗, 幼必從僧習句讀, 有面首者, 僧俗皆奉之, 號曰仙郎, 聚徒或至千百 其風起自新羅, …, 忠烈聞之, 召見宮中, 目爲國仙."

에서 이미 전통문화를 계승하고 있다는 것을 알 수 있다.

그러나 중국은 진(秦)대 만들어진 『여씨춘추』 등의 기록을 보면, 계승이 아닌 전 왕조를 극(剋)하는 개념[39]을 가지고 있다.

다시 원점으로 돌아와 산천을 중심으로 발전된 풍류 사상은, 삼국시대 이전부터 삼국시대와 고려를 거쳐 조선에서는 문무를 겸비한 선비의 정신으로 계승되었다. 선비는 '士(사)'를 의미하고, 그 어원적 개념은 고구려 태학(372년, 소수림왕 2)이 세워지고 유교 이념을 교육하고 선비를 양성하면서 시작된 것으로 보인다.

우리에게 잘 알려진 선비 사상은 평상시 학문을 기본으로 한 정신적 수양과 몸을 수련하는 개념으로 더욱 발전하게 되고, 전시에는 의병으로 활동하거나 그 정신을 계승하여 강인한 신념을 보여주기도 하였다.

이처럼 우리나라 고유 사상은 자연 사상을 기본으로 한 풍류 사상임을 알 수 있고, 삼국시대 유입된 삼교와 더불어 조선시대까지 선비 정신으로 이어진다.

앞서 설명한 '현묘한 도'라고 했던 풍류 사상은 삼국시대 순차적으로 유입되어 음양오행 사상이 결부된 삼교와 융합되어 있는 것을 알 수 있다.

삼교 중 유교는 춘추시대 공자를 중심으로 일어난 유가(儒家)의 사상

---

39 "〈중국을 최초 통일한〉 황제 때에는 토기(土氣)가 승(勝)하였다. 우임금 때에는 목기(木氣)가 승하였다. 탕임금 때에는 금기(金氣)가 승하였다. 문왕은 화기(火氣)가 승했다고 하였다." 진시황은 중국을 통일하였는데, '수덕(水德)이 시작되었다'라고 믿었다. 이처럼 최초 국가로 인식되어 있는 황제국가에서 하·은·주시대 까지 오행으로 상극(土←木←金←火←水)의 개념으로 국가가 성립된 것을 알 수 있다.(『呂氏春秋』「應同」: "黃帝曰, 土氣勝, …, 禹曰, 木氣勝, …, 湯曰, 金氣勝, …, 文王曰, 火氣勝, ….") 진시황은 중국을 통일하였는데, '수덕(水德)이 시작되었다'라고 믿었다.(풍우란 (정인재 옮김), 『중국철학사』, 형설출판사, 1990, 182쪽.) 이처럼 최초 국가로 인식되어 있는 황제국가에서 하·은·주시대까지 오행으로 상극(土←木←金←火←水)의 개념으로 국가가 성립된 것을 알 수 있다.

을 받아들여, 국가가 제정하고 공인한 정책[40]을 말한다. 도교는 역시 춘추시대 노자를 중심으로 일어난 도가(道家) 사상을 국가의 정책으로 받아들인 것을 말한다. 불교는 석가의 법을 전파하는 불가(佛家)의 사상을 국가가 제정한 종교를 말하고, 중국에 유입된 것은 전한대로 보고 있으며, 당대(唐代)부터 크게 성행하게 된다.

전국시대 이전까지 각기 다르게 발전된 음양설과 오행설은 추연(鄒衍)에 의해 음양오행설로 확립되었다. 전국시대 말 제나라의 추연과 도가·유가·음양가의 사상 등을 흡수하여 일어난, 직하 유생[41]들에 의해 음양과 우주 만물을 형성하는 오행의 변화로 설명하는 음양오행설로 발전하게 된다. 당시 거의 모든 사상이 흡수된 음양오행설은 전한대(前漢代) 유안[42]의 『회남자』와 동중서[43]의 『춘추번로』에 의해 천인 감응설과 함께 음양오행 사상[44]으로 발전하게 된다.[45] 송대(宋代) 주돈이(周敦頤)[46]는 『태극도

---

40 한대 초에는 국가의 재정이 힘들어 도가 사상을 받아들였고, 재정의 여유가 생기고 통치력을 강화하기 위해 7대 한무제는 유가 사상을 받아들여 정책을 수립하기도 하였다.

41 "'직하(稷下)'란 본래 '직문(稷門)의 서쪽'이라는 뜻으로, 제나라 수도 임치의 성문 중 하나인 직문 서쪽에 학술을 토론하기 위해 학궁이 세워지면서 생긴 말이다. 제나라 군주들은 이 학궁을 근거로 뛰어난 학자들을 초빙하여, '상대부(上大夫)'의 칭호와 넓고 큰 집을 내려주고 존대하고 아꼈다. 이때 직하 학궁을 중심으로 모여든 수 많은 학자들을 '직하학파'라고 한다." 전국시대 말에 형성된 유가, 도가, 음양가, 법가, 묵가 등 수 많은 학파들은 이 직하를 통해 체계화되었으며, 이러한 학술 활동은 제나라의 경제적 기반이 되었다. 이 학파들의 수많은 책들은 『한서』「예문지」에 기록되어 있다.(劉蔚華 외(곽신환 옮김), 『稷下哲學』, 철학과 현실사, 1995, 17~18쪽.)

42 유안(劉安, ?~B.C. 122)은 한 고조의 손자로 무제 때 회남왕에 봉해졌던 회남자이다. 즉위 후 백성들을 잘 다스려 명망이 높았다고 하며, 빈객과 방사 수천 명으로 하여 『회남자』를 짓게 하였다.

43 동중서(董仲舒, B.C. 170?~B.C. 120?)는 하북성 광천현 출신으로, 일찍부터 『공양전』을 익혔으며 한경제 때는 박사가 되었다.

설』에서 음양에서 오행에 의해 만물이 형성되는 것을 도식하였으며, 성리학을 집대성한 주자(朱子)[47]는『태극도설』에서 우주 도식에 덧붙여 태극(太極)을 리(理)로 해석하게 된다.[48] 이어 당 태종은 관학 기관인 국자감을 통해 유교를 발전시켰고, 도교는 국가 종교로 발전하면서 불교와 함께 눈부신 발전을 하면서, 유·불·도 삼교가 서로 교류하면서 하나의 사상으로 발전하게 된다.

이처럼 중국은 천인합일이 기본이 된 음양오행설이 적어도 한대부터는 유교와 도교와 흡수되어 하나의 사상으로 확립되었고, 뒤이어 들어온 불교가 융합되었다고 할 수 있다.

한국은 선사시대부터 시작된 무 사상과 고조선에서 확립된 풍류 사상이, 삼국시대 백성들의 교화 목적과 정치적 이념으로 인해 받아들여진 음양오행 사상이 결부된 유교[49]와 불교[50] 및 도교[51]와 융합되었다.

---

44 음양오행설은 B.C. 4세 경 전국시대 각기 다른 뜻이었던 음양설과 오행설이 추연에 의해 결합되기 시작하여 여러 가지 현상들을 설명하는 틀로 사용되었고, 전한대 이후 유안과 동중서, 유향 등에 의해 하나의 정합적인 이론으로 통합된다.

45 김형근, 『정통 명리학 Ⅰ 개론』, 원각전통문화연구원, 2018, 46~49쪽 참조.

46 주돈이는 성리학의 기초를 닦은 유학자이자 사상가, 철학가, 문학가였다. 『주역』에 정통하고, 명리(名理)를 논하기 좋아했으며, 무극(無極)과 태극(太極), 이기(理氣), 심성명(心性命) 등의 철학 범주를 제안하였다. 그는 도가와 불교의 주요 인식과 개념들을 수용하여 우주의 원리와 인성에 관한 형이상학적인 신유학 이론을 개척하였다. 이것으로 정호·정이 형제와 주희[주자]의 사상을 거쳐 정주학파(程朱學派), 즉 성리학이라고 불리는 중국 유학의 중심적 흐름을 형성하였다

47 주자는 주자학을 집대성한 사람이다. 그는 우주가 형이상학적인 '이(理)'와 형이하학적인 '기(氣)'로 구성되어 있다고 보았다. 인간에게는 선한 '이'가 본성으로 나타난다고 하였다. 그러나 불순한 '기' 때문에 악하게 되며 '격물(格物)'로 이 불순함을 제거할 수 있다고 하였다. 주자학은 고려 말엽 신진 사대부에 의해 받아들여져 조선에서는 국가 이념으로 삼았다.

48 김형근, 『정통 명리학 Ⅰ 개론』, 원각전통문화연구원, 2018, 54쪽.

결국, 앞서 『삼국유사』에 최치원이 밝힌 풍류 사상의 알맹이는 삼교이고, 유교의 충효 사상과 도교의 무위 사상, 불교의 선행 사상을 머금고 있다. 삼국시대 고구려의 조의선인과 태학[52], 신라의 화랑 풍류도와 세속오계[53], 그리고 고려의 선랑과 팔관회[54]를 통해서도 알 수 있다. 조선시대는 선비 사상과 국가 이념이었던 주자 성리학에서도 그 의미가 나타난다. 주자학의 근본 요점은 '敬(경)'이다. 공자의 사상을 주로 하였으나 노자와 불교의 주장이 들어가 있다.

이처럼 한국은 자연을 근본으로 한 무 사상으로부터 시작된 풍류 사

---

49 유교는 고구려 372년(소수림왕 2)에 국가 안정과 정치 이념으로 태학을 설립하여 국가 정치이념으로 받아들이게 되고, 백제는 260년(고이왕 27) 관제의 기틀이 만들어지면서 전파되었다고 보고 있으며, 신라는 가장 늦은 4C 경 유입된 것으로 보고 있다. 이후 통일신라는 국학, 발해는 주자감, 고려는 국자감과 사부학당을 두어 유교를 가르치게 된다. 조선은 중앙에 성균관과 사부학당을 두었고 백성들의 교화 목적으로 지방 330여 개 읍치에 향교를 설립하게 된다.

50 불교는 태학이 설립된 372년에 순도와 아도가 불경과 불상을 가지고 들어오면서 시작되었고, 백제는 384년(침류왕 1) 인도의 마라난타가 궁중에 머물다가 남한산에 절을 짓고 포교하면서 시작되었으며, 신라는 527년(법흥왕 14) 들어와 불교 교법으로 나라를 지키고 외세를 진압하는 호국 불교로 발전하게 된다. 특히 화랑도에 불교의 교리가 담겨 있는 것은 널리 알려져 있다. 고려는 신라의 불교를 그대로 계승하여 국교로 정하고 숭불 정책을 유지하였다. 조선은 고려 말 불교의 폐단으로 숭유억불 정책으로 인하여 수난을 맞아 산으로 들어가는 곳이 많지만, 상류층 부인들의 지지를 얻게 되면서 유교와 같이 한국 사상으로 자리매김하게 된다.

51 노자와 장자의 도가 사상이 삼국에 적어도 7C 전에 먼저 유입되어 보급되어 있었지만, 한국의 도교는 무 사상과 신선 사상 및 불교의 교리가 함축되어 있다.

52 고구려는 태학을 372년(소수림왕 2)에 설치하였고, 유교적 정치 이념을 기본으로 하여 충실한 인재를 양성하여 중앙 집권적 정치 제도에 적합한 관리를 양성하였다.

53 신라 진평왕 때 원광이 화랑에게 일러준 다섯 가지 계율을 말한다. 사군이충(충성으로 임금을 섬긴다), 사친이효(효도로써 어버이를 섬긴다), 교우이신(믿음으로써 벗을 섬긴다), 임전무퇴(싸움에 임해서 물러남이 없다), 살생유택(산 것을 죽임에는 가림이 있다)이다.

54 팔관회는 본래 불교 신자들이 만 하루 동안 팔관을 실천하는 불교 행사로, 삼국시대부터 시작되었다. 고려시대에 이르러 매년 정기적으로 개최되는 국가 행사로 바뀌게 된다.

상에 삼국시대 유입된 음양오행 사상이 결부된 유교와 불교 및 도교가 융합되어 있는 것을 알 수 있다.

음양오행 사상이 한대 유안과 동중서 등으로 인해 도가와 유가 등의 사상이 혼합되어 완전히 정립되면서, 이후 거의 모든 학문에 접목되어 나타난다. 현재 음양오행 사상과 결부된 풍수 관련 최초 서적은 한대로 추정되는『청오경』이 있다.

유가의 경전 중 국가 행사와 의식 및 예절 등이 실려 있는『예기』[55]에, "앞에는 주조(朱鳥)[주작]이고, 뒤에는 현무이다. 좌측에는 청룡이고, 우측에는 백호이다."[56] 이것은 천자의 행군 시 깃발의 그림을 나타낸 것으로, 사후 세계에서는 중앙을 사방에서 수호하는 역할을 하는 사신도이다. 이러한 내용은 진대『여씨춘추』에도 나타나고 있으며, 한대『회남자』에는 "무엇을 오성이라고 하는가? 동방은 木이고, 그 짐승은 창룡(蒼龍)[청룡]이다. 남방은 火이고, 그 짐승은 주조이다. 중앙은 土이고, 그 짐승은 황룡이다. 서방은 金이고, 그 짐승은 백호이다. 북방은 水이고, 그 짐승은 현무이다."[57]라고 하였다.

우리나라는 고구려 왕릉으로 추정되는 강서대묘와 무용총, 쌍용총, 매산리사신총, 약수리벽화고분, 개마총 등의 벽화에 사신도가 그려져 있다. 이외에도 잘 알려진『삼국사기』에 유리왕과 관련하여 "흑색은 북

---

55 예기는 중국 고대 유교 경전 중 하나이다. 시경, 서경, 주역, 예기, 춘추와 함께 오경으로 불리며, 주대 말기에서 진한대까지 예에 관해 기술되어 있다.

56 『禮記』「曲禮」: "前朱鳥而, 後玄武, 左靑龍而, 右白虎"

57 劉安,『淮南子』「天文訓」: "何謂五星, 東方木也, …, 其獸蒼龍, …, 南方火也, …, 其獸朱鳥, …, 中央土也, …, 其獸黃龍, …, 西方金也, …, 其獸白虎."

방색이니 북부여가 파멸할 징조이다."[58]라고 한 내용, 대무신왕과 관련하여 머리는 하나이고 몸은 둘인 까마귀에 대해 "까마귀는 검은 것인데 지금 변하여 붉은빛으로 되었고, 또 머리는 하나 몸은 둘이니 이것은 두 나라를 합칠 징조입니다."[59]라고 한 내용 등에서도 음양오행 사상이 나타난다. 백제는『주서』에 소개되기를, "이 중 뛰어난 사람은 음양오행을 해독하였다. 송나라 원가력을 사용하여 인월(寅月)로써 정월(正月)을 삼았다. 또 한의학과 약학을 해독하였으며, 점치는 법과 관상 법도 알았다. 또 투호와 점포놀이도 있었으며, 바둑을 숭상하였다."[60]라고 하였다. 또한,『북사』에 "〈백제〉 도읍에는 나누어 오부가 있고, 부에는 오항이 있어 선비들이 거처한다. 부에는 병사가 총 오백 명이고 오방에는 각각 방령이 한 명 있다."[61] 등의 내용이 나타난다. 신라는『삼국사기』에 '탈해왕이 길지를 얻어 그곳에 살았다'[62]는 내용 및 선덕여왕과 여근곡(女根谷)에 관한 내용 "개구리의 우는 사나운 모습은 병사의 형상이며, 옥문은 여근이니 여자의 음이며, 그 빛이 흰데 또 흰 것은 서쪽이므로, 군사가 서쪽에 있음을 알 수 있으며, 남근은 여근에 들어가면 반드시 죽는 법이므로 잡기가 쉽다는 것을 알 수 있었다"[63] 등에서도 잘 나타나 있다.

---

58 『三國史記』「高句麗本紀」: "黑北方之色, 北夫餘破滅之徵也."

59 『三國史記』「大武神王」: "烏者黑也, 今變而爲赤, 又一頭二身, 幷二國之徵也."

60 『周書』「異域傳」: "其秀異者, 頗解屬文, 又解陰陽五行, 用宋元嘉歷, 以建寅月爲歲首, 亦解醫藥卜筮占相之術, 有投壺, 樗蒲等雜戱, 然尤尙奕棋."

61 『北史』「東夷傳」: "都下, …, 分爲五部, …, 部有五巷, 士庶居焉, …, 部統兵五百人, 五方各有方領一人."

62 "또한, 지리를 알고 있었다. 양산 아래 호공의 집을 바라보고 집터가 길지라고 생각하여 꾀를 내어 그것을 빼앗아 그곳에 살았다."(『三國史記』「新羅本紀」: "兼知地理, 望楊山下瓠公宅, 以爲吉地, 設詭計, 以取而居之."

이처럼 음양오행 사상은 삼교와 함께 삼국시대부터 고려와 조선을 거쳐 현재까지도 그 문화가 깊이 자리하고 있으며, 국가 정책과 행사, 관직과 관등 및 군사 제도, 궁궐의 배치와 형성, 천문과 지리, 의약과 건축, 방위와 계절, 과학과 기술, 국책의 길흉, 역법 등 거의 모든 분야에 작용하고 있다고 해도 과언이 아니다.

그러므로 한국 전통 사상은 고대 사회가 형성되기 이전부터 자연 사상인 무 사상과 함께 지혜(知慧)를 닦고 깨치며 살아가는 풍류(風流) 사상이 근본이 되었으며, 이 풍류 사상은 삼국시대 유입된 음양오행 사상이 결부된 삼교(유교·불교·도교)와 융합하였으며, 고려와 조선시대까지 그 사상이 유지되어 왔다.

3. 한국의 풍수 문화

이처럼 고대 사회가 형성되기 이전부터 한국 전통 사상이었던 풍류 사상은 음양오행 사상이 결부된 삼교와 함께했고, 통일신라 말엽에는 도선의 영향으로 지리도참설이 성행하게 된다. 고려시대는 도선의 영향으로 도읍 풍수와 비보사탑설이 성행하고 되고, 조선시대는 한양 도성과 지방 330여 곳의 읍치에 풍수 경관과 산천 비보 경관이 뚜렷하게 나타나게 된다.

---

63 『三國史記』「新羅本紀」: "蛙有怒形, 兵士之像, 玉門者女根也, 女爲陰也, 其色白, 白西方也, 故知兵在西方, 男根入於女根則必死矣."

1) 신라·고려시대 도읍 풍수와 비보

논자는 우리나라 풍수 문화의 시작을 풍류 사상과 음양오행 사상[삼교 포함]이 융합된 삼국시대 초로 보고 있다.

『삼국사기』에 "〈탈해의〉 어머니가 말하기를 '너는 보통 사람이 아니다. 골상(骨相)이 특이하니, 마땅히 학문을 하여 공명을 세워라.'라고 하였다. 이에 오로지 학문에만 힘써 지리까지도 겸하여 알았다. 양산 아래 호공의 집을 바라보고는 길지라고 여겨 속임수를 써서 그곳을 빼앗아 살았는데, 그 땅은 후에 월성(月城)이 되었다. 〈2대〉 남해왕[박혁거세 아들] 5년에 이르러 〈왕이〉 그가 어질다는 소문을 듣고 그의 딸을 그에게 시집보내고, 7년에는 등용하여 대보로 삼아 정치의 일을 맡겼다. 〈3대〉 유리왕[박혁거세 손자]이 장차 죽을 즈음에 다음과 같이 말하였다. 선왕[남해왕]이 유언으로 말하기를 '내가 죽은 후에는 아들이나 사위를 논하지 말고 나이가 많고 또한 어진 사람으로 왕위를 잇게 하라'고 하셨으므로 내가 먼저 왕위에 올랐다. 이제 마땅히 왕위를 〈탈해에게〉 물려주어야겠다."[64] 골상이 특이하고, 공부와 지리에 능하여 길지를 얻었고, 길지는 후에 월성이 되었으며, 탈해가 왕이 된 내용 등이 기술되어 있다.

석탈해가 재위 기간 57~80년까지 신라 4대 왕이었고, 372년(소수림왕 2) 유학을 가르치는 태학의 설립[65]과 도교가 공식적으로 받아들여졌으므로, 음양오행 사상이 기초 된 풍수지리 또한 삼국시대 초에 들어온 것으

---

64 『三國史記』「新羅本紀」: "母謂曰, 汝非常人, 骨相殊異, 宜從學, 以立功名, 於是, 專精學問, 兼知地理, 望楊山下瓠公宅, 以爲吉地, 設詭計, 以取而居之, 其地後爲月城, 至南解王五年, 聞其賢, 以其女妻之, 至七年, 登庸爲大輔, 委以政事, 儒理將死曰, 先王顧命曰, 吾死後, 無論子壻, 以年長且賢者, 繼位, 是以寡人先立, 今也宜傳其位焉."

65 『三國史記』「高句麗本紀」: "小獸林王, 二年, …, 立大學敎育子弟."

로 보인다. 그리고 한자의 발생으로 인해 유학은 이미 일부 지식층에 의해 통용되었다고 본다면, 최소한 삼국시대 초에는 풍수적 기본 개념을 가지고 있었을 것으로 본다.

이후 신라 말엽 도선(827~898)에 의해 지리도참설이 성행하게 된다. 지리도참설은 여러 의미가 부여된다. 여러 길지와 흉지를 가리기도 하고, 길지의 흉한 부분을 사찰과 탑으로 비보하여 길한 기운을 더하는 등으로 인해 비보 풍수가 발전하여 한국 특유의 자생 풍수가 발전하는 계기가 되었다. 또한, 왕건이 고려를 세우고 도읍[송도(松都)]을 정하고 후대 왕들에게 풍수적 영향을 끼치는 등에도 크게 기여하였다. 반면에 신라 말에는 왕권 쟁탈로 인해 정치와 재정 등이 불안할 때, 왕권을 약화시키고 백성들의 불안감을 증폭시키는 등의 부작용도 발생하게 되었다.

도선에 의해 지리도참설이, 고려 왕건과 귀족 등의 계층에 풍수지리가 성행하였지만, 비보는 사찰과 탑을 이용하는 등의 불교적 사상이 많이 가미되어 있었다.

신라 말엽 비보 사탑은 경주를 중심으로 황룡사 구층 탑, 용장사 삼층석탑, 사천왕사 등에서 알 수 있고, 그 후에 비보사탑설은 태조 왕건에게 수용되어 고려라는 나라의 시대를 여는 사상적 배경 중 하나가 된다. 왕건은 이러한 비보사탑설을 국토 개발의 논리로 채택하여 국가 운영의 원리로 실천하였다. 역세의 수덕을 진압하고 지덕을 비보하기 위하여 비보사탑설을 응용한 사례도 있다. 광명사와 일월사는 지리적 결점지인 하천의 합류점에, 개국사는 재해 취약지인 개경의 내수구에 사탑을 건설하여 사찰로서 수세를 진압하고 하천을 감시케 하였다. 지방에는 호족들에 의해 문경 봉암사, 구례 실상사 등 각 지방에까지 성행하게 된다.[66]

고려 왕건은 재위 기간 918~943년까지 도읍을 3경 체제로 유지하였고, 후대 왕들에게 3경에 돌아가면서 머물라고 하였으며, 사찰을 세울 때 도선의 풍수 사상에 따르라는 내용 등이 나타난다. 도읍은 송악산을 진산으로 하여 송도[개경 도성]를 세웠고, 3경은 서경[평양], 동경[경주], 남경[서울]을 말한다.

왕건의 풍수에 대한 신념과 당시 사상적 배경은 그가 후대 왕들에게 박술희를 통해 전한 훈요 10조[67]에 잘 나타나 있다.

제1조는, 우리나라의 대업은 반드시 여러 부처님의 호위를 힘입었다. 그러므로 선종·교종의 사원을 창건하고 주지를 임명하여 분수(焚修)하여 각각 그 업을 다스리도록 하였는데, 훗날 간특한 신하가 정권을 잡으면서 중의 청탁을 들어주어 사원[사찰]을 다투어 서로 바꾸고 빼앗으니 꼭 이를 금지할 것이다.[68]

---

66 최창조, 『좋은 땅이란 어디를 말함인가?』, 서해문집, 1993, 92~93쪽 및 최원석, 『한국의 풍수와 비보』, 민속원, 2004, 121~122쪽 참조.

67 "여름 4월에 왕이 내전에 나아가 대광(大匡) 박술희(朴述熙)를 불러 친히 훈요(訓要)를 주며 이르기를, "내가 듣건대, 대순은 역산에서 밭을 갈다가 마침내 요의 선위를 받았고, 한나라 고제는 패택에서 일어나 드디어 한 나라 제업을 일으켰다. 나 또한 평범한 집안에서 일어나 사람들에게 잘못 추대되어 여름에는 더위를 두려워하지 않고 겨울에는 추위를 피하지 않으면서 몸과 마음을 괴롭힌 지 19년 만에 삼한을 통일하였고, 외람되이 왕위에 있은 지 25년이니 이 몸은 이제 늙었다. 다만 염려되는 것은 후사들이 기분 내키는 대로 욕심을 부려 기강을 무너뜨릴까 크게 근심스럽다. 이에 훈요를 기술하여 후세에 전하니 아침 저녁으로 펴 보고 길이 거울로 삼기를 바란다."(『高麗史節要』「高麗太祖」:"夏四月, 王御內殿, 召大匡朴述熙, 親授訓要, 曰我聞, 大舜耕歷山, 終受堯禪, 高帝起沛澤, 遂興漢業, 予亦起自單平, 謬膺推戴, 夏不畏熱, 冬不避寒, 焦身勞思, 十有九載, 統一三韓, 叨居大寶, 二十五年, 身今老矣, 第恐後嗣, 縱情肆欲, 敗亂綱紀, 大可憂也, 爰述訓要, 以傳諸後, 庶幾朝披夕覽, 永爲龜鑑.")

68 『高麗史節要』「高麗太祖」:"其一曰, 我國家大業, 必資諸佛護衛之力, 是故創立禪敎寺院, 差遣住持焚修, 使之各治其業, 後世姦臣執政, 徇僧請謁, 各業寺社, 爭相換奪, 切宜禁之."

제2조는, 모든 사원은 모두 도선이 산수(山水)의 순역(順逆)의 형세를 추점하여 개창한 것이다. 도선이 말하기를, '내가 추점하여 정한 외에 함부로 더 창건하면 지덕(地德)을 손상시켜 왕업이 장구하지 못할 것이다'고 하였으니, 짐이 생각건대, 후세의 국왕·제후·후비와 신하들이 각기 원당(願堂)[69]이라 일컬으면서 행여 더 창건할까 크게 근심스럽다. 신라 말기에 사탑을 앞다투어 짓다가 지덕을 손상시켜 망하기까지 하였으니 경계하지 않아서야 되겠는가.[70]

제3조는, 적자·적손에게 나라를 전하고 집안을 전하는 것이 비록 상례라 하지마는, 요의 아들 단주가 불초하므로 요는 순에게 선위했으니 실로 공심인 것이다. 무릇 원자가 불초하거든 그 차자에게 전하여 주고, 차자가 모두 불초하거든 그 형제 중에서 뭇 신하들이 추대하는 자에게 전하여 주어 대통을 계승하게 하라.[71]

제4조는, 우리 동방은 옛날부터 당나라의 풍속을 본받아 문물과 예악이 모두 그 제도를 준수하여 왔으나, 나라가 다르면 사람의 성품도 다르니 반드시 구차히 같게 하려 하지 말라. 거란[契丹]은 짐승이나 다름없는 나라이므로 풍속이 같지 않고 언어 역시 다르니 부디 의관 제도를 본받지 말라.[72]

---

69 원당은 각 사찰 내에 있는 공간 중 하나로, 왕실의 명복을 빌던 곳이다. 신라 때에도 있었던 것으로 추측되며, 고려 때 크게 성하여 조선시대까지 계승되었다.

70 『高麗史節要』「高麗太祖」: "其二曰, 諸寺院, 皆是道詵, 推占山水順逆, 而開創者也, 道詵云, 吾所占定外, 妄有創造, 則損薄地德, 祚業不永, 朕念後世國王, 公侯后妃朝臣各稱願堂, 或增創造, 則大可憂也. 新羅之末, 競造浮屠, 衰損地德, 以底於亡, 可不戒哉."

71 『高麗史節要』「高麗太祖」: "其三曰, 嫡子嫡孫傳國傳家, 雖曰常禮, 然丹朱不肖, 堯禪於舜, 實爲公心. 凡元子不肖者, 與其次子, 次子皆不肖者, 與其兄弟之中, 群下推戴者, 俾承大統."

제5조는, 짐은 삼한 산천의 드러나지 않은 도움을 힘입어 대업을 성취하였다. 서경은 수덕(水德)이 순조로워 우리나라 지맥의 근본이 되니, 마땅히 사계절의 중간[2·4·8·11월]에 행차하여 백일이 넘도록 머물러 나라의 안녕을 이루도록 하라.[73]

제6조는, 연등은 부처님을 섬기는 것이고, 팔관은 천령·오악과 명산·대천과 용신(龍神)을 섬기는 것이다. 훗날 간특한 신하가 더하거나 줄이자고 건의하는 자가 있으면 꼭 그것을 금지해야 한다. 나 역시 처음부터 마음에 맹세하기를 법회일은 국기일을 침범하지 않으며, 임금과 신하가 함께 즐기기로 하였으니 공경스러움을 이에 따라 행해야 한다.[74]

제7조는, 왕이 신하와 백성의 마음을 얻는 것은 매우 어려운 일이다. 그 마음을 얻으려면, 간(諫)하는 말을 따르고 참소를 멀리하는 데 요점이 있을 뿐이니, 간하는 말을 따르면 성스럽게 되며, 꿀처럼 다디단 참소도 믿지 않으면 참소가 저절로 그치는 것이다. 또 백성을 시기에 맞추어 부리고 부역을 가볍게 하며, 납세를 적게 해 주고, 농사의 어려움을 알아주면, 저절로 민심을 얻어 나라가 부유하고 백성이 편안해질 것이다. 옛사람이 말하기를, '고소한 미끼가 있는 곳에는 반드시 고기가 낚시에 걸리고, 상을 중하게 주는 곳에는 반드시 훌륭한 장수가 있으며, 활을 당기는 앞에는 반드시 새가 피하고, 인덕을 베푸는 곳에는 반드시 선량한

---

72 『高麗史節要』「高麗太祖」: "其四曰, 惟我東方, 舊慕唐風, 文物禮樂, 悉遵其制, 殊方異土, 人性各異, 不必苟同, 契丹, 是禽獸之國, 風俗不同, 言語亦異, 衣冠制度, 慎勿效焉."

73 『高麗史節要』「高麗太祖」: "其五曰, 朕賴三韓山川陰佑, 以成大業, 西京水德調順, 爲我國地脉之根本, 宜當四仲巡駐, 留過百日, 以致安寧."

74 『高麗史節要』「高麗太祖」: "其六曰, 燃燈所以事佛, 八關所以事天靈及五嶽名山大川龍神也, 後世姦臣, 建白加減者, 切宜禁止, 吾亦當初, 誓心會日, 不犯國忌, 君臣同樂, 宜當敬依行之."

백성이 있다'고 하였으니, 상벌이 정당하면 음양이 순조로울 것이다.[75]

제8조는, 차현(車峴) 이남 공주강(公州江) 밖은 산형과 지세가 모두 배역하니 인심 역시 그러하다. 그 아래의 주·군 사람이 조정에 참여하여 왕후·국척과 혼인하여 나라의 정권을 잡게 되면, 국가를 변란하게 하거나 통합 당한 원망을 품고 임금의 거동하는 길을 범하여 난리를 일으킬 것이며, 또 일찍이 관청의 노비와 진(津)·역(驛)의 잡척(雜尺)에 속했던 무리가 권세 있는 사람에게 의탁하여 신역을 면하거나 왕후나 궁·원에 붙어 말을 간사하고 교묘하게 하여 권세를 부리고 정치를 어지럽혀서 재변을 일으키는 자가 반드시 있을 것이니, 비록 그 선량한 백성일지라도 벼슬자리에 두어 권세를 부리게 하지 말아야 한다.[76]

제9조는, 모든 제후와 뭇 관료들의 녹은 나라의 크기에 따라 이미 제도가 정해져 있으니 늘이거나 줄여서는 안 된다. 또 고전에, '공적에 따라 녹을 제정하고, 관작은 사정(私情)으로 주지 않는다'고 하였으니, 만약 공이 없는 사람이거나 친척, 사사로이 친한 사람들이 헛되이 국록을 받게 되면 백성이 원망하고 비방할 뿐만 아니라 그 본인들 역시 복록을 길이 누리지 못할 것이니 꼭 이를 경계해야 한다. 또 강하고 악한 나라[거란]가 이웃하고 있으니 편안한 때에도 위태로움을 잊지 말아야 한다. 병졸에게는 보호하고 구휼하며 부역을 참작하여 면제해 주어야 하며, 해

---

75 『高麗史節要』「高麗太祖」: "其七曰, 人君得臣民之心, 爲甚難, 欲得其心, 要在從諫遠讒而已, 從諫則聖, 讒言如蜜, 不信則讒自止, 又使民以時, 輕徭薄賦, 知稼穡之艱難, 則自得民心, 國富民安, 古人云, 芳餌之下, 必有懸魚, 重賞之下, 必有良將, 張弓之外, 必有避鳥, 垂仁之下, 必有良民, 賞罰中, 則陰陽順矣."

76 『高麗史節要』「高麗太祖」: "其八曰, 車峴以南, 公州江外, 山形地勢並趨背逆, 人心亦然, 彼下州郡人, 參與朝廷, 與王侯國戚婚姻, 得秉國政, 則或變亂國家, 或銜統合之怨, 犯蹕生亂, 且其曾屬官寺奴婢, 津驛雜尺, 或投勢移免, 或附王侯宮院, 姦巧言語, 弄權亂政, 以致災變者, 必有之矣, 雖其良民, 不宜使在位用事."

마다 가을에는 용맹하고 날랜 인재를 사열하여 그중에서 뛰어난 자는 알맞게 계급을 올려 주어야 한다.[77]

제10조는, 나라나 가정을 가진 이는 근심이 없을 때 경계를 하여야 하니, 널리 경사(經史)를 보아 옛일을 거울삼아서 오늘날의 일을 경계하라. 성인 주공도 무일(無逸) 한편을 성왕에게 올려 경계하도록 하였으니, 마땅히 그림을 그려 벽에 걸어 두고 출입할 적에 보고 반성하여야 한다.[78]

훈요 10조의 끝마다 모두 '마음속에 이를 간직하라[中心藏之]'는 네 글자로 끝맺었다. 이로부터 왕위를 이은 왕들이 서로 전하여 보배로 삼았다[79]고 한다.

여기에서 왕건이 후대 왕들에게 '마음속에 이를 간직하라[中心藏之]'고 할 만큼 풍수 문화가 얼마나 큰 영향을 끼치고 있었는지에 대해 알 수 있다. 첫 번째와 두 번째, 다섯 번째와 여덟 번째의 기록은 풍수지리와 직접적으로 관련된 왕의 유언이고, 불교와 관련된 것은 첫 번째와 두 번째 및 여섯 번째이며, 유교와 관련된 것은 세 번째와 네 번째와 일곱 번째와 아홉 번째 및 열 번째 내용이다.

이처럼 왕건의 유언은 고려 왕조 내내 중요한 조항이 되었으며, 당시 유교와 불교 및 풍수지리가 시대적으로 끼친 영향을 미루어 짐작할 수 있다.

---

77 『高麗史節要』「高麗太祖」: "其九曰, 百辟群僚之祿, 視國大小, 已爲定制, 不可增減, 且古典云, 以庸制祿, 官不以私, 若以無功人, 及親戚私昵, 虛受天祿, 則不止下民怨謗, 其人亦不得長享福祿, 切宜戒之, 又以强惡之國爲隣, 安不可忘危, 兵卒宜加護恤, 量除徭役, 每年秋閱勇銃出衆者, 隨宜加授."

78 『高麗史節要』「高麗太祖」: "其十曰, 有國有家, 儆戒無虞, 博觀經史, 鑑古戒今, 周公大聖, 無逸一篇, 進戒成王, 宜當圖揭, 出入觀省."

79 『高麗史節要』「高麗太祖」: "十訓之終, 皆結以中心藏之四字, 自是嗣王, 相傳爲寶."

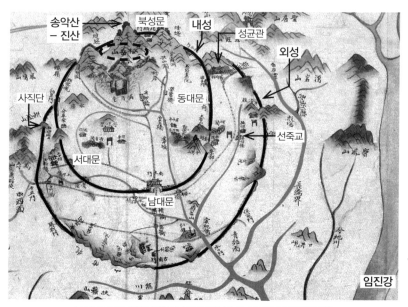

〈그림 5〉『개성전도』(1872년 지방지도) (출처: 규장각 한국학연구원)

　〈그림 5〉는 조선시대 말엽에 그려진 송도[개성 도성]이다. 송악산을
진산(鎭山)으로 하여, 도성과 사대문 및 산줄기와 물줄기가 어우러진 모
습이 잘 묘사되어 있다.

　진산이란 양기(陽氣)를 진호(鎭護)하는 산이란 뜻이며, 이 진산 아래 도
읍과 지방 도시라고 할 수 있는 읍치를 정한다. 풍수의 주안은 생기가
흘러들어오는 땅을 구하는 데 있다. 백두대간에서 발원하여 각 정맥으
로 나누어지면서 생기가 흘러들어오는 것은 산맥이다. 이 산맥은 다시
수십 차례 기세를 기복(起伏)하여 정제(淨濟)[80]시킨 후 단정하고 수려한 봉
우리를 일으켜 용세(龍勢)[81]를 가진다. 이렇게 내려오는 산을 내룡(來龍)[82]
이라고 한다. 이 내룡을 그 도시의 소조산[83] 또는 진산이라고 한다.[84]

　풍수[85]에서 가장 중요한 것은 물을 얻는 것이 최우선이고, 그다음 바

람을 감추는 것이다.[86] 이 전제조건이 장풍득수[87]를 기본으로 한 배산임수[88]의 형태이고, 지리 형성에 기본 조건이 되기도 한다.

결국, 풍수는 산줄기와 물줄기의 조화를 말하는 것으로, "물의 들어오고 나감은 산과 합치되어야 좋은 땅이 될 수 있고[89], 용은 물이 보내지

---

80 용은 수려하고 단정함을 원칙으로 하되 태조산이 내룡맥의 근원이 되면서 중조산, 소조산을 거쳐 현무까지 내려오면서 박환과 기복을 거치게 되고 많은 변화를 거듭하면서 반드시 정제되어야 한다.

81 용세라는 것은 태조산에서 출발한 내룡이 수십 번 변화하면서 입수 직전까지 일으키는 힘의 강약을 의미한다.

82 풍수에서는 반드시 산줄기와 그 형태가 중요하다. 이 산줄기와 형태를 용(龍)이라 한다. 그 용의 형태와 흐름 등으로 인한 형기법과 이기법이 있다. 또한 "땅의 기복을 용이라 하는 것은 그 모습이 마치 용과 같다고 하는 점에서이며, 용은 음양이 조화된 것이므로 산의 무궁무진한 변화와 예측하기 어려운 조화가 마치 용과 같다고 하는 뜻에서 온 것이라고 말하기도 한다."(村山智順(최길성 옮김), 『朝鮮의 風水』, 민음사, 1990, p. 30.)

83 소조산은 태조산과 중조산을 거쳐 외청룡과 외백호를 만들어, 다시 기복과 위이를 한 현무봉(몇 번의 탈살을 하였기 때문에 단정하고 깨끗한 봉우리를 이룬다)에서 만드는 내청룡과 내백호를 2중으로 보호하여 장풍하게 된다.

84 木山智順(최길성 옮김), 『朝鮮의 風水』, 민음사, 1990, pp. 616~617 참조.

85 『錦囊經』: "古人, 聚之使不散, 行之使有止, 故謂之風水." 참조.(옛날 사람들은 기를 모아 흩어지지 않게 하고, 기를 흘러 다니게 하다가 멈추게 하고자 하니, 이를 일컬어 풍수라고 한다)고 하였다.

86 『錦囊經』: "風水之法, 得水爲上, 藏風次之." 참조.

87 『錦囊經』: "經曰, 氣乘風則散, 界水則止." 참조.(경에 이르기를, 기는 바람을 타면 흩어지고, 물에 닿으면 머문다고 하였다.)

88 득수는 곧 물을 얻어서 생기를 얻는 것이다. 그러나 생기가 바람을 타면 흩어지기 때문에 바람을 잘 갈무리하여 기를 담아두는 장풍의 기능이 필요하다. 그러므로 읍치의 생기를 온전히 보전하려면 읍치의 입지는 장풍득수의 조건을 갖추어야 한다. 이 같은 원리는 모든 사람이 살기에 적합한 이상적인 입지조건과 밀접한 관계를 가지고 있다.(윤홍기, 「왜 풍수는 중요한 연구주제인가」, 『대한지리학회지』 제36권, 2001, p. 344 참조.)

않으면 오는 자를 밝힐 수 없고, 혈은 물의 경계가 아니면 그침을 밝힐 수 없다."[90]라고 하였다.

태조 13년(930)에 서경에 학교를 세웠는데, 의업과 복업 두 과목을 병설(併設)하였고,[91] 복업에 풍수지리가 정규 과목이었다. 처음 과거 제도를 실시한 광종 9년(958)에는 복업에서 지리업(地理業)[92]으로 분리되어 풍수지리가 전문화되었다. 인종 14년(1134)에는 "무릇 지리업의 시험 방식은, 첩경 시험을 2일간 치르는데, 첫째 날에 『신집지리경』 10개 조항을, 다음 날에 『유씨서』 10개 조항을 접어 가려서 이틀간 모두 6개 조항 이상을 통하여야 한다. 『지리결경』 8권, 『경위령』 2권, 도합 10권을 읽는데, 문장을 해독하고 겸하여 뜻과 이치에 통해야 하는 것이 6궤이며, 문장을 해독하는 것은 4궤에 통해야 한다. 『지경경』 4권, 『구시결』 4권, 『태장경』 1권, 『가결』 1권, 도합 10권을 읽어야 하는데, 문장을 해독하고 겸하여 뜻과 이치에 통한 것이 6궤가 되어야 하고, 문장을 해독하는 것은 4궤에 통해야 한다. 또한 『소씨서』 10권을 읽고 그 속의 문장을 해독하는 것은 1궤가 되어야 한다."[93]고 하여, 지리업의 과목이 『신집지리경』,

---

89   胡舜臣, 『地理新法』; "水之來去與山合, 然後爲吉."

90   서선계 · 서선술(김동규 옮김), 『인자수지』, 명문당, 1992, p. 822.

91   『高麗史』「選擧 2」; "學校, 太祖十三年, 幸西京創置學校, …, 兼置醫卜二業."

92   "과거는 제술업, 명경업 두 업과 의업, 복업, 지리업, 명법업, 명산업, 명서업, 삼례업, 삼전업, 하론업 등의 잡업이 있었다." 참조.(『高麗史』「選擧 1」; "其科擧有製述明經二業, 而醫卜地理律書算三禮三傳何論等雜業.")

93   『高麗史』「選擧 1」; "凡地理業式, 貼經二日內, 初日, 貼新集地理經十條, 翌日, 劉氏書十條, 兩日, 並通六條以上, 讀地理決經八卷 · 經緯令二卷幷十卷, 破文兼義理, 通六机, 破文通四机, 讀地鏡經四卷 · 口示決四卷 · 胎藏經一卷 · 謌決一卷幷十卷, 破文兼義理, 通六机, 破文通四机, 又讀蕭氏書十卷, 內破文一机."

『유씨서』,『지리결경』,『경위령』,『지경경』,『태장경』,『가결』,『소씨서』등 으로 기술되어 있다.

당시 비보[94] 또한 국가 정책적으로 실시하였고, 문헌상 최초 '비보'의 용어가 나타나는 것은, 예종 원년(1106)에 "일관(日官)이 아뢰기를, '송악 은 개경(고려 도읍)의 진산인데, 여러 해 동안 빗물에 모래와 흙이 흘러내 려 바위와 암석이 드러나서 초목이 우거지지 않으므로 나무를 심어 비 보하는 것이 마땅합니다.' 라고 하니, 조서를 내려 허락하였다."[95] "도선 의 『송악명당기』에, '서쪽에 서강의 강변에 군자가 말을 모는 형세(군자어 마)의 명당 자리가 있으니, 태조가 〈후삼국을〉 통일한 병신년(936)으로부 터 120년 뒤에(병신년, 1056) 이곳으로 가서 〈정자를〉 지으면 국업이 연장

---

94 장풍득수를 위한 비보에 관련된 내용은 많은 고전에서 나타나고 있다. 시대별로 내용을 정리하 면 다음과 같다. "빈 곳을 막아 주고 모자란 곳을 보완하여, 하늘이 만들고 땅이 세운 것을 베푼 지인에게 남겨놓았으니, 선현이라도 설명하기 어렵다. 초목이 울창하고 무성하면 길한 기운이 서로 따르니 안·밖의 겉과 속은 자연적일 수도 있고, 인위적일 수도 있다. …, 좌우[청룡과 백 호]와 안대는 혹 자연적으로 이루어진 것일 수도 있고, 인력으로 만들 수도 있다."
(『靑烏經』: "障空補缺, 天造地設, 留與至人, 先賢難說, 草木鬱茂, 吉氣相隨, 內外表裏, 或然或爲, …, 左 右安對, 或自然而成, 或人力而爲之.") "마땅히 높여야 할 곳은 더욱 높이고, 마땅히 낮아야 할 곳은 더욱 낮추어야 한다."(『錦囊經』: "法宜高處卽增崇之, 法宜下處卽盆下之.") "흙이 남아 마땅히 제거 하여야 하면 제거하고, 산이 부족하여 북돋워야 하면 마땅히 북돋워야 한다. …, 산에 악형이 보 이면 이 산에 대나무를 많이 심어 가리거나 혈 앞에 안대를 밀고 나무를 가리고, 물이 급하게 흐 르는 형세가 보이면 굴곡되게 흐르게 하거나 혹은 못을 파서 머물게 하고 혹은 둔덕을 쌓아 막 고 혹은 가까이 안대를 쌓아 가린다면, 흉이 바뀌어 길이 된다. …, 혈 속의 바람은 모름지기 피 하여야 하니 담을 쌓고 둥글게 호위하던지, 깊이 움을 파고 묻던지, 좌우를 밀쳐 엿보게 하던지, 꺼진 곳을 보완하고 공결한 데는 막아, 바람이 불어와도 혈의 귀(耳)를 베거나 혈의 가슴(胸)에 불지 않게 해야 한다."(『雪心賦』: "土酉餘當闢則闢, 山不足當培則培, …, 如見山有惡形, 或在此山多材 竹木掩之, 或在穴前推案植木遮之, 見水有急勢, 或作屈曲流之, 或鑿池塘注之, 或築墩壩闌, 或堆近案遮 之, 亦可轉凶爲吉也, …, 穴裏之風順廻避, 惑築雉護圍之, 或開深窩藏之, 或左右閃之, 或凹補空障之, 莫 敎風來割穴之耳吹穴之胸.")

95 『高麗史』「世家 12」: "睿宗 元年, …, 日官奏, 松嶽乃京都鎭山, 積年雨水, 沙土漂流, 巖石暴露, 草木不 茂, 宜栽植裨補, 詔可."

된다'고 하였으므로, 문종이 태사령 김종윤 등을 시켜 땅자리를 살펴보게 한 후, 서강 병악의 남쪽에 〈정자를〉 세웠다. 중방을 비보하는 것이라 일컬어진다. 매년 봄·가을에 반주가 부병을 이끌고 와서 수축하였다."[96]라는 기술 등에서 잘 나타나 있다.

이어 신종 때에는 산천비보도감(山川裨補都監)이 설치되기도 하였다. "산천비보도감은 신종 원년(1197)에 재추 및 중방·최충헌 등이 술사를 모아놓고, 나라 안의 산천을 비보하여 국기(國基)를 연장할 것을 의논하고 마침내 도감을 설치하였다."[97]

산천의 길흉을 따지지 않고 원당을 만들어 지세를 손상시켜 재해와 변란이 자주 일어나니, 비보 사찰을 제외하고는 전부 철거할 것에 대해 최충헌이 올린 상소[98]도 기술되어 있으며, 고려 말 공민왕 원년에는 태조의 유훈에 따라 함부로 사원을 짓지 말라고 한 내용[99]도 나타나 있다.

이처럼 고려시대에는 풍수 문화가 국책 전반에 등장하고 있으며, 산천 비보에 대한 개념이 완전히 자리 잡고 있었음을 알 수 있다.

---

96 『高麗史』「地理 1」: "道詵松岳明堂記云, 西江邊, 有君子御馬明堂之地, 自太祖統一, 丙申之歲, 至百二十年, 就此創構, 國業延長, 文宗命太史令, 金宗允等, 相地, 構之於西江餠岳南, …, 稱重房裨補, 每春秋, 班主率府兵修築."

97 『高麗史』「百官 2」: "山川裨補都監, 神宗元年, 宰樞及重房崔忠獻等, 集術士, 議國內山川裨補, 延基事, 遂置都監."

98 "옛 선조들은 반드시 산천의 순역을 살피어 사원을 세웠으니, 이것은 지세에 순응하여 안치시킨 것입니다. 후대의 장수와 재상, 여러 신하, 무뢰배 승려들이 산천의 길흉을 따지지도 않고 사원을 세워 원당이라 부르고, 지세를 손상시켜 재해와 변란이 자주 일어나고 있습니다. 바라건대, 폐하께서는 음양관으로 하여금 그것을 검토하게 하신 뒤에 비보 사찰을 제외하고는 남김없이 철거하여 후대 사람들이 관망하는 일이 없도록 하십시오."(『高麗史』「列傳 42」: "在祖聖代, 必以山川順逆, 創浮圖祠. 隨地以安, 後代將相群臣·無賴僧尼等, 無問山川吉凶, 營立佛宇, 名爲願堂, 損傷地脉, 灾變屢作, 惟陛下, 使陰陽官檢討, 凡神補外, 輒削去勿留, 無爲後人觀望.")

이러한 비보의 개념과 논리는 풍수에서 추구하는 바가 비단 명당을 찾아서 복록(福祿)을 누리는 데에서 그치는 것이 아니라는 사실을 보여준다. 균형과 조화를 이루지 못함으로 인하여 생기를 제대로 모으지 못하는 흉지를 여러 가지 풍수적 조치를 통해 생기가 바르게 생동하여 명당을 이루도록 하는 것에 그 목적이 있는 것이다. 이러한 비보 조치의 대표적인 것이 진호를 위한 풍수탑이며, 조선시대는 보허(補虛)를 위한 조산(造山)[임의적으로 만든 산][100]이나 비보 숲, 그리고 방살위호(防殺衛護)를 위한 염승물(厭勝物) 등으로 나타난다.[101]

2) 조선시대 도시 풍수와 산천 비보

태조 이성계는 역성혁명으로 고려를 이어받아, 조선으로 국호를 개칭[102]하였고, 풍수는 더욱 발전하여 한양 도성을 축성하거나 당시 지방 도시였던 읍치를 형성하는 데 중요한 역할을 하였으며, 조선 초부터 성행

---

99 "선왕 대에 선종과 교종 사원을 창건한 것은 지덕을 비보하여 국가에 이롭게 하려는 것이었는데, 지금은 많이 퇴락하여 단지 그 터만 남아 있도다. 그 가운데 현재 토지를 가지고 있는 사원은 세금을 거두고, 노비를 소유하고 있는 사원은 일력을 거두어 사원을 다시 수리하는 것에 대비하도록 하라. 또한, 태조의 유훈에 따라 여러 사람들이 함부로 사원을 짓는 행위를 금지하며, 승려가 되려는 자는 반드시 도첩을 소지하게 하고 민간 집에 거주하지 못하게 하라."(『高麗史』 「世家 38」: "祖王代, 創置禪敎寺院, 所以裨補地德, 以利國家, 今多頹圮, 只有遺基, 其有土田者, 收其租, 有臧獲者, 收其庸, 以備重修, 又遵太祖信書, 諸人毋得擅起寺舍, 爲僧者, 必須度牒, 不許居家.")

100 조산은 인공적으로 만든 산을 말한다. 조선시대는 조산 또는 임수(林藪)[여러 형태의 나무 숲] 등을 비보로 활용하였다.

101 木山智順(최길성 옮김), 『朝鮮의 風水』, 민음사, 1990, p. 236 참조.

102 "동이의 국호에 다만 조선의 칭호가 아름답고, 또 그것이 전래한 지가 오래되었으니, 그 명칭을 근본하여 본받을 것이다. 지금부터는 고려란 나라 이름은 없애고 조선의 국호를 좇아 쓰게 할 것이다."(『朝鮮王朝實錄』 「太祖實錄」: "東夷之號, 惟朝鮮之稱美, 且其來遠, 可以本其名而祖之, …, 可自今除高麗國名, 遵用朝鮮之號.")

하였다.

대표적인 것이 1393년(태조 2) 2월 10일, 유교 국가를 상징하는 종묘와 사직, 궁전과 조정 및 시장 등[103]의 지세를 서운관[104]과 풍수 학인들에게 명하여[105] 계룡산에 새 도읍[106]을 정하였다가, 1393년(태조 2) 12월 11일 경기도관찰사 하륜이 길지가 아님을 상소[107]하는 등의 이유로 공사를 중단하고, 1395년(태조 4)에 현재의 서울[108]에 장정 118,070여 명을 징발하여 도성을 축성[109]하게 되었다. 1396년(태조 5)에 한양 도성이 마무리 되었고,

---

103 당시 조선은 유교 국가를 지향하여 『주례』「고공기」에 나타나는 도성 축조방법에 의해 한양 도성을 축성하였다. 논자는 한양 도성 축조 방법에 대해, 「영남지방 읍성의 공간 구성과 풍수적 특성 연구」, 대구한의대 박사학위논문, 2018, 52~58쪽에 다음과 같이 연구하였다. "첫째, 도성은 사방을 평평하게 하여 평면에 축성한다.(平面營造) 둘째, 도성은 왕궁을 중심에 두고, 나머지 건축물을 구성하여 성곽을 축성한다.(王宮中心) 셋째, 왕궁을 중심축으로 사방을 조성하여 도성을 건설한다.(左右前後) 넷째, 왕궁을 중심축으로 좌우전후에 방형으로 건축물을 구성하고, 그 왕궁과 기타 건축물들을 둘러싼 성도 방형으로 축성한다.(方形都城) 다섯째, 도성은 사방을 9리로 한다.(四方九里) 여섯째, 도성 한 면의 문은 3개로 하고, 그 1개의 문마다 3개의 길을 만든다.(三門三途) 일곱째, 왕궁의 좌측에는 종묘를 두고, 우측에는 사직을 두는 것을 도성이라 한다.(左廟右社) 여덟째, 왕궁을 중심으로 앞에는 조정(朝廷)을 두고, 뒤에는 시장을 둔다.(前朝後市) 아홉째, 북극성이 우주의 중심이므로 북쪽에 왕궁을 두고, 남쪽에 조정을 두고 남향을 보고 북고남저의 위계성을 나타낸다.(北宮南朝) 열 번째, 왕궁을 중심으로 양의 의미인 좌측이 상(上)이 되고, 음을 상징하는 우측을 하(下)로 한다.(左上右下) 열한 번째, 왕궁을 중심으로 앞에는 조정을 두고, 뒤에는 침전(寢殿)을 배치한다.(前朝後寢) 열두 번째, 양기가 들어오는 명당에 도성과 왕성을 축성하면 명랑함으로 그 다스림이 넓어질 것이다.(陽氣明堂)"

104 서운관(書雲觀)은 고려 말부터 조선 초까지 천문, 역수, 측후, 각루 등의 일을 맡아보던 관청을 말한다.

105 "삼사 좌복야 영서운관사 권중화가 새 도읍의 종묘와 사직, 궁전 및 조정과 시장을 만들 지세의 그림을 바치니, 서운관과 풍수학인 이양달, 배상충 등에게 명하여 지면의 형세를 살펴보게 하고, 판내시부사 김사행에게 명하여 먹줄[繩]로써 땅을 측량하게 하였다."(『朝鮮王朝實錄』「太祖實錄」; "三司左僕射領書雲觀事權仲和進, 新都宗廟社稷宮殿朝市形勢之圖, 命書雲觀及風水學人李陽達, 裵尙忠等, 審視面勢, 判內侍府事金師幸以繩量地.")

106 "계룡산에 새 도읍을 정하였다."(『朝鮮王朝實錄』「太祖實錄」; "定雞龍山, 新都.") 참조.

그 둘레는 18.6㎞에 달한다.

〈그림 6〉 한양 도성은 백악산[111][북악산]을 진산으로 하여 사신사[112]가 뚜렷한 곳에 위치하였다. 낙산[타락산]을 좌청룡, 인왕산을 우백호, 남산[목멱산]을 안산(남주작), 관악산을 조산으로 하고, 한강이 동출서류(東出西流)하는 곳에 자리 잡고 있다. 진산인 백악산이 내려오는 산줄기에

---

107 "대장군 심효생을 보내어 계룡산에 가서 새 도읍의 역사를 그만두게 하였다. 경기 좌·우도관찰사 하륜이 상언하였다. '도읍은 마땅히 나라의 중앙에 있어야 될 것이 온데, 계룡산은 지대가 남쪽에 치우쳐서 동면·서면·북면과는 서로 멀리 떨어져 있습니다. 또 신이 일찍이 신의 아버지를 장사하면서 풍수 관계의 여러 서적을 대강 열람했사온데, 지금 듣건대 계룡산의 땅은, 산은 건방에서 오고 물은 손방에서 흘러간다 하오니, 이것은 송나라 호순신이 이른바, '물이 장생을 파하여 쇠패가 곧 닥치는 땅'이므로, 도읍을 건설하는 데는 적당하지 못합니다.' 임금이, …, 여러 산릉의 길흉을 다시 조사하여 아뢰게 하였다. …, 새 도읍의 역사를 그만두게 하니, 중앙과 지방에서 크게 기뻐하였다. …, 임금이 명하여, …, 천도할 땅을 다시 보아서 아뢰게 하였다."(『朝鮮王朝實錄』「太祖實錄」: "遣大將軍沈孝生如雞龍山, 罷新都之役, 京畿左右道都觀察使河崙上言, '都邑宜在國中, 雞龍山地偏於南, 與東西北面相阻。 且臣嘗葬臣父, 粗聞風水諸書, 今聞雞龍之地, 山自乾來, 水流巽去, 是宋朝胡舜臣所謂水破長生衰敗立至之地, 不宜建都.'上命, …, 諸山陵吉凶以聞, …, 乃命孝生罷新都之役, 中外大悅, …, 上命, …, 更覽遷都之地以聞。") 참조.

108 "도성축조도감을 만들어 정도전으로 하여금 성의 터를 정하도록 명하였다."(『朝鮮王朝實錄』「太祖實錄」: "始立都城造築都監, 置判事, 副判事使, 副使, 判官, 錄事, 命判三司事鄭道傳, 定城基。") 참조.

109 "경상·전라·강원도와 서북면의 안주 이남과 동북면의 함주 이남의 장정 118,070여 명을 징발하여 처음으로 도성을 쌓게 하였다."(『朝鮮王朝實錄』「太祖實錄」: "徵慶尙·全羅·江原道及西北面安州以南, 東北面咸州以南民丁十一萬八千七十有奇, 始築都城。") 참조.

110 "성 쌓는 역사를 마치고 장정들을 돌려보냈다.(『朝鮮王朝實錄』「太祖實錄」: "築城役訖, 放丁夫。") 참조.

111 "〈서울은〉 북으로 화산[백악산]을 진산으로 삼아, 〈동과 서는〉 용이 서리고 범이 쭈그리고 앉은 형세이다."(『新增東國輿地勝覽Ⅰ』「京都」: "北鎭山華山有, 龍盤虎踞之勢。")

112 산이 꿈틀꿈틀('之'자형) 내려오는 곳에 혈이 있고, 이 혈을 좌우전후에서 장풍해 주는 것을 말한다. 흔히들 좌청룡, 우백호, 전주작, 후현무 등 네 종류의 산을 말하는 것으로, 이 사신사의 위치에 따라 명당의 지형과 지세를 파악한다. 이 사신사의 개념은 앞서 밝힌 바 있다.

〈그림 6〉 한양 도성의 산줄기 및 비보(「경도」, 「해동지도」, 1750년) (출처: 규장각 한국학연구원)

정궁인 경복궁을 임좌병향(壬坐丙向)으로 창건[113]하고, 청룡 낙산이 내려오는 산줄기에 종묘를, 백호 인왕산이 내려오는 산줄기에 사직을 조성하여 좌묘우사를 갖추면서 배산임수 등의 풍수적 특징을 가지고 있다. 장풍이 미흡한 청룡 쪽에는 산 2개를 조산하여 비보한 것을 알 수 있다.[114]

조선에서는 왕릉을 조성하거나 천장(遷葬)할 때에도 풍수는 절대적 요

---

113 "남쪽에 해방(亥方)의 산을 주맥으로 하고 임좌병향이 평탄하고 넓으며, 여러 산맥이 굽어 들어와서 지세가 좋으므로 〈여기를 궁궐터로 정하고〉, 또 그 동편 2리쯤 되는 곳에 감방(坎方)의 산을 주맥으로 하고 임좌병향에 종묘의 터를 정하고서 도면을 그려서 바쳤다."(「朝鮮王朝實錄」「太祖實錄」: "更相其南亥山爲主壬座丙向, 平衍廣闊, 群龍朝揖, 乃得面勢之宜, 又相其東數里之地, 得坎山爲主壬座丙向, 以爲宗廟之基, 皆作圖以獻.") 참조.

114 김형근, 「영남지방 읍성의 공간 구성과 풍수적 특성 연구」, 대구한의대 박사학위논문, 2018, 33쪽 참조.

건이었다. 태조의 건원릉[115]과 문종 때부터 주맥이 약하여 세종대왕릉을 이장해야 한다는 내용과 세조 광릉 조성 등에서 알 수 있다.

태종 6년(1408) 11월 15일에는 "십학(十學)을 설치하였으니, 좌정승 하륜의 건의를 따른 것이었다. 첫째는 유학, 둘째는 무학, 셋째는 이학, 넷째는 역학, 다섯째는 음양 풍수학, 여섯째는 의학, 일곱째는 자학, 여덟째는 율학, 아홉째는 산학, 열째는 악학인데, 각기 제조관을 두었다. 그중에 유학은 현임 삼관의 7품 이하만으로 시험하게 하고, 나머지 구학은 시산을 물론하고 4품 이하부터 4중월에 고시하게 하여 그 고하를 정해 출척의 빙거를 삼게 하였다."라고 하여, 유학과 더불어 음양풍수학을 십학[116]으로 하였다. 이러한 음양풍수학은 당시 지방 도시였던 330여 곳의 읍치에도 지대한 영향을 주게 된다.

시대별 여러 지리지[117]에는 각 읍치 「산천」 편에 진산 또는 주산이 구체적으로 기술되어 있고, 형국에 대한 비보 및 임수(林藪)[나무 숲] 등에 대해서도 잘 나타나 있어, 당시 풍수 문화는 도시를 형성하는 전반에 중요한 역할을 한 것을 알 수 있다.

---

115 "기보 등이 회암사로부터 오다가 역로에서 건원릉을 구경하고 돌아오니, 세자가 동교에 나아가 영접하였다. 기보 등이 능침의 산세를 보고 탄미하였다. '어찌 이와 같은 천작의 땅이 있는가? 반드시 〈인위적으로〉 만든 산일 것이다'라고 탄복하였다."(『朝鮮王朝實錄』「太宗實錄」: "祁保等自 檜巖寺, 歷觀健元陵而還, 世子出迎于東郊, 保等見陵寢山勢, 歎曰, 安有如此天作之區乎, 必是造山也.")

116 『朝鮮王朝實錄』「太宗實錄」: "置十學, 從左政丞河崙之啓也, 一曰儒, 二曰武, 三曰吏, 四曰譯, 五曰陰陽 風水, 六曰醫, 七曰字, 八曰律, 九曰算, 十曰樂, 各置提調官, 其儒學, 只試見任三館七品以下, 餘九學, 勿論時散, 自四品以下, 四仲月考試, 第其高下, 以憑黜陟."

117 조선시대 읍치와 관련된 내용은 1454년 발행된 『세종실록지리지』, 1485년 『경국대전』, 1530년 『신증동국여지승람』, 1750년 『해동지도』, 1757년 『여지도서』, 18세기 중엽 『지승』, 19세기 초 『광여도』, 1832년경 『경상도읍지』 등, 1845년 『동경잡기』, 1861년 『대동여지도』, 1871년 『영남읍지』 등, 1899년경 각 지역 읍지(邑誌)와 1872년 각 지방 지도 등이 있다.

조선에서도 도선의 산천 비보가 국책 전반에 영향을 주었으나, 비보의 형태는 숭유억불로 인해 사찰 비보에서 자연물을 이용한 인위적인 형태의 비보 문화로 발전하게 된다.

비보에 관련된 내용을 보면, 태종 13년(1413) 풍수 학생 최양선의 상소에 "'지리로 고찰한다면 도읍의 장의동 문과 관광방 동쪽 고갯길은 바로 경복궁의 좌우 팔입니다. 비옵건대, 길을 열지 말아서 지맥을 온전하게 하소서.' 임금이 그대로 따랐다."[118] 당시 도성 내 정궁인 경복궁의 지기를 보전하자는 내용으로, 하나의 국가를 상징하는 도읍에도 그 지맥을 보호하는 비보 경관이 국가의 정책으로 나타남을 알 수 있다.

세종 8년(1426)에는 "화산(火山)의 〈형국이기〉 때문에 당초 도읍을 정할 때에 모화관 앞과 숭례문 밖에 못을 파서 진압하게 하였다."[119]라고 하여, 자연물을 비보에 이용한 것을 알 수 있다.

문종 원년(1451) "풍수학에서 아뢰기를, '경복궁은 백호[인왕산]가 높고 험준하나, 청룡[낙산]이 낮고 미약하므로 가각고[120] 북쪽 산의 내려온 맥에 소나무를 심어 길렀는데, 근년에 벌레가 먹어서 반이 넘게 말라 죽었으며, 그 마르지 않은 것도 근방의 무식한 무리가 가지와 줄기를 베어쳤고, 혹 혈맥을 파고서 집을 짓기도 하였습니다. 이로 말미암아 청룡이 날로 더욱 쇠약하여지니, 청컨대 경계를 세워 그 끝을 정하고 소나무를 심어서 산맥을 비보하게 하소서' 하니, 예조와 한성부의 풍수학에게 명

---

118 『朝鮮王朝實錄』,「太宗實錄」: "風水學生崔揚善上書曰, 以地理考之, 國都藏義洞門與觀光坊東嶺路, 乃景福宮左右臂也, 乞勿開路, 以完地脈, 從之."

119 "화산의 〈형국이기〉 때문에 당초 도읍을 정할 때에 모화관 앞과 숭례문 밖에 못을 파서 진압하게 하였는데…."(『朝鮮王朝實錄』,「成宗實錄」: "故當初定都時, 慕華館前及崇禮門外, 皆鑿池以鎭之.")

120 가각고(架閣庫)는 조선시대 도서와 문서를 보관하던 관청을 말한다.

하여, 함께 살펴서 표를 세우게 하였다."[121] 풍수를 주관하는 관청에서 상소를 올리고, 역시 국가 정책적으로 풍수가 중요한 역할을 하였으며, 소나무를 심어 비보한 것을 알 수 있다.

세종 30년(1448) 음양학 훈도 전수온의 상소에는 도성의 수구(水口)[물이 빠져 나가는 곳]가 반드시 관쇄(關鎖)[122]되어야 하고, 신라가 천 년을 이어 온 것은 조산과 임수[123]의 덕택임을 강조하고 있으며, 수구 비보 방법 중 조산의 효과보다는 임수의 효과가 더 큼이 잘 나타나 있다. "『장중가』에 말하기를, '수구에는 꼭 산세가 튼튼하고 조밀한 것이 요청되나니, 천명의 병사가 모여 선 듯한 것을 이름하여 귀한 땅이다' 하였고, 『착맥부』에 말하기를, '수구를 닫아 주지 못하면 당년의 부귀는 쓸데없

---

121 『朝鮮王朝實錄』「文宗實錄」: "風水學啓, 景福宮, 白虎高峻, 靑龍低弱, 故於架閣庫北山來脈, 栽松培養, 近年蟲食, 過半枯槁, 其不枯者, 傍近無識之徒, 剪伐枝幹, 或鑿脈穴造家, 由是靑龍日益殘微, 請立標定限, 植松以補山脈, 命禮曹與漢城府風水學, 同審植標."

122 풍수에서는 혈을 감싸주는 양 용호가 감싸주면서 모아지는 곳으로 물줄기가 빠져나가고, 이 물줄기를 열쇠로 문을 잠그는 것처럼 좁게 통과해야 길한 것으로 본다. 여기에서 관쇄가 되면 그 부(富)가 보장된다고 본다.

123 "여기에서 나타나는 임수[나무숲]는 사신사비보, 풍수해 방어나 수구보완뿐만 아니라 북쪽의 허한 곳을 막는 난방 역할도 하였다. 보호수로는 소나무 팽나무, 느티나무, 회화나무 등을 군데군데 심거나 인공 식재림인 밤나무, 감나무. 곰솔 등을 심기도 하였다. 이런 임수 즉, 마을 숲은 하나의 도시로 백성들이 사는 공간이면서도, 재해뿐 아니라 액운으로부터 보호하고, 약해진 기운을 더하여 이롭게 하기 위해 특별히 육성하였거나 보호하였던 숲을 말한다."(생명의숲국민운동, 『역주 조선의 임수』, 지오북, 2007. 4쪽.) 또한, "나무숲은 현재에도 수명이 100년 이상 된 숲이면서 오랜 기간 동안 선조들의 문화 활동이 얽혀진 산물로서 고대에서부터 태평성세와 풍년을 기원하는 종교적 대상이 되어왔다. 이런 나무숲은 단순한 생물학적인 자연사적 자료로서의 가치 외에도 민족의 생활과 사상의 숨결이 깃들어 있는 소중한 자연 유산이다. 세계적 동향으로 유네스코에서도 1972년 총회에서 역사성, 진귀성 및 희귀성을 갖는 문화유산 및 자연 유산 보존을 위한 국제적 노력으로서 '세계 유산 및 자연 유산의 보호에 관한 협약'을 채택하여 세계 유산을 문화유산과 자연 유산으로 구분하고, 자연 유산을 자연적·인위적 파괴와 훼손으로부터 보호하려는 노력을 하고 있다."(문화재청, 『마을숲 문화재 자원조사 연구보고서』, 2003. 1쪽.)

는 것이나, 수구 밖으로 훨씬 내려가서 잘 잠가 준 것이면 여러 세대를 두고 호걸과 영웅이 난다는 것을 알 수 있다.' 하였으니, 그렇다면 수구라는 것은 넓고 활달해서는 안 되고, 나성(羅星)[124]은 공결해서는 안 된다는 것입니다. 역사적으로 신라의 왕업을 볼 때, 천여 년이나 된 것은 조산과 수많은 나무로 공결한 데를 메꿔 준 것이며, 주·부나 군·현에 있어서도 또한 모두 비보한 것이 있사오니, 조산과 많은 나무를 가지고 넓게 빠져나가는 곳을 보충시킨 것입니다. 바로『지현론』에서 말하는바, '산에 부족함이 있으면 더하고 보태는 것이 좋습니다. 이제 우리나라 도읍의 나성이 공결되고 수구가 너무 넓고 활달하게 되었은 즉, 나성과 수구를 보충하지 않으면 안 됩니다. 그러하오나 흙을 쌓아서 산을 만들어 비보하려면 성공하기가 어려우니, 나무를 심어서 숲을 이루어 가로막게 하면 작은 노력으로 많은 효과를 거둘 수 있습니다."[125]라고 하였다.

이어 관상감에서 한양의 수구를 보충해야 하고 임수를 조성해야 함이 세조 13년(1467)에도 나타난다. "관상감에서 아뢰기를, '도성의 곤방(坤方)[서남쪽]이 낮고, 또 수구가 넓고 활달한 까닭으로 숭인문과 흥례문 두 문의 밖에 못을 파서 물을 저장하였으나, 근자에 일찍이 고치지 못하여 혹 메워져서 막혀 물이 얕고, 혹은 막혀서 매몰되어 터가 없으니, 원컨대 물을 깊이 파서 마무리하고, 제방 언덕에 나무를 심어 기맥을 기르소

---

124 풍수에서 물은 급하게 흘러나가거나 관쇄 되지 않는 것을 흉하다고 본다. 여기에서 나성은 물이 천천히 빠져나가도록 하는 일종의 자연 설치물 또는 인공 시설물을 말한다.

125 『朝鮮王朝實錄』「世宗實錄」: "掌中歌曰, 切要水口, 山勢固密, 千兵簇立, 名曰貴地, 捉脈賦曰, 水口無關, 謾說當年富貴, 天外有鎗, 仍知積代豪雄, 然則水口不可以寬闊, 羅星不可以空缺, 歷觀新羅之業, 千有餘年, 而造山種樹, 以補空缺之處, 至於州府郡縣, 亦皆有神補, 造山種木, 以補寬闊之處, 則至賢論所謂, 山有不足, 法貴增添, …, 今我國都, 羅星空闊, 水口寬闊, 則羅星水口, 不可以不補矣, 然築土爲山而補缺, 則功不易成, 種木成林而鎭塞, 則事半功倍."

서.'라고 하였다."[126]

성종 9년(1485) 병조 참지 최호원의 진언에 "우리나라는 산이 높고 물이 아름다워 길하고, 흉한 그 반응이 가장 빠릅니다. 도선이 삼천 비보를 설치하고, 또 경축진양법이 있었는데, 현재 비보하였던 절이나 탑, 그리고 못과 숲을 거의 다 허물어뜨려서 없어졌으니, 산천의 독기가 흘러 모여서 병이 되는 것인지도 알 수 없습니다. 신은 그윽이 의심하건대 악질이 유행하는 것은 비록 전쟁에 죽은 외로운 넋의 억울함이 맺힌 까닭이라고 하나, 또한 산천의 독기가 흘러 모여서 재앙을 빚은 소치로 그러한 것이 아닌가 여겨지기도 합니다. 청컨대 도선의 산천 비보하는 글에 의거하여 진양하는 법을 거듭 밝히소서."[127] 산천 비보의 중요성이 나타나 있으며, 조선 초부터 사찰 비보는 퇴색되어 가고 있음을 알 수 있다.

성종 3년(1472) 왕이 각 도의 관찰사에게 비보가 되는 산림에 화재를 일으키는 것에 대해 엄격히 금단하는 명도 나타난다. "각 도의 관찰사에게 하서 하기를, '무식한 백성이 산과 들에 불을 놓아 원·릉과 태실에 불길이 번질까 두렵고, 여러 고을에서 비보하는 임수의 성장한 소나무까지 모두 타버릴 염려가 있으니, 경들은 엄격히 금단하고 만일 범하는 자가 있으면 법률에 의하여 죄를 처단할 것을 두루 마을에 효유(曉諭)하

---

126 『朝鮮王朝實錄』「世祖實錄」: "觀象監啓, 京都坤方低卑, 又水口寬闊, 故於崇仁, 興禮二門之外, 皆鑿池貯水, 近者, 不曾修築, 或塡塞水淺, 或堙沒無址, 願深鑿貯水, 植木堤岸, 以畜氣脈."

127 『朝鮮王朝實錄』「成宗實錄」: "我國, 山高水麗, 爲吉爲凶, 其應最急, 道詵設三千裨補, 又有經祝鎭禳之法, 今也裨補之處, 寺社, 塔表, 池藪, 毁撤殆盡, 山川毒氣, 注爲疾厲, 亦不可知也, 臣竊疑, 惡病流行, 雖云, 戰亡孤魂冤結之所使, 亦莫非山川毒氣, 流注釀禍之致然也, 請據道詵山川裨補之書, 申明鎭禳."

여 주지하지 못하는 이가 없게 하라' 하였다.ᵗ[128]

1845년경 경주 읍치가 기술되어 있는『동경잡기』에는 "각각의 숲들은 옛날부터 나무를 심어 숲을 조성한 의미가 우연치 않은데, 지금은 거의 다 나무를 베어내 경작하고 개간한 곳이 두루 편재해 있으니 애석하기 그지없다. 법전에 '비보소의 숲 안에서 나무를 베거나 밭을 경작하는 자는 장(杖) 80에 처하고, 이익을 환수하며 관직을 몰수한다'고 하였으니, 수령이 된 자가 몰라서는 안 될 것이다."[129]

이러한 내용에서 조선 말엽까지 풍수 문화가 지방 읍치까지 자리 잡고 있었고, 국법으로 비보를 파하는 사람은 엄벌했음을 알 수 있다.

산천 비보는 사찰 비보에서 자연물을 이용한 비보로 발전하였고, 일부 지방에서는 사찰 비보가 보존되고 지향된 곳도 있었다. 당시 자연을 이용한 비보 풍수는 각 읍치에 형국 비보[사신사·흉상·염승·위호·화기·지명 비보 포함], 수구 비보, 풍수해 비보, 군사림 등 다양한 형태

〈그림 7〉 안동 당간지주

〈그림 8〉 영주 부석사 당간지주

---

128 『朝鮮王朝實錄』「成宗實錄」: "下書諸道觀察使曰, 無識之民, 放火山野, 恐延燒諸園陵胎室, 至於諸邑神補林藪松木長盛處, 皆有焚蓺之虞, 卿嚴行禁斷, 如有犯者, 依律科罪, 其遍諭村巷, 無不周知."

129 『東京雜記』: "右各藪, 古來種樹成林, 意非偶然, 于今斬伐殆盡, 耕墾殆遍, 可勝惜哉, 法典, 神補所林藪內伐木耕田者, 杖八十追利沒官, 爲守令者不可不知可也."

로 나타난다.

간단하게 몇 가지 예를 들면, 안동 읍치는 물이 삼면에 임해, 지형이 배처럼 나아가는 형국이라 하여 행주형(行舟形)으로 인식되어 있다. 행주형에는 배가 출항하지 않고 기운을 안주시키기 위해 배말뚝 역할을 하는 존당 조산[130] 등과 돛대 등을 인위적으로 만들어 비보하였다. 이 중 돛대는 배를 안정시키고 균형을 맞추기 위한 시설물로, 읍치나 사찰에서는 당간지주를 세워 그 역할을 하게 하였다. 〈그림 7〉 당간지주는 안동역 근처에 보존되어 있고, 〈그림 8〉은 영주 부석사의 당간지주이다.

그리고 읍치를 진호하는 진산이 봉황형국 일 때, 봉황을 체류시키기 위해서 봉황이 좋아하는 오동나무[131]와 대나무와 까치를 마을이나 산 또는 사찰의 지명으로 활용하거나, 대나무와 오동나무 숲 또는 조산에 이름을 붙여[죽산·작산·죽사 등] 지명 비보로 활용하기도 하였다.

영천(永川) 읍치에 대해, "작산(鵲山)은 고을 남쪽 6리에 있다. '이 고을의 지형이 나는 봉황[비봉(飛鳳)]과 같다' 하는데, 봉황은 대나무를 사랑하고 또 까치가 지저귀고 날아가지 않는 것을 보았으므로 산의 이름을 작산이라 하고, 또 죽방(竹防)이라도 한다. 죽방산(竹防山)은 고을 남쪽 9

---

130 안동 읍치에 행주형과 관련된 비보는 많이 있다. 이 중 배말뚝과 관련된 대표적인 비보는 존당 조산이다. "존당(尊堂) 조산은 모은루 서쪽 언적리 남쪽에 있다. 안동부의 땅 모양이 행주형인데, 여기에 조산하여 배를 매는 도서(島嶼, 작은 섬)를 나타낸다."(안동시, 『國譯 永嘉誌』, 영남사, 1991, 118쪽.)

131 "봉황이 훨훨 날아, 날개를 탁탁 치며, 앉을 자리에 앉는다. …, 봉황이 울어대니 저 높은 언덕이다. 오동이 자라나는 저 볕 바른 곳. 오동이 무성하고 봉황 노래가 평화롭다."라고 하여, 봉황이 오동나무에 앉는다는 것과의 연관성이 나타나 있다.(『詩經』「大雅·卷阿」: "鳳凰于飛, 翽翽其羽, 亦集爰止, …, 鳳凰鳴矣, 于彼高岡, 梧桐生矣, 于彼朝陽, 菶菶萋萋, 雝雝喈喈.")

리 떨어진 곳에 있고, 남천과 북천 두 물 어귀에 있다."[132]고 하였다.

〈그림 9〉 진주 읍치 봉란[봉알]

〈그림 10〉 대구 읍치 돌거북

진주(晉州) 읍치는 〈그림 9〉 봉황의 알[봉란·봉알]을 인위적으로 만들어 봉황이 그 알을 품어 날아가지 않게 하려는 의도로 사용되기도 하였다.

대구 읍치에는 진산이 낮고 앞산[안산]이 높고 화산(火山)의 기운을 가진 것을, 연장하고 차폐하거나 염승하기 위해 〈그림 10〉 돌거북을 파묻었다는 내용이 나타나기도 한다. "대구의 진산은 연귀산이다. 전하기를, 고을을 처음 세울 때 돌 거북을 만들어 남쪽으로 머리를 향하고 북쪽으로 꼬리를 두도록, 산등성에 묻어 지맥을 통하게 했으므로 연귀산이라 부른다고 한다."[133]

나무를 심어 큰 숲을 만든 임수[134]는 군사림과 풍수해 비보 및 수구 비

---

132 민족문화추진위원회 옮김, 『신증동국여지승람 Ⅲ』제22권 「영천군」, 민족문화문고, 1985, 331쪽.

133 『世宗實錄地理志』: "大丘郡, …, 鎭山, 連龜, 諺傳作石龜藏于山脊, 南頭北尾, 以通山氣, 故謂之連龜."

134 한국의 임수를 최초 연구 시작한 1938년 도쿠미쓰 노부유키(德光宣之)는 조선의 임수 현황을 『朝鮮の 林藪』에서 임수 223개와 3개의 조산으로 나누어 조사하였다. 여기에서 임수는 종교적, 군사적, 교육적, 풍치적, 보안적, 농리적, 교통적 등 다양한 형태가 있었다.

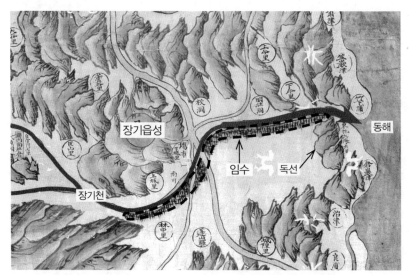

〈그림 11〉 장기 읍치 임수(1872년 지방지도) (출처: 규장각 한국학연구원)

보로도 활용되었다.

『관방집록』에 "느릅나무, 버드나무, 탱자나무, 가시나무 등을 빽빽하게 심고 엮어서 목책을 만들되 그 너비는 50~60보 정도로 제한하고, 그 둘레를 서로 연결하면 곧 하나의 목성(木城)이 된다."[135] 이 빽빽한 목성 사이에 아군이 활과 포 등을 비치하고 방비하고 있으면, 왜군은 믿고 의지할 수 없으니 두려워 함부로 침입하지 못하게 된다. 대표적인 곳이 〈그림 11〉 포항 장기(長鬐) 읍치이다.

이 임수는 "길이가 7리(약 3㎞)가 넘는 국내에서 가장 긴 임수이며, 너비는 1리(약 390m)에 이르는 장대한 숲이었다."[136] 또, 인접해 있는 "장기

---

135 『關防集錄』; "密種楡柳枳棘等木, 擁腫糾結, 編作木柵, 其廣限以五六十步, 周圍相連, 則便一木城也."

136 『慶尙道邑誌』「長鬐縣邑誌」; "林藪, 自官門, 東距三里, 長七里, 廣一里." 참조.

천은 특히 호우 기간 때에는 범람을 잘 일으키는 곳이다. 그러나 임수를 조성한 후부터는 수해를 입었지만, 숲 뒤 경작지는 과거부터 물난리를 입은 적이 없다."[137]고 하여, 풍수해 비보를 겸하였다.

동래 재송포의 수만 그루의 소나무[138]도 조선 말엽(1899년)까지 군사림과 풍수해 비보를 겸하였다. 근대 기록을 보면, "동래와 수영만의 사이에 존재하는 본 수림은 문헌상 1340~1344년 이래, 매우 넓은 송림이 있었는데 이는 아마도 해상방위상 연해의 요새를 엄호하는 군사림으로 볼 수 있을 것이다."[139]고 하였다.

이처럼 조선시대는 도읍과 왕릉 풍수를 넘어 읍치에서도 풍수와 산천 비보는 도시 풍수로 국책 전반에 이용·활용되었으며, 문종 1년(1451) 4월에 이르러서는 정안종의 상소에 도선의 말과 함께 국토를 비보해야 함을 강조하면서, "지금에 있어서는 풍수라는 것이 오직 무덤을 앉히고 집을 세우는 것만을 일삼을 뿐이고, 산천의 국맥을 양진·비보하는 술법으로 쓰임을 듣지 못하니, 이는 성명(聖明)의 시대에 있어서의 흠결이 아니겠습니까?"[140]라고 하여, 유림(儒林)에 의해 지방에까지 개인 묘지 풍수[음택]와 주거지 풍수[양택]로 발전한 것을 알 수 있다. 이것은 후기 실학자 홍만선과 이중환과 서유구를 통해서도 확인할 수 있다.

---

137 생명의숲운동본부, 『역주 조선의 임수』, 지오북, 2007, 362쪽.

138 "재송포는 부에서 동쪽 10리에 있고, 소나무 수만 그루가 있다."(『慶尙南道東萊府邑誌』: "栽松浦, 在府東十里有, 松數萬株.") 참조.

139 생명의숲운동본부, 『역주 조선의 임수』, 지오북, 2007, 349~350쪽.

140 『朝鮮王朝實錄』「文宗實錄」: "今也風水者, 唯事安墳立宅而已, 未聞山川國脈, 禳鎭裨補之術, 此非明時之欠事歟."

홍만선(1643~1715)은 "터를 가려 집을 짓는 것을 계획하고 있는 사람은 경솔하게 살 곳을 설정할 수 없는 것이다. 그러니 반드시 풍기(風氣)가 모이고 산의 면과 배가 안온하게 생긴 곳을 가려서 영구한 계획을 삼아야 한다."[141]고 하였고, "무릇 주택에 있어서, 왼편에 흐르는 물과 오른편에 긴 길과 앞에 못, 뒤에 언덕이 있으면, 동쪽에는 복숭아나무와 버드나무를 심고, 남쪽에는 매화와 대추나무를 심으며, 서쪽에는 치자와 느릅나무를 심고, 북쪽에는 벚나무와 살구나무를 심으면, 또한 청룡·백호·주작·현무를 대신할 수 있다."[142]고 하여, 주거지에도 풍수적 전문 지식과 비보가 인위적으로 조성된 것을 알 수 있다.

이중환(1690~1756)은 집을 지어서 자손 대대로 전하려고 하면 지리를 살펴야 한다고 하였다. 지리를 논할 때 먼저 수구를 보고, 그다음으로 들의 형세[야세(野勢)]를 보고, 그리고 다시 산의 모양[산형(山形)]을 보고, 다음에는 흙의 빛깔[토색(土色)]을 보고, 다음은 조산(朝山)과 조수(朝水)를 순차적으로 봐야 한다[143]고 하였다.

서유구(1764~1845)는 "주거지로 선택하는 땅은 지리를 가장 먼저 고려해야 하고, 그다음에는 생리를, 그다음에는 인심을, 그리고 그다음에는 산수(山水)를 고려해야 한다. 이 네 가지 중에서 하나라도 결핍되면 살기 좋은 곳이 아니다. 지리적 조건이 훌륭하다 하더라도 생리의 조건이 결핍된 곳이면 오래 거주할 수 없다. 지리적 조건과 생리적 조건이 모두 좋다고 해도 인심이 좋지 않으면 반드시 후회하게 된다. 또 주거지 근처에 감상하기 좋은 산수가 없다고 한다면 성정도 도야할 길이 없을 것

141 홍만선(민족문화추진회 옮김), 『산림경제』, 민족문화문고간행회, 1982, 29쪽.

142 홍만선(민족문화추진회 옮김), 『산림경제』, 민족문화문고간행회, 1982, 39쪽.

이다."[144]라고 하여, 풍수의 지리적 조건을 기술하고 있다.

4. 결론

지금까지 풍수의 문화적 관점에서 한국 전통 사상을 고찰하였다.

한국은 고대 사회가 확립된 삼국시대 이전부터 산천이 문화의 중심이 되어, 자연 신앙인 무 사상과 함께 풍류 사상이 발전하였고, 이 풍류 사상은 이후 음양오행 사상이 결부된 삼교와 융합하였으며, 삼국시대에는 조의선인과 풍류도[화랑도], 고려시대는 선랑, 조선시대에는 선비 사상으로 발전한 것을 알 수 있었다.

삼국시대는 음양오행 사상[삼교 포함]이 기본 바탕이 되는 풍수의 기본개념이 있었던 것으로 보이고, 신라 말에는 도선의 지리도참설 영향으로 고려는 도읍 풍수와 사찰 비보 등이 성행하게 된다.

조선은 한양 도성과 왕릉을, 지방에는 읍치를 진산 아래 형성하였고,

---

143 이를 정리하면 다음과 같다. 수구의 관쇄가 세 겹 다섯 겹이 되면 여러 세대를 이어 나갈 수 있으니 더욱 좋고, 반드시 힘있게 흘러드는 물이 있어야 한다. 야세는 해와 달과 별빛이 항상 훤하게 비치고, 바람과 비와 차고 더운 기후가 고르게 알맞은 곳이면 인재가 많이 나고 병도 적으며, 높은 산중이라도 들이 펼쳐진 곳이라야 좋은 터가 된다. 산형은 『감여가』에 '다락집이 치솟은 형세라야 좋다'고 인용하면서, 주산이 수려하고 단정하며, 청명하고 아담한 것이 으뜸이고, 산맥이 끊어지지 않고 지맥이 감싸 돌고 주산의 형세가 평온하고 풍성한 것이 그다음이며, 사방에 산이 평탄하고 넓고 산맥이 뻗어 내려 들판 터를 만든 곳이 그다음이다. 토색은 굳고 촘촘하면 우물 물도 맑고 차며 살만한 곳이다. 수리는, 물은 반드시 흘러오고 흘러감이 지리에 합당해야만 비로소 정기를 모아 기르게 되고, 물은 재록을 맡아 큰 물가에 부유한 집과 유명한 마을이 많다. 조산은 반드시 멀리서는 맑게 빼어나 보이고, 가까이서는 맑고 깨끗하고, 울퉁불퉁한 모양이 없어야 길하다. 조수는 물 너머에 있는 물을 말한다. 작은 냇물이나 작은 시냇물은 역으로 흘러드는 것이 길하고, 흘러드는 물이 산맥의 좌향과 음양 이치에 합치되어야 한다.(이중환(이익성 옮김), 『택리지』, 을유문화사, 1993, 136~139쪽.) 참조.

144 서유구(안대회 옮김), 『산수간에 집을 짓고』(임원경제지), 돌베개, 2006, 102~107쪽.

산천 비보는 숭유억불 정책으로 자연 친화적인 비보로 발전하였다. 이러한 풍수 문화는 조선 초에 더 성행하게 되었고, 이후 지방 유림에 의해 개인 주거지와 묘터까지 영향을 끼치게 되었다.

결국, 풍수의 주목적은 자연이 주는 혜택을 최대한 이용하여 좋은 기운을 만들어 인간의 삶을 안정되게 하는 것이다. 좀 더 나아가 지리적 조건을 이용하여 도읍과 도시 또는 주거지를 확립하고, 자연과 어울려 하나 되어 살아가는 개념을 내포하고 있다. 여기에서 비보는 풍수, 즉 자연조건에 시대적 이념과 문화 및 철학적 개념을 보완하여 안정된 삶을 누리게 하고, 자연환경과 균형을 이루려는 사상으로 발전하였다. 그리고 풍수지리는 고대 사회 이전부터 발전된 풍류 사상과 더불어 고려와 조선시대까지 국가 정책적으로도 중요한 요소로 발전하면서 뿌리 깊은 문화를 가지고 있다.

이처럼 한국의 풍수 문화는 고대부터 산을 중심으로 발전한 풍류 사상과 이어 유입된 음양오행 사상이 결부된 삼교와 더불어 융합되어 발전하였음을 알 수 있으며, 삼국시대를 거쳐 고려와 조선 말까지 중요한 문화로 존재하였다. 일제 강점기를 거치면서 풍수지리를 포함한 한국의 전통문화는 왜곡되거나 도태되기도 하였지만, 자연과 인간의 조화에 기점을 둔 한국 전통 사상은 앞으로도 계속 발전하면서 이어져 나가야 할 것이다.

사직제의 현대적 의미와 함의된 음양오행[1]

이 영 섭

1. 들어가는 글

2. 사직제와 그 절차

1) 사직제의 의미

2) 사직제의 절차

3. 사직단의 공간 구성과 음양오행

1) 사직단의 조성과 신위

2) 사직단(社稷壇)에 함의된 음양오행

4. 사직제의 설행에 발현된 음양오행

1) 악(樂)·가(歌)·무(舞)에 관한 음양오행

2) 사직제의 진설(陳設)에 함의된 음양오행

5. 나가는 글

---

1   본 글은 필자의 「사직제에 관한 일고찰」, 대구한의대 석사학위논문, 2017의 일부를 발췌하여 수
정 보완한 글이다.

1. 들어가는 글

사직(社稷)이란 것은 원래 사(社)와 직(稷)의 합성어로, 직이 오곡(五穀)의 대표자로 인식되는 반면, 사는 고대 중국 사람들의 토지신(土地神), 수목신앙(樹木信仰), 마을 사람들의 집단 모임소 등 여러 가지 형태로 인식되었다. 중국 한대(漢代) 이후 토지신으로 인식되어 사는 땅의 신(土神)으로, 직은 곡식의 신(穀神)이라는 정현(鄭玄)의 설(說)을 정통으로 삼게 되었다. 지신(地神)에 대한 숭배는 민족과 상관없이 보편적인 종교 행위로 받아들여졌다.

과거 농경 사회에서는 자연의 변화와 대지의 자연적인 생산 능력에 절대적으로 의지하였으며, 지신(地神) 숭배인 제사의 의미가 인간의 화복을 결정짓는 것으로 볼 수밖에 없었다. 그리고 국가의 존망과 백성의 생활을 보장하는 것 또한 토지와 곡식이다. 따라서 고대 중국에서는 사직단(社稷壇)을 만들어 사직제(社稷祭)를 지냈다. 우리나라에서도 삼국시대부터 나라가 태평하고 백성들의 생활이 평안함을 기원하는 사직제를 지내왔다.

사직은 지기(地祇) 중 『세종실록』 오례와 『국가오례의』에 유일하게 국가 제사 중 대사(大祀)로 편재된 것이다. 사직제는 고려 성종 때에 처음 그 제도와 제단이 이루어진 후 조선이 멸망할 때까지 지속적으로 국가의 큰 제사로 인식되었다.[2]

사직제는 역사적으로 가장 깊은 제의(祭儀) 중 하나로 동아시아 문화권에서 가장 대표적이다. 모든 조상에게 지내는 종묘제례가 제사의 기준이 되는 것처럼 사직제의 의례는 자연신에게 지내는 의례의 기준이

---

2   한형주, 「조선초기 국가제례 연구」, 고려대 석사학위논문, 2000, 51쪽.

될 수 있다. 따라서 오랜 세월 동안 맥을 이어온 전통문화의 복원은 국가의 문화적 역량 강화에도 크게 기여할 수 있을 것이다.

따라서 본 연구는 우리가 가지고 있는 민족의 역사와 전통문화를 지켜온 사직제의 기원과 위상 그리고 사직제에 내재된 상징성에 대하여 알아봄으로써 사직제가 갖는 고유한 의미를 파악해 보고자 하는 것이다.

2. 사직제와 그 절차

1) 사직제의 의미

사직은 땅의 신을 대상으로 하는 '사(社)'와 곡식을 대상으로 하는 '직(稷)'이 결합된 합성어로 고대인의 숭배 사상과 관련이 있으며, 전통적으로 토지를 이용하는 농업을 기반으로 살아가는 우리 민족에게는 무엇보다도 중요한 존재이다.

조선의 사직은 대사(大祀)이면서 음(陰) 제사이다. 국사와 국직이 음신(陰神)으로 여겨지고, 반면 왕은 강력한 양기(陽氣)의 상징이다. 왕에 관련된 것 중에는 양을 상징하는 것이 많다. 주역에서는 구오를 나타내는 양효(陽爻)를 중(中)하고 정(正)한 군주의 모습으로 본다. 왕은 남면(南面)하며, 왕을 상징하는 용은 양물(陽物)이다. 왕이 남쪽으로 향하여 사직에 제사 올리는 것은 음에 답하기 위해서이다.

사직제는 일반 제사와 비교하면 신위의 반대 방향이 되므로 의례의 모든 진행 방향 또한 반대로 되어있다. 왕의 위치는 북쪽 판 위에서 남쪽으로 향해 행례하고, 서쪽으로부터 유(壝) 안으로 입장한다.

사직의 신은 지기이고 음신으로서 신주가 남쪽에서 북쪽으로 향하였으며, 이 때문에 신주가 남쪽으로 향하는 일반 제사 의례와는 진행의 방향이 바뀌었다는 특징이 있다.

사직을 음신으로 생각하였기 때문에 행해지는 의례 중에 독특한 의례가 있는데, 그것이 바로 '예모혈(犧牲의 털과 피를 묻음)'이라고 하는 것이다. 예모혈은 지기 제사로서 사직제가 갖는 특수한 절차인 것이다.

사직제의 절차를 인귀(人鬼, 조상신) 제사와 비교 분석해 보면 예모혈이 어떤 성격을 가지고 있는지 알 수 있다. 인귀 제사에서는 혼령(魂靈)을 모시기 위하여 분향(焚香)을 하고, 울창주(鬱鬯酒)를 바닥에 붓는 강신(降神)의 순서가 있다. 이 강신의 순서는 혼(魂)은 하늘로, 백(魄)은 땅으로 내려간다고 생각하였기 때문이다. 사직제에서는 예모혈이 관창(祼鬯) 강신에 대응하는 부분이 되었다.

『예서』에서 이르기를, 제사에는 반드시 강신제(降神祭)를 먼저 하고 난 뒤에 생고기와 익은 고기를 제상에 진설하는데, 제사는 강신제를 소중하게 생각함으로 강신이란 신을 제상 앞에 강림하게 하는 것이라고 말하였으며, 제사의 절차 중에서 강신이 가장 중요한 절차라고 하였다.

대개 양을 구하는 천제(天祭)는 섶나무를 태우는 것이고, 음을 구하는 지제(地祭)는 모혈을 땅에 파묻는 것이고, 음양을 모두 구하는 것은 사람이 신에게 올리는 제사이니 강신은 음을 구하는 것이라고 하였다.

2) 사직제의 절차

조선 초기의 사직제의 절차로는 재계(齋戒)와 진설(陳設) 등 준비 절차를 하고, 제관의 출발 절차(섭사의(攝祀儀)의 경우에는 향축(香祝)을 전하는 절차이다)를 하며, 배례(拜禮)의 절차, 예(瘞)의 절차, 모혈(毛血)의 절차, 배례(拜禮)의 절차, 삼상향(三上香)의 절차, 전폐(奠幣)의 절차, 진찬(進饌)의 절차, 초헌(初獻)

의 절차, 독축(讀祝)의 절차, 아헌(亞獻)의 절차, 종헌(終獻)의 절차, 음복수
조(飲福受胙)의 절차, 배례(拜禮)의 절차, 철변두(撤籩豆)의 절차, 배례(拜禮)의
절차, 망예(望瘞)와 퇴장의 절차, 납주(納主)의 절차 등 정리 절차와 환궁(섭
사의의 경우 부명(復命))의 절차로 이루어져 있다.

헌작(獻爵)의 절차에는 삼작(三獻)의 절차인 초헌(初獻), 아헌(亞獻), 종헌(終
獻)으로 이루어져 있으며, 그리고 축문을 읽은 독축(讀祝), 제물을 나누어
먹는 음복(飲福), 제사상에 올린 고기를 나누어 받는 수조(受胙) 등의 의식
절차를 갖추고 있기 때문에, 다른 신에 대해 거행하는 제사와 공통점을
보여주고 있다.

『국조오례의』「춘추급납제사직의」에 이르기를, 제사의 의례(儀禮)는 중
심이 되는 인물인 초헌관(初獻官)이 등장함으로써 본격적으로 제사가 거
행된다. 초헌관 입장 이전에는 제주들의 자리를 배치하고 나면, 음악을
연주할 악공과 춤을 추는 무(舞) 등의 사람들이 입장하며, 제사의 진행을
돕는 인물인 감찰과 집사관 등의 준비가 이루어졌다.

여러 제주들과 악공, 무, 감찰과 집사관들의 입장과 함께 초헌관을 핵
심으로 하여 신과 관계되는 신을 맞이하는 강신, 술을 올리는 작헌, 음
식을 나누어 먹는 음복, 신을 보내는 사신(辭神)의 의례를 행하는 것은 수
단적 성격이 크다고 말할 수 있다.

제사를 거행하는 전날에는 초헌관[친제를 지낼 때는 왕이 초헌관이
되고, 섭사로 지낼 때는 정1품관이 초헌관이 된다]은 재궁(齋宮)으로 입
장하여 유숙하면서 재계하였다. 이때 제관들과 제사에 참석하는 제주들
은 제사와 관련된 생각만 하고, 모든 마음을 제사 준비에 초점을 맞추어
야 한다.

하루 전에 초헌관이 사직단의 재궁으로 들어오는 것은 재계 규정에

의한 것이다. 대사의 경우에는 산재 4일, 치재 3일 중에서 산재 4일에는 문병도 하지 않고, 조상도 하지 않으며, 가무도 하지 않고, 유사(有司)가 형살 문서를 임금에게 아뢰지 않으며, 치재 3일에 들어가면 제향에 관한 일만 보고한다. 또한, 치재 3일 동안 이틀은 정전(正殿)에서 기거하고, 하루는 재궁에서 기거하도록 규정하고 있다. 규정하고 있는 것에 맞추어 초헌관은 하루 전에 재궁으로 들어와 제사 준비를 하기 위해 몸과 마음을 청결하게 준비한다.

따라서 사직제 지내는 당일 초헌관은 재궁으로부터 대차(大次)로 나오게 되는 것이다. 왕의 제사를 지내기 위해 대기하고 있는 장소인 대차는 사직단 서쪽의 문밖 길 북쪽에 위치한다. 대차가 남쪽으로 자리를 잡으면, 시신(侍臣)의 막차를 두고 대차 오른쪽인 서쪽 편에는 왕세자 대차를 설치하였다. 순서대로 제례를 거행한 다음 왕에게 제사의 예가 끝났다고 고하면 왕은 제사를 지내기 위해 설치된 대기 장소인 대차로 돌아가게 된다. 왕은 문밖으로 나가게 되면 손에 잡고 있는 규(圭)를 내려놓고, 대기소인 대차 안으로 들어가 면복을 벗었다.

앞의 절차로 초헌관인 왕은 물러나지만, 만약 왕이 제사를 지내는 친제가 아니라 정1품관을 임명하여 제사를 대행시키는 섭사의 경우이면 초헌관은 물러가지 않고, 망예(望瘞)를 거행한 다음에 물러간다. 왕이 직접 지내는 친제라면 아헌관이 망예를 하게 된다. 망예는 제사에 사용되는 축판(祝板), 폐백(幣帛) 등의 물품을 예감(瘞坎)에 묻는 것을 관망하는 의식이다. 다시 말해서 신에게 올리는 물건을 신에게 돌려보내는 절차의 행위라고 볼 수 있다.

정조 때의 춘관통고에서 거행되는 친제라도 왕이 초헌관과 망예를 행하도록 하였으며, 망예를 마치고 나면 모든 집사와 예관이 퇴장하고 난

후에는 신주를 납주(納主)하고 모든 절차를 마무리하게 되었다. 그리고 왕은 궁궐로 환궁하고, 하례하는 잔치를 베풀었다.

3. 사직단의 공간 구성과 음양오행

1) 사직단의 조성과 신위

사직단의 관련된 원문 및 참고문헌을 살펴본 결과, 사직단은 국가가 거행하는 중요한 제례 시설이었으며, 오례 중 길례에 속하는 제례를 시행하던 장소로 활용되었다.

길례는 국가 제사인 대사와 중사, 소사로 나누어진다. 대사는 종묘(宗廟)와 사직으로 구분할 수 있고, 중사는 풍(風)·운(雲)·뇌(雷)·우(雨)와 악해독(嶽海瀆) 그리고 선농(先農)과 우사(雨祀) 등 다양하게 구분할 수 있으며, 소규모의 제사인 소사는 입추가 지난 뒤에 첫 번째 진일(辰日)에 거행하는 제사 영성(靈星), 명산대천(名山大川), 사한, 마조(馬祖) 등으로 구분할 수 있다.

사직단에서 거행하는 사직은 대사, 중사, 소사로 구분이 되는데 왕이 직접 사직의(社稷儀)를 거행하는 '친제(親祭) 사직의'는 대사에 해당되며, 왕을 대신하여 사직의를 거행하는 '섭사(攝祀) 사직의'는 중사에 해당되고, 주현(州縣)의 목민관이 주인이 되어 사직의를 거행하는 '주현 사직의'는 소사에 해당된다.

왕이 직접 거행하는 '친제 사직의'와 주현의 목민관이 주인이 되어 거행하는 '주현 사직의'의 제례 절차를 비교 분석해 보면 제례 규모의 차이, 배제에 참여한 인원의 차이, 시설물과 주변 공간 확보에 의한 차이가 나타났으며, 배위가 없는 제례로 인해 제단의 형식에도 많은 영향을 주었다. 그러나 제례의 규모에 따라 사직단의 규모에도 영향을 미쳤지만, 사직단 제례에 필수 요소들은 주현 사직의 구성에도 그대로 되어있음을 보여 준다.

사직단의 필수 요소로는 제단과 신실(神室)이다. 제단은 사직단의 기본적인 필수 제례 요소이며, 가장 필수적이다. 기록에 의하면 태종 6년에 전국적으로 토지 신인 '사'와 곡식의 신인 '직'에게 제사 지내던 제단인 사직단을 세워 제례를 거행하도록 명을 내렸으나, 세종 12년의 기록에 의하면 확립되지 않은 단유(壇壝)의 제도로 길이와 너비 그리고 높이가 모두 일정하지 않고, 사직단 주변에 담이 없어 짐승이나 사람이 왕래하여 지저분하게 만들어 놓았다는 기록이 나타나고 있어 사직단 제례를 거행하기 위하여 제단을 필수 요소로 구성하였으나 규모나 형태가 일정하지 않았다는 것을 엿볼 수 있다. 이렇게 확립되지 않은 제단의 형태를 통일시키기 위해서 예조에서는 각 도의 사직단을 통일시키기 위해 단유를 영성단(靈星壇)의 체제에 맞게 하라고 건의하였고, 그대로 시행되었다고 한다.

신실은 신위를 모시기 위한 시설로서 제례의 절차 중 진설을 하며 하루 전에 신좌를 설치하거나 의례를 시행하기 전에 설치하도록 나타나고 있어 원활한 제례 진행을 위하여 사직단 주변에 신실이 위치하였음을 추정할 수 있다.[3]

그 외에도 망예위(望瘞位)나 예감(瘞坎) 그리고 음복위(飲福位) 등은 제례를 거행하기 위해 준비하거나 설치하는 것으로 설치할 공간 확보가 이루어지면 설치하는 시설들이다.

조선 초기 사직단의 위치는 읍성 밖 서쪽에 위치하고 좌향(坐向)은 남

---

3   김정호, 『성주 사직단의 구성에 관한 연구』, 경일대 석사학위논문, 2016, 28쪽.

쪽에서 북쪽을 바라보게 자리를 정하였으며, 제단은 하나의 단으로 구성되어 있으며, 제단의 사방은 2장 1~5척이고, 제단의 높이는 2척 5촌~3척, 제단의 계단은 동서남북 사방으로 만들되 3단으로 구성하고 제단을 감싸고 있는 유(壝)의 간격은 25보로 구성하도록 하였다.

2) 사직단(社稷壇)에 함의된 음양오행

사직제는 대부분 야외에서 거행하는 의례이므로 사직단은 높은 기단 모양을 하는 것이 특징 중 하나이다. 조선의 사직단은 새로운 왕조의 출발을 상징하는 것을 나타내기 위해 태조 즉위 4년 정월에 처음 세워졌으며, 사직단은 왕궁의 바로 서쪽 노천에 조성되었고, 역시 단의 형태를 띠고 있다.

『국조오례의 서례』「길례 단묘도설」에 기록되어 있는 사직단도(社稷壇圖)를 간략하게 살펴보면, 국사단(國社壇) 동쪽에 사가 안치되어 있고, 국직단(國稷壇) 서쪽에 직이 안치되어 있다. 도설(圖說)에 부기된 설명에 의하면 국사단과 국직단의 단(壇)은 각각 사방이 2장 5척이고, 높이가 3척이다. 그리고 동서남북 사방으로 계단을 만들어 오르내릴 수 있게 각각 세 계단으로 되어있다.

사직단 위는 오방색(五方色) 즉, 다섯까지의 색으로 장식하되 바닥에는 황색의 황토를 깔았으며, 돌로 만들어진 각 신주는 길이가 2척 5촌, 사방이 1척이다. 사직단은 사방으로 문이 있고, 담에 해당하는 유는 사방 25보이다. 국사와 국직의 신좌는 모두 남쪽에서 북쪽을 향하고 있다. 그런데 배위인 후토씨와 후직씨는 각각 신위의 왼쪽, 북쪽 가까이에서 동쪽을 향하게 배치된 것이 특징이다. 제사가 끝나고 나면 축문을 불태우는데, 불에 태우는 장소인 예감(瘞坎)은 단의 북쪽에 위치하고 있다.

이와 같이 조선 초기 사직단 제도에 대해 살펴본 결과, 구성은 중앙에 국사와 국직을 모시는 단을 배치하고 단의 동서남북 사방에 문을 낸 유를 둘러 설치되었다. 그리고 바깥쪽으로 동서남북 사방에 문을 낸 이중 담을 만든 것은 한 번 더 강조한 형태이다. 따라서 전체적인 구조로 보았을 때, 사직단은 중심과 사방위가 뚜렷한 오행적인 의식을 반영하여 조성되었음을 엿볼 수 있다.

4. 사직제의 설행에 발현된 음양오행

1) 악(樂) · 가(歌) · 무(舞)에 관한 음양오행

사직제에서 악 · 가 · 무가 진행되는 순서는 신을 맞이하는 영신, 폐백을 올리는 전폐, 찬을 올리는 진찬, 첫 번째 술잔을 올리는 초헌, 두 번째 술잔을 올리는 아헌, 마지막 술잔을 올리는 종헌, 제기를 거두는 철변두, 신을 보내는 송신 등의 절차로 의식이 진행된다.

사직에서 연주되는 아악(雅樂) 선율은 동일한 선율을 이조(移調)하여 사용하는 것이다. 사직제는 지기에 대한 제사이므로 등가(登歌)에서 양의 율에 해당하는 태주궁(太簇宮), 헌가(軒歌)에서 음려(陰呂)에 해당하는 응종궁(應鍾宮)을 주로 사용하여 음양합성지제(陰陽合成之制)를 실현하였다.

영신 절차에서 임종궁(林鍾宮)과 유빈궁(蕤賓宮), 응종궁(應鍾宮), 유빈궁 순으로 연주하는 것은 『주례』의 전거를 따른 것이다. 『주례』「춘관 대사악」에 이르기를 함종위궁(函鍾爲宮) · 태주위치(太簇爲徵) · 고선위치(姑洗爲徵) · 남려위우(南呂爲羽)의 악(樂)과 영고(靈鼓) · 영도(靈鼗)와 손죽(孫竹)의 관(管)과 공상(空桑)의 금슬(琴瑟)과 함지(咸池)의 춤을 하지(夏至)에 못 가운데의 방구(方丘)에서 연주하여, 악이 팔변(八變)하면 지기가 모두 나와 예를

올릴 수 있다.[4]

세종 때 박연이 아악을 정비하면서 함종위궁(函鍾爲宮)이란 임종궁(林鍾宮)을 말하며, 태주위각(太簇爲徵)이란 유빈궁(蕤賓宮)을 뜻하며, 고선위치(姑洗爲徵)란 응종궁(應鍾宮)을 말하며, 남려위우(南呂爲羽)는 유빈궁(蕤賓宮)의 선율이 된다고 해석하고 있다.

팔변(八變)이란 것은 비단 연주 횟수에만 해당하는 것은 아니고, 악기의 선택도 이러한 원칙을 따라, 타악기인 북의 경우 전체 여덟 면으로 된 두 종류의 북을 악기 편성에 포함시켰다. 채로 치는 북인 영고(靈鼓), 그리고 일종의 귀가 달려 흔드는 북인 영도(靈鼗)가 이러한 악기이다.

영고와 영도는 쇠가죽으로 만들며, 하늘을 대상으로 하는 천제에 쓰이는 6면 북 뇌고(雷鼓)와 뇌도(雷鼗)를 말가죽으로 만드는 것과 비교된다. 이 또한 음양의 원리를 따른 것인데, 하늘은 '건(乾)'으로서 '마(馬: 말)'이고, 땅은 '곤(坤)'으로서 '우(牛: 소)'에 해당하기 때문이다. 치는 북인 '고(鼓)'와 흔드는 북인 '도(鼗)'를 함께 쓰는 것도 맥락이 있다. 즉 '고(鼓)'는 조절하는 역할을 하며 '도(鼗)'는 조짐을 보이는 것이기 때문에 이 둘을 함께 쓴다.

사직제의 춤, 일무(佾舞)는 육일무(六佾舞)를 행하였다. 육일무의 인원수는 해석이 분분하여 48명이 춘다는 설과 36명이 춘다는 두 가지 설이 대립 되었다. 『논어』「팔일」편에 이르기를 집주에서 주자가 어떠한 해석이 옳은지 판단을 유보했기 때문이다. 『국조오례의』에 소개된 사직 일무는 문무와 무무 모두 48인이 추는 육일무이다.

---

4   『周禮』「春官 · 大司樂」: "凡樂函鍾爲宮, 大族爲角, 姑洗爲徵 南呂爲羽, 靈鼓, 靈鼗, 孫竹之管, 空桑琴瑟, 咸池之舞, 夏日至於澤中之方丘奏之, 若樂八變, 則地示皆出, 可得而禮李矣."

일무를 추는 동작은 깊은 상징성을 포함하고 있다. 매우 단순해 보이는 동작이지만 하나하나가 압축된 의미를 지니고 있다. 문무를 출 때 시작하는 동작을 보면 약(籥)을 가로로 하여 안쪽으로 잡고, 적(翟)은 세로로 하여 바깥쪽으로 잡는다. 이는 인의(仁義)와 경위(經緯)의 표리 관계를 이루는 것이다.

춤을 시작할 때 문무(文舞)의 경우 몸을 먼저 구부리고 무무는 몸을 우러르는 동작을 하는데 이는 음양의 논리로 설명된다. 즉 문무는 양이지만 음으로 쓰임을 삼기 때문에 몸을 먼저 구부리는 것이고, 무무(武舞)는 음이지만 양으로 쓰임을 삼기 때문에 몸을 먼저 우러른다. 이처럼 일무의 상징체계는 동작 하나하나가 일정한 논리를 갖추어 설명된다. 다시 말하면 일무의 동작 하나하나는 압축된 상징적 세계를 지니는 것이다.

2) 사직제의 진설(陳設)에 함의된 음양오행

사직제의 진설은 제사일 3일 전부터 진행되고, 3일 전에는 전설사(典設司)에서 국왕과 제례 참석자가 사용하게 될 막차(幕次, 천막)를 설치한다. 2일 전에는 사직서에서는 제단을 청소하고 전악(典樂)은 등가(登歌)와 헌가(軒架)를 설치한다. 1일 전에는 사직서에서는 신주를 모실 신좌(神座)를 설치하고 자리를 깐다. 집례와 찬자는 국왕 및 관리들이 서 있게 되는 장소에 자리를 깐다. 당일 행사 직전에 축판(祝板)과 술동이, 향(香), 촛불, 제기(祭器), 관세(盥洗)를 설치한다.

『세종실록』「오례의」의 친제 사직의 진설을 보면 제사 3일 전에 호위사(扈衛司)에서 임금이 잠시 머무르는 큰 천막인 대차(大次)를 재궁(齋宮)에 설치하되 남향하게 하고, 작은 천막인 소차(小次)를 서폐(西陛)의 서북쪽에 설치하고, 동쪽으로 향(東向)하게 하고, 문무시신(文武侍臣)의 막차를 재궁 앞쪽에 설치하되 문관은 왼쪽에 설치하고, 무관은 오른쪽에 설치하는데, 모두 서로 마주 보게 한다. 왕세자의 악차(幄次)를 재궁의 동남쪽에 서쪽으로 향하게 하여 설치하고, 여러 제관의 막차를 재방(齋坊) 안에 설치하고, 배제하는 종실과 문무 군관의 막차를 또 그 앞에다 설치하되, 땅의 생김새에 따라서 적당히 설치한다.

제사 2일 전에 전사관(典祀官)이 그 소속을 데리고 단(壇)의 내외(內外)를 깨끗하게 청소하고, 찬만(饌幔)을 내유(內壝) 서문(西門) 밖에 설치하되 땅의 생김새대로 적당히 설치한다. 아악령이 그 소속을 데리고 등가(登歌)는 단상 북쪽으로 설치하고, 헌가(軒歌)는 단하에 설치하는데, 모두 남쪽으로 향하게 한다.

제사 1일 전에 전사관이 그 소속을 데리고 대사(大社)의 신좌(神座)를 단상의 남쪽에 설치하되, 동쪽으로 가까이 설치하고 북쪽으로 향하여 설치한다. 후토씨(后土氏)의 신좌를 대사 신좌(大社神座)의 왼편에 설치하되 북쪽으로 가까이 동쪽으로 향하게 설치하고, 대직(大稷)의 신좌를 단상의 남쪽에 설치하되, 서쪽으로 가까이 북쪽으로 향하게 설치하고, 후직씨의 신좌를 대직 신좌의 왼쪽에 설치하되 북쪽으로 가까이 동쪽으로 향하게 설치하는데, 자리는 모두 왕골자리로 한다.

장생령(掌牲令)이 희생(犧牲)을 끌고 제소(祭所)로 나아가고, 전사관이 제기위(祭器位)를 준소에 설치하고, 무릇 제기(祭器)를 설치함에는 모두 자리를 깔고 수건과 뚜껑을 덮어 놓는다.

집례(執禮)가 전하의 판위를 북문 안에 설치하되 단에 당하여 남쪽으로 향하게 설치하고, 음복위(飮福位)를 단(壇) 한가운데에 설치하되 약간 북쪽에 남쪽으로 향하게 설치한다.

찬자(贊者)가 아헌관(亞獻官)·종헌관(終獻官)·진폐 작주관(進幣爵酒官)·천조관(薦俎官)·전폐 작주관(奠幣爵酒官)의 자리를 서문 안쪽에 설치하되 길 북쪽에 동쪽으로 향하게 설치하고, 집사자의 자리를 그 뒤에다 설치하는데, 직위에 따라 자리를 달리하여 모두 겹줄로써 동쪽으로 향하게 하고, 남쪽을 상(上)으로 한다.

감찰(監察)의 자리는 둘이며, 북문 안쪽에 설치하는데, 하나는 동북쪽 모퉁이에 서쪽을 향하여 설치하고, 하나는 서북쪽 모퉁이에 동쪽을 향하여 설치한다. 서리(書史)는 각각 감찰(監察) 뒤에서 모시게 한다. 집례(執禮)의 자리 또한 둘이며, 하나는 단상(壇上), 하나는 단하(壇下)에 설치하되 모두 서쪽으로 가까이 동쪽으로 향하게 설치한다.

알자(謁者)·찬자(贊者)·찬인(贊引)은 단하의 집례 뒤에 서게 하되 약간 북쪽으로 하여 동쪽으로 향하게 하고, 남쪽을 상(上)이 되게 한다. 협률랑(協律郎)의 자리는 단상(壇上)에 동쪽으로 가까이 서쪽으로 향하게 설치하고, 아악령의 자리는 헌현(軒懸)의 남쪽에 남쪽으로 향하게 설치한다. 배제관(陪祭官) 문관 9품 이상의 자리는 서문 안쪽의 제관 뒤에 약간 북쪽으로 설치하는데, 등급에 따라 자리를 달리하여 모두 겹줄로써 동쪽으로 향하게 하되, 남쪽을 상(上)으로 하고, 종실(宗室)과 무관(武官) 9품 이상은 동문 안쪽에다 약간 북쪽으로 문관에 당하게 설치하는데, 등급에 따라 자리를 달리하여 모두 겹줄로써 서쪽으로 향하게 하되, 남쪽을 상(上)으로 한다.

문외위(門外位)는 제관(祭官)과 여러 집사(執事)는 서문 밖의 길 북쪽에다 설치하는데, 매등(每等)마다 자리를 달리하여 모두 겹줄로써 남향하게 하되, 동쪽을 위로 하고, 생방(牲榜)은 서문 밖에 설치하되 문에 당하여 동향하게 하고 북쪽을 위가 되게 한다.

장생령의 자리는 희생(犧牲)의 동북쪽에 설치하고, 여러 대축의 자리는 희생의 서쪽에 설치하는데, 각기 희생의 뒤에 당하게 하고, 축사(祝史)는 각기 그 뒤에 있게 하되 모두 동쪽으로 향하게 한다. 종헌관의 성생위(省牲位)는 희생 앞에 남쪽으로 가까이 설치하고, 감찰의 자리는 종헌관의 동쪽에 설치하는데, 모두 북쪽으로 향하게 한다.

예감(瘞坎)을 단의 북쪽 임지(壬地)에 파는데, 넓이와 깊이는 물건을 넣을 만하게 하고 남쪽으로 섬돌을 낸다. 망예위(望瘞位)는 예감의 남쪽에 설치하는데, 아헌관은 남쪽에 있어 북쪽으로 향하게 하고, 집례(執禮)·대축(大祝)·찬자(贊者)는 서쪽에 있게 하되 모두 겹줄로써 동쪽으로 향하게 하고, 북쪽을 상(上)으로 한다.

제삿날 행사하기 전에 전사관(典祀官)과 단사(壇司)가 각기 그 소속을 데리고 들어와서 각각 점(坫)이 있는 위치에 축판(祝版) 각 하나씩을 신위(神位)의 오른쪽에 진설한다. 폐비(幣篚) 각 하나씩을 준소(尊所)에 진설하고, 향로(香爐)·향합(香合)과 촉(燭)을 신위(神位) 앞쪽에 진설한다.

다음에 제기와 실찬구(實饌具)를 설치하는데, 신위마다 각기 변(籩)이 12개로서, 왼쪽에 있게 하여 석 줄로 하되 오른쪽을 상(上)으로 하고, 첫째 줄에는 형염(形鹽)이 앞에 있고, 어수(魚鱐)·건조(乾棗)·율황(栗黃)의 순으로 진설하고, 둘째 줄에는 진자(榛子)가 앞에 있고, 능인(菱仁)·감인(芡仁)·녹포(鹿脯)의 순으로 진설하고, 셋째 줄에는 백병(白餅)이 앞에 있고, 흑병(黑餅)·구이(糗餌)·분자(粉餐)의 순으로 진설한다.

두(豆) 또한 변(籩)과 같이 12개를 진설하는데, 오른쪽에 있게 하여 석 줄로 하되 왼쪽을 상(上)으로 하고, 첫째 줄에는 구저(韭菹)가 앞에 있고, 탐해(醓醢)·청저(菁菹)·녹해(鹿醢)의 순으로 진설하고, 둘째 줄에는 근저(芹菹)가 앞에 있고, 토해(兔醢)·순저(筍菹)·어해(魚醢)의 순으로 진설하며, 세째 줄에는 비석(脾析)이 앞에 있고, 돈박(豚拍)·이식(酏食)·삼식(糝食)의 순으로 진설한다.

조(俎)의 진설은 3개로써, 둘은 변(籩) 앞에 진설하고, 하나는 두(豆) 앞에 진설한다. 변 앞의 조 하나에는 우성(牛腥)을 담고, 하나에는 양성칠체(羊腥七體)를 담는데, 양비(兩髀) · 양견(兩肩) · 양협(兩脅)과 척(脊, 등뼈)이다. 비(髀: 넓적다리)는 양단에 진설하고, 견(肩: 어깨)과 협(脅: 갈비)은 비(髀: 넓적다리)는 양단 안쪽에 진설하고, 척은 가운데에 진설한다. 두 앞의 조에는 시성칠체(豕腥七體)를 담는데, 그 담는 방법은 양(羊)과 같이 한다.

두 오른쪽에 조가 3개이고, 하나는 우(牛: 소)의 익힌 장(腸) · 위(胃) · 폐(肺)를 담고, 하나는 양(羊)의 익힌 장(腸) · 위(胃) · 폐(肺)를 담고, 하나는 시(豕, 돼지)의 익힌 부(膚, 살코기)를 담는데, 돼지가 앞에 있고, 양 · 소의 차례로 생갑(牲匣)에 담는다.

보(簠) · 궤(簋)가 각각 2개인데, 변(籩) · 두(豆) 사이에 있으며, 보는 왼쪽에 진설하고, 궤는 오른쪽에 진설한다. 보(簠)에는 도(稻) · 양(粱)을 담는데, 양이 도 앞에 진설하고, 궤에는 서(黍) · 직(稷)을 담는데, 직(稷)이 서(黍) 앞쪽에 진설한다.

형(鉶)이 3개인데, 보 · 궤 뒤에 진설하고, 화갱(火羹)을 담는데 모활(芼滑)을 더한다. 작(爵)이 3개인데, 보 · 궤 앞에 각각 점(坫) 위에 진설한다.

준(尊)과 뇌(罍)를 설치하는데, 대사에는 대준(大尊)이 2개, 하나는 명수(明水)를 담고, 하나는 예제(醴齊)를 담는다. 착준(著尊)이 2개, 하나는 명수(明水)를 담고, 하나는 앙제(盎齊)를 담는다. 산뢰(山罍)가 2개로서 하나는 현주(玄酒)를 담고, 하나는 청주(淸酒)를 담는다. 석 줄로 진설하는데 첫째 줄에는 대준을, 둘째 줄에는 착준을, 셋째 줄에는 산뢰를 진설한다. 모두 작(勺)과 멱(羃)을 얹어 놓는다. 신위의 왼쪽에 있게 하되 북쪽으로 가까이 남쪽으로 향(南向)하게 하고, 동쪽을 위로 한다. 후토씨는 상준(象尊)

이 2개, 하나는 명수를 담고, 하나는 예제를 담는다. 착준이 2개, 하나는 명수를 담고, 하나는 앙제를 담는다. 산뢰(山罍)가 2개로써, 하나는 현주를 담고, 하나는 청주를 담는다. 대사 주준(酒尊)의 서쪽에 있게 하되모두 남향하게 하고, 동쪽을 위로한다. 무릇 준·뇌는 명수(明水)와 현주(玄酒)를 담은 것이 상(上)이가 된다. 무릇 신에게 제사 드리는 물건으로서당시(當時)에 없는 것은 시물(時物)로써 대신한다.

대직(大稷)과 후직씨의 준(尊)·뇌(罍)도 모두 대사(大社)·후토씨의 의식과 같이한다. 복주작(福酒爵)과 조육조(胙肉俎) 각 하나씩을 대사 준소(大社尊所)에 설치하고, 또 대사조(大社俎) 하나를 찬만(饌幔) 안에 설치한다.

세(洗)를 북계(北陛)의 서북쪽에 남쪽으로 향(南向)하게 설치하고, 관세(盥洗)는 서쪽에 있고, 작세(爵洗)는 동쪽에 있으며, 반이(槃匜)가 있다.

뇌(罍)는 세(洗)의 서쪽에 있게 하되, 작(勺)을 올려놓고, 비(篚)는 세(洗)의 동북쪽에 늘어놓되 수건[巾]을 담아 놓는다. 만약 작세(爵洗)의 비(篚)라면또 작(爵)을 담아 놓는다.

아헌(亞獻)·종헌(終獻)의 세(洗)는 또 서북쪽에 있게 하되 모두 남쪽으로향하게 하고, 관세(盥洗)는 서쪽에 있고, 작세(爵洗)는 동쪽에 있다. 아헌(亞獻)의 세(洗)에는 반이(槃匜)가 있는데, 만약 영의정(領議政)이 아헌하게 되면 별달리 반이(槃匜)를 설치하지 아니한다. 뇌는 세의 서쪽에 있게 하되,작(勺)을 올려놓고, 비는 세의 동북쪽에 늘어놓되 수건을 담아 놓는다.만약 작세의 비라면 또 작을 담아 놓는다. 여러 집사의 관세는 아헌·종헌의 세(洗) 서북쪽에 남향하여 있게 하고, 집준(執尊)·집비(執篚)·집멱자(執冪者)의 자리는 준(尊)·뇌(罍)·비(篚)·멱(冪)의 뒤에 있게 한다.

5. 나가는 글

국가의 존망과 백성의 생활을 보장하는 것 또한 토지와 곡식이다. 따라서 고대 중국에서부터 사직단을 만들어 사직제를 봉행하였다. 우리나라 또한 삼국시대부터 국태민안을 기원하는 사직제를 봉행하여 왔다.

본 연구는 사직제에 땅의 신과 곡식의 신에게 풍작(豊作)을 기원하여 올리는 제사인 사직제의 설행으로 사직제의 절차, 사직제의 악(樂)·가(歌)·무(舞), 사직단 공간 구성과 음양오행으로 사직단의 조성과 신위, 사직단에 함의된 음양오행, 사직제의 설행에 발현된 음양오행 등에 대해 연구 분석하였다. 이상의 연구 분석 결과는 다음과 같다.

사직제의 기원과 의의를 살펴보면, 사직제는 국가 제사의 대사에 속한 것으로 고려 성종 10년에 직선을 세워 제사하게 하였고, 조선 태조 4년에 사직단을 영조하였으며, 세종 12년(1430) 단유 체제를 양유 체제로 확립하고, 세종 14년(1432) 9월 사직단을 양단으로 분리하였다. 1897년(광무 원년) 10월 12일 대한제국이 선포되면서 사직단에서 모시던 국사(國社)·국직(國稷)의 신위를 태사(太社)·태직(太稷)으로 높여 신주를 개제하여 봉안하였던 것이다. 그 후 1909년 일제는 전통문화의 말살 정책으로 사직단을 사직공원으로 만들고 사직제도 철폐하였다. 그러나 서울시와 종로구청에서 철폐된 사직단을 1988년 9월 21일 복원하여 다시 사직제를 봉행하여 오다가 2000년 10월 19일 중요 무형문화재 111호로 지정을 받아 그 명맥을 계속 이어가고 있다.

사직단의 공간적 구성을 보면, 사단에는 국사의 신위를 남편에서 북편을 향하여 안치하고 후토신을 동향하여 배향하였으며, 직단에는 국직의 신위를 남편에서 북편으로 향하여 안치하고 후직신을 동향하여 배향하였다. 이것 또한 음양오행에 의하여 배향한 것으로 보인다.

사직제는 종묘와 같이 중요한 제사에 해당되므로 반드시 기악과 노래, 춤이 수반된다는 점에서 공통적이다. 제례 봉행되는 과정에서 악·가·무도 함께 진행이 되는 것 또한 음양에 의해 진행되는 것으로 보인다. 사직제는 국가 제사 중 대사에 해당되므로 음의 제사이다. 국사와 국직이 음신으로 여겨지는 반면, 왕은 강력한 양기의 상징이다. 왕이 남향하여 사직에 제사 드리는 것은 음에 답하기 위해서라고 한다.

사직제의 설행에 발현된 음양오행에 대해 살펴보면 악·가·무에 관한 음양오행은 사직제는 지기에 대한 제사이므로 악·가·무는 등가에서 양률인 태주궁, 헌가에서 음려인 응종궁을 주로 사용하여 음양합성지제를 실현하였다. 사직제의 악·가·무는 우주에서 생성되는 물질 가운데 소리를 낼 수 있는 여덟 가지 재료인 팔음, 즉, 쇠붙이, 돌, 실, 대나무, 박, 흙, 가죽, 나무의 여덟 가지 재료로 만든 악기의 반주에 맞추어 사람의 목소리와 춤을 갖추어 제사를 올리는 것이다. 이것은 제사의 대상인 신령을 불러들이고 위로하고 즐겁게 하기 위한 것이며, 하나하나 모든 것이 압축된 상징적 세계를 지니고 있다.

사직제의 진설에 관한 음양오행에 대해 살펴보면 사직제의 진설은 제사일 3일 전부터 진행되고, 3일 전에는 전설사(典設司)에서 국왕과 제례 참석자가 사용하게 될 막차를 남향 설치한다. 2일 전에는 사직서에서는 제단을 청소하고 전악(典樂)에서 등가(登歌)는 단상에 북쪽에, 헌가(軒架)는 단하에 설치한다. 1일 전에는 사직서에서는 신주를 모실 신좌(神座)를 단상의 남방에 설치하고 자리를 깐다. 집례와 찬자는 국왕 및 관리들이 서 있게 되는 장소에 자리를 깐다. 당일 행사 직전에 축판(祝板)과 술동이, 향(香), 촛불, 제기(祭器), 관세(盥洗)를 설치한다. 설치하는 도구, 진설하는 방향, 국왕과 관리가 있는 자리 등 모든 것들이 음양에 맞추어 진설되고 있는 것이다.

　이와 같이 살펴본 결과 사직제(社稷祭)는 우리나라의 전통적이고 국가적인 중요한 행사이며, 우리가 잊어서는 안 되는 소중한 문화유산이다. 사직제에 담긴 조상들의 삶의 지혜를 인식하고 사직제의 보존과 계승을 위하여 계속적인 연구와 관심을 기울이는 것은 우리가 할 일인 것이라고 생각된다.

부록

특별 기고

음악이 주는
마음의 위로와 소확행

박 미 향[1]

1. 처음 만난 음악에 흠뻑 빠진 아이

2. 음악의 효과

3. 아름다운 감동

4. 음악으로 소통하는 즐거움

5. 음악으로 행복한 주변의 이야기들

6. 글을 맺으면서

---

1   대구한의대학교 대학원 동양사상학과 박사과정 수료. 동국대학교 행정대학원 사회복지학 석사 졸업. 現 스마일실버복지센터장.

1. 처음 만난 음악에 흠뻑 빠진 아이

태아가 처음 듣게 되는 엄마의 심장 박동 소리, 엄마 목소리, 태반에서 생기는 모든 소리와 세상의 무수한 소리 등 아기가 성장할 때 최초의 기본 단계는 소리를 통해서 발달된다. 편안하고 듣기 좋은 음악을 일정 시간 들려주는 것은 아기를 위한 좋은 방법이라고 한다. 엄마가 불러 주는 자장가가 아기에게 편안함을 더해 주듯이 음악은 우리의 일상에 큰 영향을 미친다. 그저 노래만 불렀는데 기분이 좋아지고 신선한 활기를 북돋아 주고 우리의 삶의 내면을 변화시키는 음악 소리. 아름다운 음악 소리로 우리가 행복해지고 정신이 맑아지는 것은 무엇 때문일까? 남들과 함께 곡을 연주할 때와 들을 때에 왜 유대감이 생기는 것일까?

내가 언제부터 음악을 좋아했었나 곰곰이 생각해 보았다. 계기는 초등 6학년 때인 것 같다. 아버지께서 초등학교 교사이셨는데 음악 시간에 풍금 연주를 잘하지 못하셔서 레코드판으로 수업하셨다. 초등학교 음악 교재 전 학년용 레코드판이었는데 그것을 사용하시는 것을 보았다. 아버지께서 애국가를 풍금으로 열심히 연습하시는 모습도 보았다. 어느 날 집에도 풍금을 사 놓으셔서, 풍금 페달을 발로 밟고 오른 다리로 강약을 조절하면서 초등 교과서에 나오는 음악 노래를 불러 가며 즐겼던 추억이 있다. 아버지 덕에 풍금을 심심할 때 칠 수 있어서 좋았다.

나는 어떤 것에도 잘 몰입하는 편이다. 단순해서 목표를 정하고 결정하면 곧장 시도하고 지겨워하지 않는다. 한번 결정하면 그냥 계속 열심히 즐긴다. 예를 들면 그림 그리기를 좋아해서 초등학교 시절엔 늘 그림을 하루에 한 장은 꼭 그렸다. 크레파스로 하얀 도화지에 색깔을 입히며 완성해 나가는 동안 상상의 나래를 펼 수 있었고 행복했었다. 늘 도취하였던 그 순간이 좋았던 것 같다. 신라문화제에 참여해서 조그마한 상도

받았는데 학교 조회 시간에 단상 앞에 나가서 교장 선생님으로부터 상장을 받았을 때 아버지께서 기뻐하시던 모습이 눈에 선하다. 미술은 나의 맘을 편안하게 이끌어갔고 중학교 시절, 미술 시간에 종종 나의 그림을 대표로 반 친구들에게 보여주며 미술 선생님께서 칭찬해 주실 때 수줍어하면서도 행복했었다. 크레파스와 물감으로 스케치북에 그림을 완성해 가면서 상상하고 표현하는 재미를 느꼈던 시절, 마냥 단순하게 받아들이고 몰입하는 것들이 행복이란 것을 이미 나의 마음은 알고 있었던 것 같다. 그림 그리는 것을 좋아해서인지 지금도 틈틈이 작품에 매달린다. 오래된 물건들도 재활용하여 아크릴 물감으로 세밀하게 공들여 그린 작품들을 보면 너무나 소중하고 뿌듯하다. 집에 잡동사니들을 모은다고 남편이랑 아들이 눈치를 줄 때, 애정을 쏟은 나의 작품을 식구들의 눈에 뜨이지 않도록 어디에 숨겨 둘까 하는 고민을 하고 있다.

식구들이 미국에 있을 때 외로움을 달랬던 공방에서

즐겁고 행복한 삶을 전파하는 나의 음악 학원

　중학교 2학년 때 아버지께서 학교를 퇴임하시고 제과점을 경영하셨는데 제빵사가 양식 빵을 다양하게 만들고 토스트를 버터로 고소하게 구워내는 것도 보았다. 맛있는 빵도 실컷 먹었다. 대구의 번화가인 대구백화점 부근에서 청기와 제과점이라고 간판을 걸고 운영하셨는데 그 당시 대구에서는 소위 최고의 명문이라는 경북고등학교 학생들이 자주 왔었다. 그중에 일부는 공부를 잘하면서도 껄렁패 끼가 좀 있는 학생들인 것 같은 느낌을 받았다. 40원짜리 칠성사이다를 시켜 놓고 한 패거리 모여서 가게에 진을 치고 있는 모습들이 생각난다. 지난 일들을 되새겨보니 아버지께서 가게에 나오시면 이 학생들은 슬금슬금 한 명씩 가게를 빠져나갔고 아버지가 안 계시면 여점원과 비슷한 또래들이어서 함께 놀았던 것 같다. 이때 우리 가게에 전축이 있었고 나는 방과 후 점원들이 바쁠 때 음악이 끊이지 않도록 전축을 틀어 주는 역할을 했었다. 당시 나는 음악을 들으려고 제과점에 가기 시작했는데, 누가 시키지도 않았는데도 불구하고 전축의 음반 담당을 하고 있었다. 커다란 전축의 문을 옆으로 밀어서 열고 스위치를 켠다. 음반을 올릴 곳의 뚜껑을 열고 음반을 닦은 다음 턴테이블 위에 살포시 얹은 후 긁히지 않게 조심스레 바늘을 올린다. 그때 우연히 듣고 처음 접한 경음악 '새파란 수평선'과 '울리 불리 트위스트' 등 팝송이 얼마나 아름답고 흥겹게 들렸는지. 음악을 들으면 편안하고 가슴이 따스해진다. 행복을 느낀다. 나는 매력적인 음악에 푹 빠졌었다. 십 대에 들었던 곡들이 60대 중반이 된 지금도 나에겐 같은 감동으로 다가온다. 다양한 음악이 들어 있는 레코드판으로 그 당시 인기 있는 팝송과 경음악을 계속 틀어 주다가 음악에 도취하여 음악의 매력을 알게 되었고, 나에겐 음악이 풍성하게 젖어들고 있었던 시절이었던 것 같다.

고등학교 때부터는 피아노 연주 아르바이트를 하다가 그것이 현실의 직업이 되어서 음악 학원을 운영하게 되었고 피아노 교사로 반평생을 보냈다.

부모님이 피아노 교습비를 주신 것도 아니었고 권유하신 적도 없지만, 우연히 나에게 다가온 첫 악기 풍금과 음악을 들을 수 있었던 환경이 내가 좋아하는 것들에 도전할 수 있었던 능력을 만들어주었던 것 같다.(작은 꿈을 이루기 위해 용돈을 모아서 피아노를 배우러 다니며 실행할 수 있는 기반이 되었던 것 같다.)

내 나이 18세쯤에 피아노 연주 아르바이트로 적지만 수입이 만들어지고 있었다. 첫 수입은 주말에 결혼식 반주를 해 주고 받은 것 같다. 그렇게 모은 돈으로 또다시 바이올린에 도전했다. 대구 동성로 한일극장 맞은편 거리에 H 악기사란 곳이 눈에 띄어 그곳에 가서 모은 돈으로 바이올린을 샀다. 그리고 바이올린을 배웠다. 아무도 모르게 비밀스럽게 배운다고 악기를 집에 가지고 오지도 못하고 숨겨가면서 교습을 받았다. 내가 모은 돈으로 악기를 구입해서 배웠지만, 가족들에게도 알리지 못한 것은 그 당시에는 가족들 모르게 돈을 모아서 악기를 사는 것이 흔하지 않았던 일이었으므로 어른들로부터 혼날 것 같아서 비밀로 했다. 그런 비밀을 만들었던 악기가 아직도 나의 거실 벽에 매달려 있고 그 시절을 떠오르게 하여 행복한 추억이 담긴 소중한 물건으로 간직되고 있다.

돌이켜 생각해 보면 그 당시 레슨비가 상당했는데도 불구하고 레슨비를 모으기 위해 사치도 하지 않았고, 목표에 집중하여 레슨비 모을 준비만 하면서 학창 시절을 보낸 것 같다. 비싼 악기를 살 때 주변의 조언을 듣고 구매해야 하는데 나 혼자 생각하고 돈이 모이자 곧장 악기사에 가서 사 버려서 나중에 후회되었던 일들이 여러 번 있었다. 처음 피아노를 우리 집에 사들인 경우이다. 당시에는 Y사 피아노가 유명했는데도 그걸 모르고 대구백화점 옆 모 악기사에 가서 진열되어 있던 인지도가 없는 악기를 곧장 사 버렸다. 피아노 소리가 너무 풍성하고 맘에 들어서 악기사에서 권하는 대로 솔깃해져서 구입하게 되었다. 또한, 어려서 상품의 인지도나 브랜드조차도 몰랐었던 것 같다. 소리 좋은 피아노면 다 되는 줄 알았다. 어른들이 구매해 주었더라면 구매 전에 조사해서 합당한 것을 구매했을 것인데 나 혼자 결정하고 선택해야 하는 처지였고, 그 당시는 수줍음이 많아서 나의 소신도 잘 말하지도 못했다. 속으로만 생각하고 목표한 것을 실행하는 성격이었기에 그럴 수밖에 없었다.

그러나 그 악기로 동생들과 오빠가 함께 음악을 접할 수 있었고 행복을 나눌 수 있었다. 가정집에 피아노가 거의 없었던 시절이어서 우리 형제들은 나처럼 그 피아노를 제각기 즐겼다.

몇 년 전 색소폰을 배우려고 계획하고 전문가의 도움을 받지 않고 서울 낙원상가에 의뢰하여 중국산을 구매한 후 만족하고 있다가 얼마 안 되어 다시 외제 브랜드로 재구매한 것만 보아도 나의 성급한 성격이 여실히 드러난다. 빨리 악기와 만나고 싶어서 전문가의 조언도 듣지 않고 나 혼자 결정하고 저질러 버린다. 옛날과 달리 요즘은 인터넷 검색만 하면 쉽고 다양하게 구매하고자 하는 악기의 정보를 얻을 수 있으므로 악기 구매의 실수를 줄 일 수 있다. 이래저래 다양한 악기들을 습득한 나를 보고 주변 지인들은 친정이 아주 부유한 집인 것 같다고 한다. 아니라고 해도 믿지 않는다.

사실 내 또래는 어려운 시절을 보냈고, 잘 사는 집 아이들만이 예능 교육을 받았던 시절이어서 그렇게 생각할 수도 있겠다는 생각이 든다. 일반적인 환경에서는 쉽게 접하지 못할 악기들을 배웠었다.

바이올린을 조금 이해하고 난 후, 이번엔 플루트를 어떻게 연주하는지 궁금해졌다. 플루트는 기본보다 한 단계 높은 것을 선택하여 구입한 후 개인 지도 선생님을 찾았으나 별로 없었다. 수소문하여 한 명을 만나 보니 입시 준비생 수준이었다. 정말 부담이 되었던 레슨 비용이었으나 그 당시는 현악기, 관악기를 개인 지도하시는 분들은 경북예고 강사들이나 대부분 대구 시향의 연주자들이었기 때문에 레슨비가 부담되어도 선택의 여지가 없었다. 개인 지도를 받고 난 후 얻은 기쁨은 돈이 아깝지 않을 정도였다. 빨리 연습하고 다음 곡을 받고 싶었기 때문에 부담 가지면서도 꾸준히 레슨을 받았다. 그 당시 구입한 플루트는 나의 노리개로 지금도 잘 가지고 놀 수 있으니 이 또한 즐거움과 재미의 극치요 행복이다.

대학교 1학년 때였던 것 같다. 나의 전공은 작곡이었는데 실력이 부족하여 개인 지도를 받을 수밖에 없었다. 당시 주 1회 레슨에 월 수십만 원의 수강료, 그것도 시간이 없어서 새벽 시간에 개인 지도를 받았다. 오후에는 피아노 개인 지도를 하면서 그 수입으로 레슨비를 마련했고 그 당시 새벽 시간을 약속하고 지도받으러 갔을 때, 가끔은 스승님이 남자 선생님이어서 속옷(팬티, 런닝) 바람으로 부스스 일어나서 옷 갈아입고 나를 첫 수업 제자로 지도하던 모습도 보였다. 몇 해 전 우리 교회에 특강 강사로 초청 방문하셨는데, 역시 내가 처음 개인 지도 교사로 소개받았을 당시 알려져 있던 실력으로 현재까지도 음악에 열정을 다하며 살아오신 모습을 볼 수 있었다. 그 당시 보았던 속옷 차림의 총각 선생님의 모습과 지금 노인이 되어서도 음악가로 전국에 알려진 교수님으로 살아오신 스승님을 보니 대비되었고 한편 반가웠다. 스승님 역시 그 당시는 대학원생으로서 공부하면서 레슨 학생을 가르치느라 바쁘셨고 나역시 같은 입장이었는데 그때 느꼈던 상황들이 주마등처럼 지나가서 피식 웃음도 난다. 이렇게 나도 모르게 운명처럼 나에게 다가온 풍금 소리로 시작하여 다양한 음악을 들었고 악기들을 만나게 되었다. 맹모삼천지교처럼 어떠한 환경에 처해 있느냐에 따라서 인생의 길이 결정된다고 생각된다.

2. 음악의 효과

1) 음악은 질병을 이겨낸다

소리는 여러모로 몸과 정신의 발달에 보탬이 된다. 당연히 평소 우리의 건강에도 소리는 유익하거나 해로울 수 있다. 동서양 사람들은 이미 몇 세기 동안 소리 환경과 행복감을 직관적으로 연관 지었다. 그리스에서 "음악의 아버지"로 통하는 오르페우스는 인간에게 의술을 전해 숭배를 받았고 공자는 음악에 마음, 정신, 행동을 치유하는 효과가 있다고 말했다.[2] 주술사, 치료사, 종교 지도자들도 아주 오래전부터 병을 몰아내고 심신을 '다시조율(Re-tune)'하는 방법으로 기도를 외우고 노래를 하거나 북을 치고, 성스러운 징을 비롯한 각종 악기를 연주했다. 인도의 음악가이며 철학자인 하즈라트 이나야트 칸(Hazrat Inayat Khan)이 말했듯 몸은 살아있는 울림통처럼 소리에 반응한다. "진동은 근육과 신경, 신진대사, 혈액순환을 바꿀 수 있다. 그러므로 어떤 소리를 듣느냐에 따라 효과도 다르다."[3]

19세기 무렵에는 플로렌스 나이팅게일(Florence Nightingale) 같은 서양의 치료사들도 소리의 잠재력에 주목했다. 소리가 국소 마취 수술을 할 때 환자의 주의를 돌리고, 통증을 줄이며,[4] 회복을 앞당겼고, 격리 시설에 수용된 정신병 환자들을 진정시켰다. 1944년에는 소리의 치유력이 과

---

2   Susan E. Mazer, "Music, Noise, and the Environment of Care: History, Theory, and Practice," Music and Medicine2, no.3 (2010). http://mmd.sagepub.com/content/2/3/182.

3   Joscelyn Godwin, Music, Mysticism, and Magic: A Sourcebook(UK: Arkana Paperbakcs, 1987), 261, 263.

4   Maureen F. Cunningham, Bonnie Monson, and Marilyn Bookbinder, "Introducing a Music Program in the Perioperative Area," AORN Journal66, no. 4(1997): 674-82

학계에 널리 퍼져 인정받으면서, 음악 치료 프로그램이 미국에서 처음 만들어졌다. 오늘날 미국 음악치료협회에서는 3,800명 이상의 회원이 활동한다. 그들은 병원과 진료소와 학교, 호스피스에서 음악으로 사람의 몸과 마음을 치유하고 조절하며 개선시키고 있다.

최근 수십 년간 여러 연구가 이뤄졌다. 다양한 소리가 무의식중일 때, 귀 기울여 들을 때, 몸을 적극적으로 움직일 때 어떻게 다른 생리적 변화를 일으키는지도 구체적으로 입증되었다. 예컨대 경쾌한 비트의 음악을 좋아하는 사람은 그런 음악을 들음으로써 혈관이 넓어지고(혈액순환도 좋아짐), 호흡 패턴이 개선되며, 뇌의 '행복 호르몬'인 엔도르핀 분비가 늘어나 스트레스가 풀리고 기분도 좋아진다.[5]

또한, 몸이 질병과 싸울 때 필요한 면역 글로불린 단백질이 늘어나 면역력이 강해진다. 노래 부르기, 단체로 드럼 연주하기, 밴드와 오케스트라에 참여하기 등도 이런 효과를 더한다. 캘리포니아 대학교 어바인 캠퍼스 과학자들은 캘리포니아 퍼시픽 합창단이 베토벤 장엄미사(Missa Solemnis)라는 난도가 높고 복잡한 감정을 담은 노래를 부를 때 어떤지 연구했다. 리허설을 하자 단원들의 IgA 농도가 2.5배 증가했고 관객 앞에서 공연했을 때는 무려 3.4배 증가했다.[6] 단원들은 합창의 희열 덕분에 더 건강해지고 행복해진 것 같다고 말했다.[7]

---

5   Amanda Gardner, "Joyful Music in Tune with Heart Health," HealthScout, http://www.health-scout.com/news/1/621243/main.html.

6   Music perception(Fall 2000), quoted in Susan Brink, "Sing Out, Sister," Los Angeles Times, April 23, 2007, http://articles.latimes.com/print/2007/apr/23/health/he-sing23.

7   Marla Jo Fisher, "Joy of Singing in a Choir Could be Preventive Medicine," Boston Globe, march 31, 2001.

마찬가지로 싫어하는 음악을 들었을 때는 정반대 결과가 나타난다. 혈관이 좁아지고 호흡이 가빠지며 스트레스는 증가한다. 불쾌한 소리에 오래 노출되면 면역력이 약화 되고 노화가 빨라진다. 불안, 우울, 불임, 발기부전, 심장마비, 뇌졸중 발생 가능성이 높아진다. 죄수를 고문할 때 높은 볼륨과 혼란스러운 소리가 얼마나 효과적으로 그들의 방어 태세를 무너뜨리는지 생각해 보라.[8]

2) 음악이 통증을 줄인다

어릴 때 무릎이나 팔꿈치가 까지곤 했던 기억이 난다. 어른들이 반창고를 붙여주며 어르고 달래면 안심이 된다. "괜찮아." 어머니는 약을 발라주며 노래하듯 말했다. "약 바르면 하나도 안 아플 거야." 어머니의 그 목소리에 마법처럼 통증이 사라져 어머니 품에 꼭 안기면서 다시 놀러 나갈 수 있었다.

이 본능적인 통증 완화법은 마법이 아니다. 과학자들은 사랑하는 사람의 목소리나 좋아하는 음악을 들으면 스트레스가 줄고 회복이 빨라짐을 발견했다. 조앤 V. 로위(Joanne V. Loewy)가 엮은 ≪음악 치료와 소아 통증(Music Therapy and pediatric Pain)≫에서 의사와 음악 치료사 등은 "엄마가 반창고 붙여 줄게"라고 달랠 때 아이의 주의가 통증에서 멀어지면서 아픔이 낫는다고 느끼는 이유가 무엇인지 설명한다. 아이를 안고 부드럽게 허밍하고 노래하며 흔들고, 단지 규칙적으로 숨을 쉬면(먼저 아이의 가쁜 숨에 호흡을 맞추다가 점차 정상 속도로 늦춘다) 아이가 편안함을 느끼고 엄마처

---

8 Val Willingham, "The Power of Music:it's Real Heart Opener," CNN.com, http://edition.cnn.com/2009/HEALTH/05/11/music.heart/index.html.

럼 안정적인 몸 상태가 된다.

〈편두통과 음악〉

편두통 환자만큼 소리의 양면성을 잘 아는 사람도 드물다. 많은 환자
가 특정 주파수와 소리에 극심한 통증을 느낀다. 반대로 특정 진동이나
소리에 안정을 되찾는 환자도 있다. 〈유럽 통증 저널(European Journal of
Pain)〉에 발표된 한 논문에 따르면 즐거운 음악을 들은 어린이들은 편두
통이 완화되었다. '자가치료(Self-medication)'로 편두통을 가라앉힌다는 성
인 환자도 놀랍도록 많았다. 리듬이 강한 록 음악, 머리 근처에서 울리
는 티베트 명상 볼(Tibetan singing bowl)의 저음, 교회 오르간으로 연주한
바흐의 음악, 심지어 우연히 머리 근처로 지나간 벌새의 날갯짓 소리도
효과를 냈다.[9]

3) 음악은 치료와 예방에도 효과가 있다

음악은 통증을 다스리기도 하지만, 특정 질병의 치료와 예방도 돕는
다. 병원 대기실에서 잔잔한 음악을 들으면 일시적으로 심장박동 수를
줄이지만, 오랫동안 규칙적으로 들으면 약의 복용량도 줄고 고혈압도
완화된다. 즐거운 음악은 혈관을 넓히고 심장을 보호하는 화학 물질 분
비를 촉진하며, 하루 30분 이상 들으면 심부전이나 뇌졸중 위험을 줄인
다.

소리 진동은 편두통을 완화할 뿐 아니라 매년 미국인 3,700만 명 이

---

9   Maukop, "Music Relieves Migraine Headaches and pain."

상을 덮치는 만성 축농증 발병을 줄인다.[10] 연구자들은 날마다 허밍을 하면 부비강(副鼻腔)과 비강이 진동해 공기가 잘 순환하고 혈액순환도 원활해지며 산화질소를 증가시켜 결국 세균 증식과 감염을 막는다는 것을 밝혀냈다.[11] 최근 스웨덴 스톡홀름에서 진행된 두 연구에서는 허밍을 하면 그 효과로 부비강의 산화질소 농도가 심호흡만 할 때보다 15배 짙어진다는 점이 입증되었다.[12]

음악은 우리의 주의를 딴 데로 돌려주므로 이명 치료에도 효과적이다. 이명은 귓속에서 울림이나 거슬리는 소리가 계속 '들리는' 질환으로, 수백만 미국인이 앓고 있다. 어느 환자는 자연의 소리를 치료에 도입했다. 유명 라디오 진행자이며 작가인 개리슨 케일러(Garrison Keillor)는 매미 울음의 주파수 영역이 귓속 울림을 덮는 데 딱 맞는다는 사실을 발견했다. "매미들이 우는 공원에 서자 편안해졌다." 그는 "의학을 동원해도 듣지 못했다. 매미를 찾아다니는 수밖에 없을 것 같다."라고 이야기했다.[13]

---

10 Anahad O'Conner, "The Claim: Humming Can Ease Sinus Problems," New York Times, December 20, 2010.

11 David Williams, "Get Your Sinuses Humming," Alternatives 9, no. 18(2002), http://www.drdavidwilliams.com/DefaultBlank.aspx?ContentID=11682.

12 Eddie Weitzberg and Jon O. N. Lundberg, "Humming Greatly Increases Nasal nitric Oxide," American Journal of Respiratory and Critical Care Medicine 166,no .2 (2002): 144-45; M. Maniscalco, E. Weitzberg, J. Sundberg. M.Sofia, and J.O. Lundberg,"Assessment of Nasal and Sinus Nitric Oxide Output Using Single-Breath Humming Exhalations," European Respiratory Journal 22, no.2 (2003): 323-29

13 Garrison Keilor, "The Unknown Passenger at the Airport," Chicago Tribune, June 20, 2007, http://www.novaminda.com/connect/nm_documents?show_branch?Power/408AE3D6-02BB-4C9C-87CE-0E6399479327/1677461910.

〈라이언 심슨을 살린 오보에 연주〉

라이언 심슨은 중증 천식으로 평생 고통받았다. 32년 동안 병원을 들락거리며 온갖 치료를 받았고, 화학 요법도 써 보았지만 소용없었다. 2002년 심각한 호흡정지를 겪자 의사는 가망이 없다고 말했다. 브라이언은 이렇게 회상했다. "집에서 안정을 취하고 남은 시간을 즐기는 수밖에 없었어요." 기적이 일어났다. 브라이언은 침대에 누워 피츠버그 교향악단의 수석 오보에 연주자 신시아 콜레도 드알메이다(Cynthia Koledo DeAlmeida)의 음반을 듣고 있었다. 그러다 문득 대학 때 자신이 오보에를 전공했었다는 게 생각났다. 오보에를 불면 몸에 무리가 올 수 있었다. 하지만 "그때는 잃을 것이 없었어요."라고 그는 말했다.

처음엔 1분 정도 부니까 바로 폐활량이 달렸다. 그러나 계속 불자 점차 폐가 좋아지는 것 같았다. 연주하기가 편해졌고 숨쉬기도 편해졌다.

오보에의 좁은 관에 공기를 불어넣으며 복근 운동이 된 것이라고 의사들은 추측했다. 어쨌든 이 독특한 운동이 브라이언을 살려낸 것으로 보인다. 아직은 마음껏 걷지도 못하고 늘 산소통을 지니고 다닌다. 그러나 25%에 그치던 폐활량이 55%로 늘어났고, 약물 치료가 줄었으며, 1년 넘게 병원 신세를 지지 않았다. 무엇보다 이제 그는 오보에를 하루에 두 시간씩 불고 지역 오케스트라에서 연주도 할 수 있다. 브라이언은 이 놀라운 회복에 숨은 원리를 찾아내 다른 천식 환자들을 도울 계획이다.[14]

노래를 부르거나 악기를 연주하면 면역력이 강해져 건강에 보탬이 될 뿐만 아니라 질병 치료에도 효력이 있다. 의사들은 호흡기/폐 질환 환자

---

14 Tatiana morales, "How Music Eases Asthma," CBSNews.com, http://www.cbsnews.com/ stories/2003/11/04/earlyshow/living/main581686.shtml.

들에게 노래나 관악기를 배워 보라고 권한다. 이런 활동을 하면 목 근육과 비강, 폐, 상체 근육에 운동이 된다. 하모니카를 불려면 들숨과 날숨을 쉬어야 한다. 따라서 만성 기관지염이나 폐기종, 폐질환 환자가 폐를 단련할 수 있다. 심장 수술이나 심장 이식을 받은 환자도 하모니카로 심장 근육을 튼튼하게 키울 수 있다.

환자들이 마취에서 완전히 깰 때까지 머무는 회복실에 잔잔한 음악이 흐르면 좋다. 특히 심장 절개술이나 혈관 우회술을 받은 환자들에게 효과가 좋은데, 조용히 틀어 놓은 배경 음악이 회복기 환자의 스트레스를 줄인 듯 보인다. 병원 경영진은 음악을 틀었을 때 환자의 스트레스는 물론 약 투여량도 줄고, 환자를 돌보기가 수월하다는 점에 주목하기 시작했다.[15] 미네소타 주 로체스터 시의 메이요클리닉에서는 심혈관 수술을 받은 환자가 회복기에 편히 쉬도록 음악을 사용해 스트레스와 불안을 줄이고 통증을 완화하며 수면을 돕는다.[16]

4) 직접 체험하는 음악이 더 좋다

음악은 감상만 하는 것보다는 직접 즐기는 것이 좋다. 미국의 경우, 점점 많은 음악 치료사가 병원에서 활동하고 있으며, 환자들은 음악 활동에 참여해 치유받을 뿐 아니라 크게 즐거워한다. 중병에 걸리거나 위독한 어린이가 병원에서 음악 활동 시간을 가진 뒤 차도를 보이기도 한다. 치료사에게 합창과 악기 연주를 지도받은 한 어린이 환자는 "뭔가

15　Robert L. Routhieaux and David A. Tansik, "The Benefits of Music in Hospital Waiting Rooms," health care Supervisor 16, no.2(1997):31–40.

16　Willingham, "The Power of Music."

즐겁게 할 거리가 생겼어요."라고 말했다. 이런 활동을 할 때는 "안 좋은 일들"이 생각나지 않는다고 한다. 다른 어린이 환자는 이런 말도 했다. "편안해져요. 두통이 사라졌어요." 잠시 동안 아픈 것도 잊는다고 한다. 이런 형태의 치료는 노인들에게 특히 좋은데, 그것이 뇌를 자극하고 정신착란이나 섬망(Delirium) 증세를 완화하며 진통제 및 약물 사용을 줄여주기 때문이다.[17]

내슈빌 시 밴더빌트 대학교 메디컬센터의 먼로 카렐 주니어 어린이 병동에는 특히나 감명 깊은 이야기가 있다. 지역 작곡가 제니 플룸(Jenny Plume)은 어린 환자들을 대상으로 음악 치료 프로그램 짜는 일을 했다. 프로그램의 공식 목표는 '환자가 자기 경험을 노래로 표현하게 돕는 것'이었고, 작곡이 환자들에게 아주 좋은 방법임이 금세 드러났다. 환자들은 가사와 선율을 만들며 감정을 돌아보고 상황을 통찰하며 자신감을 키울 수 있었다. 프로그램 여파가 매우 커서 곧 수많은 컨트리 음악 스타들에게 주목을 받았다. 그중 몇 명은 내슈빌의 녹음실에서 아이들의 곡을 정식 음반으로 제작하도록 배려했다. 이 아픈 10대들은 직접 쓴 곡이 존경하는 음악가들의 손을 거쳐 완성되는 걸 보며 암울한 상황을 잠시 잊고 자신이 환자가 아니라 작곡가라고 생각할 수 있었다.[18]

---

17 R. McCaffrey and R. Locsin, "The Effect of Music on Pain and Acute Confusion in Older Adults Undergoing Hip and Knee Surgery," Holistic Nursng Practice 20,no. 5(2006):218–24.

18 Christine Wicker, "What America Cares About: Healing Sick Kids Through Music," Parade, April 4, 2010, http://www.arade.com/news/what-america-cares-about/featured/100404-healing-sick-kids-through-music.html.

5) 음악은 우리의 심신을 지배한다

우리는 언제나 음악으로 스트레스를 날리고 행복감을 느끼며 즐겁게 생활할 수 있다. 아프거나 입원했을 때 음악은 우리를 달래고 치유하고 보호한다. 재활 중인 환자들도 리듬과 진동을 활용해 움직임과 걸음걸이를 교정하고, 손상된 뇌에 새로운 신경회로가 연결되도록 해 신체와 다시 조화를 이룰 수 있다. 런던 신경완화 재활연구소 소속으로 음악 치료를 연구하는 웬디 매기(Wendy magee) 박사는 음악이 "뇌에 초강력 비타민"과 같다고 설명한다.[19]

드럼을 여럿이 함께 연주하려면 근육도 서로 맞춰 움직여야 하고 귀를 발달시켜 박자도 맞출 줄 알아야 한다. 따라서 드럼 합주는 신경근육 장애가 있는 환자들이 신체의 운동을 조절하는 데 매우 효과적이다. 고급 휴양지인 마서즈 빈야드(Martha's Vineyard)에 '드럼 워크숍'을 만든 음악가 릭 바우스먼(Rick Bausman)은 장애가 있는데도 참가자들이 몸을 아주 유연하게 움직인다고 말한다. 파킨슨병 참가자들도 말한다. "몸이 예전만큼 흔들리지 않고 떨림도 진정된 것 같습니다."[20] 연구에 따르면 피아노, 심벌즈, 실로폰 등을 단체로 연주하면서 참가자가 비트에 맞춰 몸을 움직여야 하는 활동도 똑같은 효과가 있었다.

파킨슨병 환자들은 리듬감 있는 음악에 맞춰 함께 춤추며 매우 즐거워한다. 브루클린을 본거지로 활동하는 '마크 모리스 댄스 그룹'은 세계적인 무용단으로, 파킨슨병 환자들에게 춤을 가르치며 지역 사회에 기

---

19 Simon Hopper, "Music a "Mega-vitamin' for the Brain,"CNN.com, http://edition.cnn. com/2009/HEALTH/06/02/musictherapy/index.html.

20 Shulman, "Music as Medicine for the Brain,"

여한다.[21] 참가자들은 고도로 숙련된 전문 강사에게 지도받는 것을 아주 만족스러워한다. 또한, 그런 경험을 공유하는 이들과 만난다. 참가자는 피아노 연주에 맞춰 춤을 추면서 정교하게 움직이고 심신을 조화시켜야 한다. 이는 이 질환을 앓는 이들에게 완벽한 운동이 된다. 한 참가자는 말한다. "어떤 면에서 전 정말이지 행복한 사람 같아요."

3. 아름다운 감동

1) 아들과 함께한 연주

길거리 7080음악회에서 연주 신청이 들어와서 당시 고3인 아들과 참여하게 되었다. 음악협회장님으로부터 만돌린 연주 부탁을 받았는데 독주는 힘든 악기여서 아들에게 우쿨렐레 반주를 부탁했다. 아들과 음악적으로 소통되는 것은 참 행복하다. 더운 여름날, 아들과 더불어 음악을 좋아하는 사람들과 함께 유명 연예인처럼 버스킹(거리 공연)을 하게 되어 행복한 추억이 되었다.

또 교회 행사에서 만돌린 연주를 부탁받았다. 역시 반주자를 구해야 해서 아들에게 부탁하니 맘 좋은 아들은 엄마가 부탁하면 기꺼이 들어준다. 고등학생쯤 되면 남 앞에 나서서 엄마와 함께 뭘 한다는 것이 부담스럽기도 할 것인데 나의 아들은 오히려 엄마가 잘 해결해 나가도록 연습도 함께 잘 맞춰주고 적극적으로 도와주니 고맙고 든든하다.

---

21 Roslyn Sulcas, "Getting Their Groove Back, whith Help from the Magic of Dance," New York Times, August 25, 2007.

2) 우연히 배운 만돌린 - 그 후의 달콤함

시아버지의 사촌 형님이 대구 중심가에 있는 재즈 음악학원 원장님이셨다. 검정 베레모를 쓰신 멋쟁이 어르신이셨는데 함께 음악을 공유하다 보니 시어른이신데도 부담이 없이 편안했다. 나에게 자상스럽게 말씀해 주신다. 유명한 원로 음악인들 친구가 많으셨는데 그들의 이야기를 해 주실 때는 대단해 보였었다. 대구 음악인들의 추억이 된 녹향 음악 감상실의 분위기 등 음악 이야기를 나눴다. 대구서는 먼 거리인 상대온천에 매주 목욕을 즐기시려고 오시면서 길목에 있는 나의 음악 학원에 들르셔서 만돌린을 가르쳐 주셨다. 동그란 예쁜 바가지 모양의 만돌린을 구입하고 배우기 시작했다. 트레몰로(음 또는 화음을, 빨리 떨리는 듯이 되풀이하는 연주법)가 아름다워서 그냥 즐겼다. 그러나 단순함이 때로는 힘들었다. 어르신께서 꼬박꼬박 오시는 것이 미안하고 고마워서 때로는 하기 힘들었지만 참고 많은 곡을 연주했다. 연세가 많으시고 나중에는 건강이 안 좋아져서 못 오시니 자연스레 배움을 그만두게 되었다. 이렇게 배운 만돌린은 별 쓰임이 없어서 장식품으로 대롱대롱 나의 거실벽에 오래도록 매달아 놓았다. 몇십 년이 지난 이 악기가 쓰임을 하게 될 줄이야.

길거리 음악회(버스킹)에 초대되어서 아들과 함께 연주한 즐거움도 있었고, 교회 권사님께서 크로마하프 팀을 창단하신다고 함께하자고 권하셔서 현재는 교회의 크로마하프 팀에서 만돌린으로 합류하고 있다. 나에겐 크로마하프는 악기가 무거웠고 칭칭 거리는 소리가 약간 거슬리고 별로 호감이 안 가는 악기이어서 멜로디 담당으로 예쁘게 표현할 수 있는 만돌린을 연주하겠다고 했다. 단원 모두 열심히 연습하고 사라져 가는 악기를 되살리며 즐기고 있다.

4. 음악으로 소통하는 즐거움

1) 피터가 즐기는 음악과 미국 생활

늦둥이 아들 피터는 음악성은 타고났다고 생각된다. 연습하는 것을 보면 유튜브로 음원을 띄워 놓고 들으면서 속도에 맞추어 연습한다. 난 그것이 참 신기하다. 나 같으면 죽으라고 몇 달간 연습해야 했을 것이고 악보는 갖가지 표시 흔적으로 너덜너덜 엉망이 되어 있었어야 할 것이다. 그러나 아들은 깨끗한 악보를 형식적으로만 펴놓고 음원을 듣고 연습을 한다. 이런 아들의 연습 모습을 보고서 느낀 것인데 내가 시도해 본 음악 태교에서 음악의 영향을 받았다고 자부한다.

초등 4학년이 된 어린 아들을 혼자 미국의 학교에 유학 보내고자 입학 테스트하러 보냈다. 그 길로 떨어져 홀로 지내게 된 아들의 외로움을 덜어 주기 위해서 홈스테이 가정의 알선으로 피아노 개인 교습을 시켰다. 얼마 후부터는 아들 혼자 두는 것이 걱정되어, 아빠가 가서 미국에 함께 체류하게 되었는데, 아빠는 음색이 웅장하고 아름다운 야마하 피아노를 사주었고 기타와 작곡도 배움의 길을 열어주었다.

한국에서는 농땡이 치던 녀석이 미국에서는 빠르게 학습 효과가 나타났다. 열심히 연습하고 연주도 맛깔나게 하였다. 교회에서 기타 반주 봉사도 했고 교내 연주회에도 참여했다. 아들이 연주하는 곡에 맞추어 박수로 호응하며 즐거움을 나누는 미국인 학부모들의 흥겨운 모습들이 보기 좋았고 흐뭇했다. 유튜브에 감미로운 곡도 연주해서 올리는 등 피아노를 연주하고 서투른 작곡도 하는 자유로운 영혼이 되어, 자신의 감정을 표현하면서 아름다운 선율에 젖어 몰입하는 아들을 보게 된다.

https://youtu.be/vKGgTutzRVg
아들이 중학생 때 작곡하고 연주한 예쁜 곡

먼 이국땅에서 혼자서도 음악으로 자신의 감정을 다스리며 잘 견디고 있는 모습을 보니 한국에서 걱정이 되었던 것들에 다소 안심이 되었다. 아들은 음악으로 주위와 금방 소통하며 행복하게 잘 지내고 있었다. '피터(아들 영어 이름)'는 피아노를 잘 연주하는, 한국에서 온 학생으로 알려져 있었다.

이제 성인이 된 아들은 악기 연주와는 멀어져 있어서 안타깝다. 클래식 기타만이라도 꼭 배워서 악기를 항상 가까이 두고 즐겨보라고 권했지만, 현재 대학 4학년의 입장에서 장래 자신의 진로에 대한 계획으로 인해 내 권유를 받아들일 틈이 없어 보인다. 코로나19로 온 세계가 마비되어 있는 현실에 젊은이들의 취업 길도 함께 막혀 있으니 걱정이 안 될 리가 없을 것이다.

나 자신의 삶도 되돌아보면 엉뚱한 생각을 할 틈이 없었다. 목표를 세우고 실천하기에 바빴다. 더불어 음악이 나의 삶 속 깊숙이 자리했고, 악기 연주를 매끈하게 잘하고 싶은 욕구만으로 가득 채워져 있었으니 생활에 찌든 잡다한 고민은 하지 않았다. 취미에 몰입하느라 오랜 사회생활 중 힘든 역경이 있었을 때도 잘 견딜 수 있도록 돌파구 역할이 되었다. 나는 음악을 통해서 스트레스를 해소한 것은 물론이요, 인생의 특권, 행운을 부여받은 것으로 생각한다.

2) 다양한 악기들과 함께하는 즐거운 시간들

크로마하프가 처음 보급되던 시기, 30여 년 전 남편과 함께 크로마하프를 구입하고 배웠다. 막상 배워보니 칭칭거리는 소리가 거슬렸다. 배운 악기들 중에 가장 흥미가 없었던 것 같다. 그러나 남편은 세심해서 악보를 소중히 모으고 연주법을 정성스레 스크랩해 나갔다. 재미없어하는 중에도 한번 시작한 것이어서 주법을 정리하고 끝까지 배웠다. 이후 크로마하프 열기도 없어지고 우리도 흥미가 없어져서 하프 두 대를 장롱 위에 올려 두고 뚜껑도 열어보지 않은 채 수십 년이 지나갔다. 이 악기를 길거리에서 들고 다니는 것을 본 것은 2008년 미국에서였다. 미국에서는 교회에서 많이 배운다고 한다. 길거리에서 나의 눈에 크로마하프 검정 하드케이스가 뜨인 것이 정말 신기했다. 한국에서는 거의 배우지 않고 교회에서 간간이 크로마하프 연주 그룹이 있다고는 하지만 잊혀 가고 있는 악기인 것 같다.

우리 교회에서도 크로마하프 연주 그룹을 만들어 보자고 크로마하프를 배우고 계신 권사님께서 구성원들을 열심히 물색하고 계시는 중이었다. 나는 하프가 별로 재미없었고 무겁고 해서, 마음이 내키지 않아 멜

로디 파트로 만돌린을 연주하겠다고 하면서 그룹에 참여했다. 정기 연주를 계획하고 매주 연습을 한다. 나는 늘 바쁜 가운데 있으므로 새로운 그룹에 참여해서 활동한다는 것이 다소 부담스럽다. 하지만 함께 뜻이 맞는 지인들과 음악을 공유하는 시간은 좋다.

첫 연주 후 우리 멤버는 신이 나서 더욱 열심히 연습했고 우쿨렐레도 배워서 연주하자고 해서 우쿨렐레 발표회도 했다. 심지어 오카리나도 배우고 하모니카도 각자 재능을 기부하셔서 배우는 등 모두 열정들이 대단했다. 이래저래 여러 해가 흘렀고 우리 단원들은 크로마하프가 중심이 되고 만돌린, 오카리나, 하모니카를 연주하면서 노장 소녀 그룹처럼 연주복으로 야한 듯한 드레스를 맞추어 입고 뽐내 보기도 했다. 연주 일정이 정해지면 나는 책임지고 조율을 한다. 터진 현도 교체하고 여러 대의 악기가 고른 음색이 되도록

세심히 조율해야 한다. 이때는 착한 아들에게 도움을 청하면 기꺼이 달려와서 해결해 준다. 음악이 공유되는 든든한 늦둥이 아들이 있어서 좋다.

5. 음악으로 행복한 주변의 이야기들

악보도 잘 볼 줄도 모르지만 도전하고 연습하면서 한 곡씩 배울 때마다 성취감을 즐기는 노년들을 볼 수 있다. 정년퇴직한 노년들이 음악을 하는 것은 어떤 의미일까? 노년, 백수? 나란 존재가 점점 사라져 가는 서글픈 세대! 운동이나 등산을 열심히 해 보기도 하고 의미 있는 시간을 보내려고 하지만 뚜렷한 목적이 없으므로 인해 쉽게 시들해져 버린다. 요즘은 평생 교육원이 있어서 그나마 다양한 강좌를 선택해서 시간을 보낼 수 있다. 대체로 노년들에게 인기 있는 강좌는 노래 교실, 악기 배우기, 요가, 댄스 강좌인 것 같다. 주변에서 악기를 하나쯤 집중해서 배운다거나 노래를 잘 부르시는 분들을 보면 대체로 행복감을 많이 느끼는 것을 볼 수 있다.

1) 내가 겪은 색소폰 첫 수업

수년 전에 영천교육문화센터 색소폰반에 등록했다. 색소폰을 어떻게 연주하는지 늘 궁금했고, 악기의 음량이 너무 커서 연습 장소가 별도로 있어야 할 것 같아서 배움을 시도하지 못하고 있었는데, 가까운 곳에서 레슨받을 수 있는 기회가 주어져서 감사했다.

당장 중국산 색소폰을 서울 낙원상가까지 가서 직접 구매했다. 연습용으로 사용하다가 차후 나에게 맞는 악기를 사려고 중국산 악기를 들고 색소폰 첫 수업에 당당히 갔다. 첫 수업 날 강의실 문을 조심스레 열었다. 5~60대 남자들이 20명 정도 가득히 있었고 여자는 없었다. 놀라서 들어가지 않고 문을 닫았다. 이를 어쩌나~ 너무 당황스러웠다. 낯이 익은 분들도 보였다. 문 앞에서 돌아가 버릴까? 하고 고민하다가 악기까지 구입했는데, 나중에 애물단지가 될 것 같아서 용기 내어 들어갔다. 한 교실 가득한 남자들이 태산처럼 부담스러웠다. 에라 모르겠다. 따가운 시선을 느끼며 강사님의 지시에 따라 악기 잡는 법 등등 색소폰 입문에 필요한 강의에 빠져들었다.

새로운 것을 배우게 될 때 나는 엄청나게 행복도가 높아진다. 이날 처음 느낀 것은 일반인들은 대체로 악보를 볼 줄 모른다는 것이다. 그런데 악기는 모두 일제 악기 제품을 소지하고 오셨다. 음악을 즐기는 열의도 모두 대단하시다. 집안의 가장들이어서 첫 취미 활동으로 백만 원 이상 되는 외제 악기를 구입하는 것도 알뜰살뜰 살아가는 아낙네보다는 쉬운가 보다 하는 느낌을 받았다. 색소폰 동호회에 가입해서 연주 봉사활동도 즐겨 하신다.

강사님이 중국산 연습용 악기와 일제 야마하 악기의 차이점을 알려주셨다. 한번 구매하면 되는 것을 나는 두 번 구매해야 할 형편이 되었

다. 알아보지도 않고 냉큼 중국산 악기 산 것이 후회되었지만 소리가 잘
나고 처음 접한 악기여서 운지가 익숙해졌고 사용하기에는 불편함 없었
다. 첫 발표회 때까지 후회 없이 악기와 친해졌다.

청소년들이 메이커 제품을 고집하는 이유가 이해되었다. 나중에 외제
악기를 다시 구입했다. 남편의 생일 선물로 조금 부담이 되는 금액을 지
불했으나 남편은 바쁜 일정으로 잘 사용하지 않아서 이제 나의 것이 되
어 버렸다. 이곳 색소폰반에 등록하신 분들의 직업은 참 다양하다. 스
님, 의사, 교사, 공무원, 농부 등등 정말 다양한 직업을 가진 분들이 색
소폰으로 스트레스를 털어내고 있다. 사과 농사를 짓는 분은 농장에서
맘껏 연습하신다 하셨고, 스님은 절에서, 아파트에 사시는 분은 방음실
을 만들어서 열심히 연습해 오시는 모습을 볼 수 있었다.

2) 조카의 스트레스 해소법

2021년 29세로 S대 박사학위를 받고 S기업 연구원으로 있는 조카 최근호 박사의 일상을 보면, 아침 9시부터 밤 12시까지 20여 년 이상 쉬지 않고 공부하면서도 공부에 지친 일상 속에서 음악 감상과 악기 연주로 스트레스를 해소하는 것을 보았다. 조카와 대화를 해 보면 너무나 순수하고 여린데 공부와 연구실에 매달려 쉴 틈도 없이 긴 시간을 잘 견디고 좋은 결과로 차분히 목표를 성취해 나가는 것을 보면 대견하고 감사하다.

조카와 함께 연주 활동을 하는 친구들도 전공이 음악은 아니다. 각자의 위치에서 열심히 활동하면서도 비전공자로서 해마다 정기 연주회도 열고 있다. 의사, 변리사, 사시 합격자 등 오직 공부에만 전념한 우리나라 최고의 명문대 출신 인재들인데 음악을 취미 활동으로 즐기고 있다.

3) 드럼 소리 울리는 시골

영천시 화남면 사천리, 시골 도심과 떨어진 교외, 조그마한 보금자리,

작은 뜰에 잔디가 깔려 있고 대문도 없는 입구에 멋진 원두막 한 채, 그
위에 드럼 한 세트, 이 집의 주인장은 머루 포도 농사를 짓고 있다. 지난
9월에는 온 가족들이 총동원되어 포도 선별 작업으로 땀 흘리고 있는
모습도 보았다. 가끔 연습하는 드럼 소리도 들었다. 서툰 초보자의 드
럼 소리였지만 열심히 연습하고 계셨다. 고단한 농사를 짓는 중에서도
틈틈이 드럼으로 스트레스를 날리고 행복을 누리고 있는 모습으로 보였
다.

인생살이가 거의 비슷하지만 자신의 욕구를 충족하기 위해 목표를 두
고 실행함으로써 잠시나마 걱정 없어지는 인생, 가진 돈이 많지 않더라
도 소박하고 아름다운 삶을 만들어 가는 인생.

자신이 좋아하는 취미를 누리는 자만이 행복한 인생을 누릴 수 있다.

4) 윤진이의 행복한 나날

창밖 마주 보이는 산과 넓은 정원에서 변화하는 자연, 봄 여름 가을
겨울을 순간마다 느낄 수 있는 집에 사는 윤진이 이야기를 하고 싶다.

초등 3학년 윤진이에게 영어와 피아노를 지도하고 있다. 첫 수업 때
방문한 집에 펼쳐진 정원 규모가 1,700여 평, 정갈하게 정리된 정원의

꽃들과 푸른 잔디, 그림 같은 집…

　주택 전문 잡지에서나 볼 수 있었던 저택이다. 어릴 때부터 이처럼 좋은 환경에서 자라는 아이는 내면이 차분히 안정되고 좋은 성품으로 자랄 수 있는 축복을 받은 아이라고 생각된다. 휴양지같이 큰 집에 혼자 있어서 그런지 피아노를 만나고부터 너무 행복해하고, 집중할 데가 있어서 좋아하는 모습을 보게 되었다. 전에는 내가 수업을 마치고 돌아올 때 혼자 있기 싫어하던 모습을 보고 맘이 짠했었는데, 요즘은 달콤한 선율에 빠져서 피아노 연습을 하느라고 불안해하지 않는 모습을 보면서 헤어지게 되니 다소 안심이 된다. 피아노를 통하여 윤진이와 더 따뜻한 유대감을 느낄 수 있었다. 다양한 악기를 접해 볼 수 있도록 우쿨렐레와 피아노, 만돌린, 플루트, 피리 등 우리가 할 수 있는 악기로 합주하면서 한 곡 한 곡씩 음악과 친구가 되어가도록 즐기는 수업을 한다.

윤진이는 영리해서 잘 따라온다. 요즘 아이들이 학교 수업 외 방과 후 활동이 많으므로 충분한 연습을 하지 못해서 목표에는 미치지는 못하지만, 피아노 연습을 손 놓지 않은 이유는 빈틈없이 짜인 일정 가운데서도 음악이 긴장과 스트레스를 날릴 수 있는 과목이니 정신건강에 미치는 영향이 크기 때문이리라 생각한다. 음악은 스트레스를 줄일 수 있으며 인지 과정과 기억을 활성화한다고 한다. 음악으로 인해서 우리의 삶이 더 건강하고 행복한 일상으로 바뀔 수 있다는 것은 누구도 부인하지 않는다.

윤진이 이야기를 하게 된 것은, 영어로 맺어진 인연이지만 처음 피아노를 만나서 몰입하는 모습이 기특해 보였기 때문이다. 성실하게 열심히 연습해서 결과물인 성취를 맛볼 수 있게 되었고, 편안하게 변화되어 가는 윤진이의 일상을 느낄 수 있었다. 수업을 마치고 돌아가려면 좀 더 함께 머물러 주기를 원하던 윤진이가 피아노를 배운 후부터 내면이 더 밝아지고 있음을 느낀다. 음악을 즐기고 연습에 심취하다 보면 행복이 더해지는 값진 하루하루들을 보낼 수 있다. 좋은 환경에서 음악이 주는 위로와 깊은 감동을 누리며 행복하게 잘 성장할 윤진이를 상상해 보았다.

나의 경우도 풍금을 칠 수 있었던 환경과 음악을 들을 수 있는 여건이 행운으로 다가왔으므로 음악을 만나게 되었고 좋아하는 음악을 즐기면서 음악과 평생 친구가 된 계기이다. 이런 기회가 옴으로써 자유롭게 상상하고 몰입하며 고독함을 느끼지 못할 만큼 행복한 음악을 즐길 수 있었다. 풍금으로 '엄마가 섬 그늘에~' 이 곡을 어린 시절 음악 시간에 배웠는데 연주가 잘될 때까지 연습하고 매끈하게 칠 수 있게 된 후로는 노래도 흥얼거리면서 즐겼던 곡이다. 피아노 기초 교본 바이엘의 '도레도

레도'가 아닌 음악 교과서에 나오는 익숙한 선율들에 심취해서 즐겁고 풍요롭게 풍금을 치면서 음악의 재미를 즐겼던 추억들이다.

순수했고 진솔한 시절이 있었고 지금까지 음악과 동행할 수 있게 된 것에 항상 감사한다. 내가 목표한 것은 성실하게 실행했었고 뒤돌아보면 나의 소망은 늘 이루어져 있었다. 그래서 나는 도전을 즐긴다.

5) 피터의 결단

나의 아들 피터는 음악적 소질을 타고난 것 같다는 확신이 있다. 나는 음악 태교를 위한 감성 있는 곡들을 골라서 아들을 임신한 동안 피아노를 연주했다. "이 곡은 이러이러하단다." 태아와 대화하면서 모차르트의 명랑하고 섬세한 곡들과 특히 내가 좋아하는 슈베르트의 즉흥곡, 베토벤의 웅장한 소나타를 연주했었다. 그 당시도 음악 학원을 경영하는 중이어서 음악 태교를 할 수 있었으리라 생각한다. 아이는 성장하면서 음악을 빨리 받아들였다. 유튜브에 올라온 연주자의 연주를 들어가면서 함께 작은 손으로 템포를 놓치지 않고 치는 모습을 보면 놀랍다.

초등 중등 때는 창작에 몰두하여 피아노를 많이 즐겼다. 그래서 미국에서 유학할 당시 아이 아빠가 야마하 피아노를 사주었다. 피아노, 기타 등 악기를 재빨리 습득했다. 감미로운 표현으로 작곡도 잘한다. 아빠는 아들을 위하여 방과 후 악기 레슨을 받을 수 있도록 주선해 주고 픽업도 했다. 음악에 빠진 아들은 고등학교 때부터는 음악 쪽으로 진학하려고 해서 말리느라고 때로는 신경전을 벌였다. 음악은 취미로 하고 전문적인 직업을 갖도록 해야 한다고 해도 결코 고집을 꺾지 않으려 했다. 그런데 우연히 과거 미스코리아 김** 가족과 외국 여행을 같이하게 되었다. 김** 자매도 바이올린과 플루트를 하는 음악인이었다. 공감대가 형성되어서 피터와 대화를 하다가, 미인 누나도 과거 한국예술종합학교에서 바이올린을 전공한 영재이었지만, 실력 있는 음악가들의 현실을 알려주면서 음악인의 길이 힘들다면서 남자는 능력이 있어야 한다고 일러주었다. 실제로 음악을 전공했던 미인 누나의 어드바이스 덕분에 피터는 음악은 취미로 하기로 마음을 바꾸었다.

　지금도 아들과 나는 음악으로 공감대가 잘 형성되고 있고 심금을 울리는 음악을 함께 들으면서 연주곡의 평을 나누기를 자주 한다. 음악이 주는 행복이다. 미스코리아 김** 언니의 플루트 독주회에 가서 느낀 것은, 열렬한 부모님이 자녀들을 잘 뒷바라지해 주신 덕분에 전문적인 음악가가 된 자녀들과 함께 행복을 누리는 모습이 보기 좋았다는 것이다. 나와 함께 공부하였던 동문들의 경우에도 부유한 환경에서 부모님의 극성으로 음악을 전공한 계기가 더 많았다. 내가 결혼할 당시에는 피아노 교사란 직업은 요즘보다는 인기가 있는 직업에 속한 것 같다. 그러나 현재는 실력 있는 음악도들도 음악을 직업으로 하기에는 경제적으로 만족하지 못하는 것 같다.

"

언어가 끝나는 곳에서 음악은 시작된다.

- 모차르트

"

6) 어느 굴삭기 기사의 행복한 이야기

　우리 복숭아밭 맞은편에 굴삭기를 운전하시는 분이 자두밭을 구입해 오셨다. 그분은 컨테이너에 새파란 칠을 하고 울타리에 정겨운 남천 묘

목과 소나무를 심으셨다. 출입구에는 강아지가 지키고 있다.

자택도 가까운 곳에 있는데, 애들도 다 성장하고 해서 주로 이곳에서 색소폰 연습을 하기 위해서 홀로 숙식을 하고 지내신다. 열심히 일하고 맘껏 색소폰 연습을 하다 보면 스트레스가 확 풀리고 너무 행복하다고 하셨다. 색소폰의 특성상 연습 장소가 필요하므로 공기가 좋고 누구의 간섭도 받지 않는 자신만의 공간을 마련한 것은 너무 잘한 것 같다고 하신다.

맞은 편에 살고 계시는 포도밭 주인장도 대구에 집이 있지만, 자신의 밭에서 아침 일찍부터 작물을 돌보며 편리하게 시설을 하여 생활하고 계시는데, 도심과 달리 가까이에서 밤마다 들려오는 색소폰 연습 소리가 시끄럽게 들리지 않는다고 하신다. 이 두 분은 자신의 노후 행복을 찾아서 도심을 버리고 이곳에서 지내는 생활에 만족하며 맑은 공기와 함께 자연을 음미하며 여생을 즐기고 계신다.

7) 오빠의 연주

오빠는 내가 연주하는 엘리제를 위하여 음악을 듣기 좋아하였고 가르쳐 달라고 했다. 악보를 무조건 외워서 치도록 손가락 번호를 적어 주고, 어려운 뒷부분은 도저히 불가능하다고 못하겠다 해서 제시부(악곡에서 주제)만 외워서 연주할 수 있었다. 잔잔히 흐르는 16분음표의 움직임과 곡 전체에 배여 있는 애수 어린 단조의 느낌이 참 많은 사람에게 공감을 주는 곡이다. 오빠가 한 달은 피아노에 매달려서 연습했고 결국은 매끈하게 마치 피아노를 기초부터 잘 배운 것처럼 연주하는 모습이 멋진 청년으로 보였다.

나중에 오빠에게서 들은 여담인데, 군에서 우연히 피아노 있는 강당에 가게 되었는데 피아노 뚜껑을 열고 연주하는 그 모습을 동료들과 상관이 보게 되었다고 한다. 모두 깜짝 놀라서 신기해했고 연주가 끝나고 다른 곡을 연주하라고 앙코르 외치고 손뼉을 치며 야단났다고 한다. 오빠는 이 한 곡밖에 할 수 없어서 기어코 사양하고 단상에서 내려왔는데 나중에 피아노만 보면 연주하라고 해서 발뺌하느라 고역은 치렀지만, 기분 좋은 날이었다고 했다. 또한, 오빠가 연애하던 시절, 올케언니가 보는 앞에서 '엘리제를 위하여' 피아노곡을 매끈하게 연주했는데, 피아노 치는 오빠가 너무 멋있어 보였고 이후 콩깍지가 씌어서 결혼까지 하게 되었다는 지난 얘기를 듣고 얼마나 웃었는지 모른다. 이처럼 아름다운 음악은 사람을 홀린다.

6. 글을 맺으면서

인간의 현실적인 욕망은 끝이 없다. 그러나 그 욕망은 따지고 보면 별

것도 아니다. 조촐하게 자기만족 하며 산다는 것은 얼마나 참된 것인가. 인간이 살아 나가는 아름다운 모습, 평화로운 모습, 행복과 평화는 발견한 사람만이 그것을 누린다. 가까이 두고도 못 찾는 행복과 평화를.

요즘 TV를 틀면 트로트가 열풍이다. 어린아이부터 젊은이, 노년까지 세대를 넘나들며 음악을 즐기는 하나의 문화권으로 소통되고 있다. 유튜브를 보면 다양한 음악 활동으로 세계 어느 곳을 가더라도 음악이 흘러넘치고 음악으로 다양한 인종이 하나가 되어 소통하고 있다. 60대 중반이 되고 보니 마음을 비우는 것도 마음먹기 달렸다. 비우고 베풀고 넉넉한 마음으로 남은 시간을 보내고 싶다. 지금까지 나의 절친한 친구가 된 나의 사랑하는 악기들, 앞으로도 함께 할 것이다.

소소한 것들, 별것 아닌 내용으로 책자의 페이지를 채우면서 나를 지탱해 준 음악과 소통되는 사례들을 들었다. 이제 고달픈 삶이 음악으로 인해 행복지수가 높아졌다는 나의 경험담이 음악이 아니더라도, 각자가 좋아하는 것이나, 하고 싶었던 것에 몰입할 수 있는 즐거운 취미를 하나쯤 가지시고 행복해지시기를 바란다.

"

사랑은 음악을 표현할 수 없지만,
음악은 사랑을 표현할 수 있다.

"

음악은 야만인의 가슴을 쓰다듬고,
돌을 무르게 하며,
옹이진 나무를 휘게 하는 매력을 지녔다.

Music has charms to soothe the savage breast,
to soften rocks, or bend a knotted oak.

- 윌리엄 콩그리브(William Congreve)

형산아카데미에서 펴낸

풍수명당 설계와 장례문화(2)

초판 1쇄 인쇄 2021년 04월 29일
초판 1쇄 발행 2021년 05월 06일

지은이 형산아카데미 학술회

유병우 · 노인영 · 석수예 · 김종대 · 박상구
송승호 · 박성욱 · 김형근 · 이영섭 · 박미향

감수 김형근 · 유병우 · 하인수

편집 이정은

펴낸이 김양수
펴낸곳 도서출판 맑은샘
출판등록 제2012-000035
주소 경기도 고양시 일산서구 중앙로 1456(주엽동) 서현프라자 604호
전화 031) 906-5006
팩스 031) 906-5079
홈페이지 www.booksam.kr
블로그 http://blog.naver.com/okbook1234
이메일 okbook1234@naver.com

ISBN 979-11-5778-487-5 (04180)
       979-11-5778-439-4 (세트)